念头

储福金 著

人民文学出版社

图书在版编目(CIP)数据

念头/储福金著.—北京:人民文学出版社,2018
ISBN 978-7-02-014469-3

Ⅰ.①念… Ⅱ.①储… Ⅲ.①长篇小说—中国—当代 Ⅳ.①I247.5

中国版本图书馆CIP数据核字(2018)第185122号

责任编辑　赵　萍
责任印制　王重艺

出版发行　人民文学出版社
社　　址　北京市朝内大街166号
邮政编码　100705
网　　址　http://www.rw-cn.com

印　　刷　三河市鑫金马印装有限公司
经　　销　全国新华书店等

字　　数　207千字
开　　本　880毫米×1230毫米　1/32
印　　张　10.875　插页1
印　　数　1—10000
版　　次　2018年12月北京第1版
印　　次　2018年12月第1次印刷

书　　号　978-7-02-014469-3
定　　价　42.00元

如有印装质量问题,请与本社图书销售中心调换。电话:010-65233595

目录

- ·001· 第一章　生死龟
- ·025· 第二章　莲园
- ·044· 第三章　水影
- ·062· 第四章　陶坊
- ·076· 第五章　木叶萋萋
- ·128· 第六章　幻象
- ·149· 第七章　镜火
- ·204· 第八章　艺观
- ·223· 第九章　土缘
- ·281· 第十章　青枝
- ·302· 第十一章　岁月烁金
- ·326· 第十二章　舟如

第一章 生 死 龟

走回这条谭家湾路,张晋中似乎嗅到了一种久违的气息,不是叶香,不是泥香,不是炊香,不是药香,不是新香水之香,也不是旧木瓦之香。眼前的马路宽了,与城市其他的道路没多少不同,路灯亮了,水泥路上一片明亮。张晋中感觉那点气息,和早年昏黄的灯光与路灯杆的阴影牵连着,触及那宛如梦间的记忆。其实人的记忆并不完全真实,张晋中某一刻的记忆与别人提及的往往不一样,有时差距还离谱。

已经离开故城多少年了,他还如以往从这条路往家的方向走。不用去看,旧时路边的弄堂还有弄堂里带阁楼的两层砖瓦民居,早经拆迁改成一幢幢四方形高楼了,与自己现今居住所在相像,应该是新感觉,偏偏又带着老感觉。

张晋中本不想纠缠在过去的感觉中,虽然少年的记忆中,有对屋阁楼老虎天窗前探出身了相对而望的织毛衣女孩,但他整个少年时期是屈辱痛苦的。便是那些记忆,促他以后人生的奋起。

他走了出去,离开这座故城。他在大学里就做生意,险些被退学，那是他咬着牙的时代，却也是昂扬向上的时代。

时值壮年的他，步入社会以来的种种人生经验与阅历，让他有了对人世的看法。所有物质的享受，那曾经费尽心力才获取的一点一点的物质，累积多了，却在过程中失去了享受的快感。让他有所触动的是那种新鲜的东西中又杂着些许熟悉，时新的光彩又合着旧标准荣耀的感觉。

谭家湾的一角，还立着那座小寺庙，大城市中唯一的寺庙，属文物。正因为是市级文物，没有遭拆毁，由此还保留了周围的一片旧式房屋，飞檐木楼，合着旧时的记忆。

张晋中童年的记忆很少，而少年的大部分记忆偏偏都是他想遗忘的，他的母亲在童年的记忆中就消失了，父亲在后来的家庭中一切听着继母。张晋中记忆中最多的便是小寺庙这一带，他在这里活动的情景。

寺边的木楼显然是翻新过的，里面多是现时代的装修，这是张晋中预料到的。修旧如旧，将新将旧，这让张晋中颇有兴致。早年这里的某间房开着一个棋室，棋室里下象棋的多，也有下围棋的。棋人多一点的时候，老板把桌子支到了门外，给每位棋人送一杯茶，都是茶末冲泡的。几年中，张晋中都帮老板招待棋人，端茶擦桌，寻着机会，能坐下来下一盘棋。不管是象棋还是围棋，他下的都是杀棋，特别喜欢在局势不定的棋势中，放出胜负手，以非常手段来力求胜负，在棋中享受搏杀的快感。

眼前，张晋中所在的茶吧，有打牌的，有吃饭的，有喝茶的，只有东边角落有一桌下象棋的。张晋中找靠里面的安静处坐下来，他想到隔着一堵墙的那边，也许就是小寺庙的道场，他有着一点安妥灵魂的感觉。

张晋中约了女人在这里相会。还没到约定时间，他要了一杯咖啡，慢慢地喝着。

女人也经历了不少，张晋中看电视与电影中男女要生要死的表现，会觉得可笑。现实社会中的女人所演绎的十分现实。但张晋中对眼下的约会，有着一种或新或旧的感觉，这是他喜欢的。

他与她认识没多久，那是一次出国旅游，他们是团友。张晋中喜欢参团旅游，走从未去过的旅游路线，不结伴熟人，更不带随从。形似独自，却随时结识新友。他选择收费高路线多的出国旅行团，如此，游览总是一天一座城市，由着旅行社带领和安排。对他来说，不用费心，快节奏，可以与人交往也可以不与任何人交往，也许旅行并不留下很多的记忆，过程的流动便是一切。

那次旅游中，第一次上车入座，他先靠窗坐下，她最后上车，就过来坐在了他身边的空位上。旅行团的习惯，第一次坐了哪一个位置，而后便固定在那个位置。她坐他身边有偶然性，却也有必然性，团里多是对对男女情侣，也有亲友结伴的，除他以外，唯独她是单身。他一时看不清她的年龄，她低首垂眼的时候，就像一个小女孩。有时脸上还会微微泛红，触动了张晋中内心中的一个形象。但从她的神态与对待人的态度，自然不应该是二十岁上下的姑娘了。

他是有过阅历的男人，也到不再有梦中艳遇的年龄，但在旅游中能有红颜相伴，实在也合男人的愿望。

那次旅游的城市风光，都混入以往外国城市的记忆中了，即新即旧，见便见过。而她是唯一没忘却的。她喜欢略低一点头，十多天中，他似乎还没有看清她的脸，记忆最深的是她后颈一片白皙得透亮的肌肤。

他喜欢肤色白皙的女性，而她的白特别明晰，有着光质。

他对她总有似曾相识的感觉，以前会在哪里见过她呢？从她的口音便知她生活在故城，过去可曾在故城见过她？

少年时的过去，也就在此地的棋室，北巷小王给他约来了一位女棋手。他是第一次与女性对弈，她的年龄应该比他要大一些，但看她小脸蛋细长手，显得很精致。他是不是一直红着脸？要命的是他老会看到她低头思考时，胸脯的那一块乳沟，在暗影中格外嫩白。他努力抬眼，看到的是她的笑，她的微笑之中总含着一点讽刺，仿佛看清了他的内心。那晚他的梦里，她便一直讽刺般地微笑着，看他的勃起与萎缩。那是他第一次感受跨越少年的不同的生命形态。

因为她是故城人，他开始对她说小时候在故城的人生，回头说去，那段生活虽然艰苦，却也生动，当然他过滤了许多的痛苦与屈辱。在叙述时，他体味到那旧生活的实在感觉，而他眼下的人生有点飘浮。

她很少说话，常常是垂头低眉，但她身子微微的动作，显示她已经理解他说话的意思。

他过去接触到的女性都喜欢表现，这个时代的年轻姑娘不说话时还如淑女，话一多便露粗俗。她的话时常只是短短地应着他，更多的是点头或摇头。他发现女人的话多话少，正是美丑的分界。

其实，这种对女性的审美观，也只是在他人生的这个时期才有的。

那次在一座宫殿的后花园中游览时，他们在座椅上休息，长长的道边是一排重枝桦树，隔一段距离便有一座雕塑，一直伸到远远的坡顶后宫。他注意到她的眼光落在了他的身上，像是向内里透入。

"你看到我什么？"

"倦怠。"

他有点惊讶，他自感在游玩之时，特别在异性面前，总是显得精力充沛的，没想到她能感觉到他的内在，似乎还从来没有一个女人这么说过他。

"找一处好地方，买一套好房子，好好地过休闲生活。"

她轻轻地说了，又低下头去。

旅行中，车到一座城市的旅店，分完了房间，领队宣布自由活动。张晋中在房间放了行李，接一个厂里来的电话，再下楼时，发现大厅里没有人了。几乎所有团友都逛店购物去了。他下车曾问她一句，是不是和他一起去参观教堂？她嗯了一声。他在大厅里等了她一刻,也没见她的人影。想她一定是随众去购物了,女人都喜欢逛店购物的。他便独自去了教堂。那是一座东正教风格的教堂,白金色的十字架和葱头式圆顶,在城市的楼群中,辉映着阳光,偶尔响起悠远洪亮的钟声,仿佛在感召着城市各个角落的东正教信众。回旅店大厅集中的时候,他见旅店门口走进来一个个提着购物纸袋的团友,但没看到她。待要进餐厅,才发现她独自从旅店里面出来,低着眼,似乎刚从房间的床上起来。是不是她一直等着他去叫她呢?他也忘了她的房间号码啊。他当时看她低着头的神情,不知是怨还是不怨。他想对她解释一下,但不知是该解释还是不该解释。

张晋中静静地坐在茶吧,从他身侧走过的服务小姐,用故城话问:"先生,你还需要什么吗?"从口音中他想到故城正有着不少外来人。而原来棋室的落子声,换成了低低的外国古典音乐。

早年他在这里度过了不少时间,按他以后的看法,是毫无所获的浪费。现在他不可能把时间白白浪费。有时与做交易的人约着打牌,那些时间也非消遣。只有与女人交往,似无功利,但并非白费时,与吃喝、旅游一般,是一种消费享受。

约会的女人迟到是常事,张晋中不着急,他要了一盘棋,独自在摆谱,回味旧时的感觉。多少年中他没有摸过围棋子了,他根本没有那么多时间消费在棋上。

她来了，恍惚是从另一个空间而来。

她转过柱子沿栏杆走过来时，他朝她看了一会儿，才认出了她。扑眼而来的感觉，是她的身肢柔软，婀娜多姿。她脸上微笑着，眼中也含着笑，似乎不同于那一次旅行中的低眉顺眼。她穿得性感，飘飘的红衣裙，高领薄透，胸口衣带系了一个飘飘的蝴蝶结，更显得那里的丰满。他不记得她在国外穿的衣服了，反正不是这样的，眼下的穿着使得她变了样，显着勃勃的光艳。虽然他并不喜欢艳丽，但却喜欢有品位的变化。她不失品位，特别是这座故城的品位。

这是她吗？记忆中的她是这样的吗？意识的存在，非生非死，即生即死，只是一瞬间就变成了记忆。他又一次感觉到记忆往往是不确定的，过去了的，很多已不在记忆中，而记忆往往有着偏差，与人谈及过去的时候，别人的记忆常会与他不一样，特别是他记忆深刻的也会不同。一切存在的同时就已经变化了。

张晋中起身来迎着她。对坐下来，他看着她，故意不说话，旅行分别后有段日子了，他等她生出感觉来。她眼光有点迷离，他喜欢看她这犹豫不决矛盾的神态，像是要等着人去推一把。他认为这是女人味，是现在的女人很少有的。

她低头抿了抿嘴，这习惯动作让他觉得亲近，他随随便便地说："这地方我旧时常来。"

"怀旧？"

"为你而来。"他说。

她仿佛被侵犯了,缩了缩身子,同时笑了一声。没错,他就想要见她,见她这个样子。她的样子在他想象中,却还有一点溢出的感觉在。

菜是他早点好了的,他按铃叫来了服务员,把菜单给他,又朝她桌前点了一下:"一杯咖啡。"

在国外时,他知道她喜欢喝咖啡。她却说要一杯酒。他还不知道她会喝酒。她的穿着连同要酒喝,都含着一种意味,像是在欢迎他回故城来,却又显单纯精明。他喜欢她单单纯纯的,但这是在故城,这座城市里的人以精明著称的。

等服务员端菜时,她低眼看着桌上的棋盘,便取了一颗棋子放到盘上去。他发现这步棋走得不错,合着棋理,没想到她是会下棋的。他应该没告诉过她自己下棋的事。他想了一想,接着下了一步。她两眼一挤,再落下一子,这一子完全下得不对,明显是胡乱下的,而上一子是碰巧下对了。

"你不会下呀?"

她嗯了一声,说她的一个女友会下棋,她偶尔也跟着看两眼。女友下棋的时候,特别亢奋。平时处事一点没头脑,一旦下棋,就像换了一个人。

她喝酒后,脸色越发的白,在朦胧的灯光下纯白如瓷,话也就多起来,不时发出低低的咪咪的笑。

"你发现没有?"她边说边递过自己的手机,让他看上次给她拍的照片。

"我身上有片片不规则的多边形块,色泽如鳞。"

是镜头上的问题吧?他心想。对于女人的这一类的反应,他通常只是笑笑不说话,像是肯定又像是存疑。

"这应该是佛光吧。特别的光总是会光顾我,往往是在别人针对我的时候。小时候就有过一次,生过一场不知什么原因的病后,我就看到我站在院巷里的照片上,一道从上而下的光柱罩在我的身上,那光片片如鳞。后来,在高中出现过,在大学出现过,工作后出现得多起来,比如一桩与我根本没关系的事,那坏结果却落到我头上,让我心里很不快活,这时鳞光就在照片上出现了。同样,我的工作特顺的时候,业绩特好的时候,也会看到照片上的鳞光,我就知道有针对我的力量要出现了……"

是吗?他看着她。桌上的一瓶酒已近空了,她喝有大半瓶,但她的眼光明澈,反不像开始时的迷离。

"有时针对我的力量会串起来,我打开电脑,一个程序怎么也用不了了……我戴上耳机,喇叭声音怎么也听不见了,这时候,我的照片上就会出现鳞光……

"今天我来见你,应该是好事,但我又看到了照片上的鳞光,你看到没有……你也许看不到,我就能看到。"

他能看到照片上的所谓鳞光。多少年中,他在生意场上颠簸,某一时总会有宿命的意识沉浮,偶尔也会感觉到身后有一双"魔鬼"的眼睛,让他警觉。

"我知道鳞光是保护我的,看到鳞光,力量就会从我心里涌出来，我就会成功，你相信不相信……鳞光是自宇宙而来，我从来不会对任何人说……"

他静静地看着她。他觉得她的话音带着亢奋，尖尖的，有点变异。女人有时会有不可理喻的瞬间表现，这他能理解，但会有不快。也许在这故城旧地，他的心境不同，国外旅行时与眼下喝酒后判若两人的她，让他有点莫名的欣喜，觉得更有趣了。

"我久久地看着这片片鳞光，我就会觉得我的身子浮起来，像在蓝蓝的海水中，在透明如空气的海水里，犹如一条鱼……不，鱼游动得太快了。也许如一只龟，缓慢地游弋……"

他觉得自己该下胜负手了，他伸头悄悄地对她说："这样的话应该换一个地方去说，只有我们两个人的地方。"

张晋中在滨江饭店的房间里醒来的时候，时间近中午，身边空空。他的睡姿总会缩在一边，那是他年少时睡小单人床形成的习惯，后来做了一张足够横睡的大床，缩睡一角的习惯却还是改变不了。

他伸了个懒腰，这是他很久以来少有的好觉。一方面是昨夜缱绻太久，一方面也是他做了回故城的决定。

他伸手打开电动窗帘，窗外是一片江水，江的对面也是高楼林立，一切已非他早年离开时的情景。她走了，也许赶着去上班了。但她不声不响地走了，还是有点出乎意料，本来他想上午去市中心繁华街道逛一逛的，他已经不熟悉故城的路了，请她带路，就此可以进商店给她买一点礼物。礼物对女人来说，也是感情滋养剂。女人他接触过不少，他一直是单身，他不想和女人有什么牵绊，自然也不想有什么对不起。其实男人与女人在一起会是同样的享受，但对女人来说，总像是吃了亏，这不单单是社会看法，也是几千年来，男女的生理心理所形成。他不想占便宜。

但是这个逛店送礼的安排，昨晚他没有对她提起。他期许这是一次真正的情感融洽。他们之间一直是自自然然的，一旦掺了杂多少会变味。然而以往的经验，掺杂后，女人就是感觉不满意，也会表现得愉快。一般他不想浪费了精力与时间，既然求享受，何必要冒险？昨晚他试一试男人的自有魅力，也试一试女人的真实感觉。

结果是痛快的，那快感此时还遗留在他整个的肉体内，慵懒，轻松。

她是一个聪明的女人。算计太多的女人往往最不聪明，女人傻一点反而好，但张晋中还是希望女人聪明。也许什么是傻什么是聪明，男人的标准都不一样，只求那个对的，能两情相悦，给人神清气爽的。

该给的总会给，她留下了一次机会，也多少坚定了他的下一步行动。

下午，张晋中来到一家房地产公司的售楼处。这家房地产的一期楼盘声誉不错，二期已开工。他回故城来购房。这是他人生转折的一步。自他离开故城,一二十年中除了几次谈交易来过。他曾在好多城市生活,最后落脚在自认为山清水秀的江边小城。他最近发现南方的大城市突然房价畸高,他立刻意识到同样作为大城市的故城,很快也会有房价的跳升。城市的房地产商人数有限,且都有背景,只需一个动静串联,房价太容易哄抬了。也正合着地方政府卖地的胃口。腐败往往也在其中生成。房价不存在合不合理,因为这不是普通经济学,大学里读的经济学课程根本学不到,这是这个社会特有的实用经济学。

这是一个机会,张晋中一下子决定要卷进去。中国的房地产有些年涨涨停停而不跌了,他不可能没注意到,他进不了地产圈,也就守着自己稳稳的产业。然而,这一次的机会他不想丢了,也许这是房地产的最后一次机会,利益远超他产业的最后一次机会,再丢失或许就永远错过了。

他清楚,他不是投资是投机,就像他早先做过的股票生意,他看准了的短线投机,赚一票就马上出来。他天生有这样的头脑,也有这样的见好就收的克制力。他偶尔生出过一个念头:这种赚钱是对的吗?如果说那是病,但那是时代的病。他年轻时立志做事业,后来在江边小城把企业做大了,小城的人都称他是创业者,那又能算是他理想的事业吗?

张晋中在一个沙发上坐下,对迎过来的小伙子说:"你叫冯经理来。"他也清楚现在经理很多,也许只是一个业务员也可以在名片上印一个经理名头。小伙子似乎想问有约吗？他手挥挥，他的架势显示毋庸置疑，多年在交易场上的经验，使他知道该怎么表现。

没等多长时间，冯经理就出来了。他突然看到了她，冯经理便是她，她便是冯媛。而一时让他发怔的，是她盘高的头发，像堆在头上的一个髻。让她变了样子。

其实也不用惊奇，只要回想一下，自旅行见面以后的事，一切也都合着逻辑。

也只一瞬，张晋中对她欣赏起来，并不是因为她的仪容，他喜欢女人多重模样。有即旧即新的感觉。她走到他的面前，脸上微微笑，说："你来了。"

"你好。"他很正式的口吻。原来在电话里，他与冯经理的对话就是如此开始。本来他很不喜欢接到广告电话，对方一开口，都有那种同腔同调的骚扰味，他就立刻挂了电话。然而，他第一次听冯经理的声音，明明也在做推销，他偏偏就没有挂，听下去了，似乎是她的声音打动了他，那种带有故城口音的普通话，还有她声音中糯糯的磁力。有亲近感的声音引他听下去，她说到的楼盘也触到了他生意人的敏感点。他对那次电话没有怀疑过，因为类似的广告电话太多了，而房地产的广告电话具有全国性，好像掌握了所有有钱人的电话号码。

她没有特别的表情，也许一切都在她的计划之中，也许这一切都是偶然。昨晚她没问过他来故城做什么，是不是她心中有数？而他曾对她说是为她而来，当然他也可以做其他的事。张晋中也在表情上不显现出什么来，毕竟在生意场上这么多年了，他能做到。

冯经理是她，对张晋中的决定，并无影响。就算他清楚她就是冲着他而电话联系他，并做的昨晚的一切，他也不会掉头就走，他并没有损失什么。他只是静静地看着她的微笑，那也许是对所有客户相同的微笑，但他此前很少看到她如此的微笑。原来她总是低眉顺眼的。

她请他到沙盘处，向他介绍具体楼盘。其实这地点与房源，她在电话里都说过，他也在网上清楚地了解了。对他要进行的业务，他从不含糊的。他还是在听她说着，她的手上拿了支微电筒，在楼盘模型上摇晃着。其实他是想听她的声音，也正是她的声音引他产生了注意，他怎么在广告电话里没感觉到是熟悉的声音？她的声音好听，听来便是电话里做广告的女人，但就是那个在国外一起旅游并且昨晚一起度过的女人吗？会不会她们是相同模样？大城市里模样相同的女人是可能的，或许还是一个模子整容的呢。

她停下来，看着他："你准备买哪一套呢？"

楼盘是整个一座二十几层高楼，每一层楼都有朝向不同面积不同的六套房，大套近二百平米，占整层楼面积四分之一，中套与小套有一百多平米或几十平米。

他听到她没像在电话里那样习惯称一声"先生"。

他说："我们该换一个地方去说吧。"他看到她有点疑惑的神情，心里笑了一下。

他说:"我要是买下整个一层的房,是不是该有VIP的待遇?"

她眉峰上挑了一下。他的计划从来没对任何人说过,自然不可能是因为她。她脸上的表情依然是微笑,也许房地产业见惯了大客户。她引他到了那边的小房间,其实,售楼处的房间是贯通的,门也是透明的玻璃,小房间只是右边一个角落,摆有桌子与沙发。但多少是一个相对单独之处。他在沙发上坐下来。她去倒茶。他突然觉得他必须做了,以往许多的大生意他都是反复盘算过,决定的时候,往往会有一种兴奋的感觉。这次唯一不同的是,他的感觉有着两重性。这笔购房的所获在他精于算计的判断下,应该是没有错的。再加上她的存在,他只有走下去。然而他的意识中,隐隐有着一点空的感觉,这是一种莫名的感觉,他的预算是不会错的,那么感觉也许是因为有她,但是女人在他的生意中是从来不起作用的,因为他做生意时绝不允许任何感觉来影响理性。

她给他端来一杯茶,在对面转椅上坐下来。此前与她相处的时候,这是他殷勤所做。

他想确定一下,说:"滨江饭店楼上,我走向你的时候,你感觉好吗?"

她朝他望着,依然微微笑着,停了停说:"昂昂然。"

这显然是私密话了。他说的是,她也是。他问的是她的感觉,她应的是他的状态。他从浴室裸体走向她时。她半躺在床上。歪头看着他。

没有什么可说的了，还是回到生意上。她说："你不是一时决定吧？"她话意的指向，他所做的不是为了她吧。毕竟是这么一大笔资金。

他说："我决定之前就做足了功课的。"他的话意是把她的关系排斥在外的。

她说："你原来说为寻找清静，离开大城市的。"

他说："我依然是图清静，如此不用再与当地诸如税务局、供电局、环保局，包括消防队等政府部门，以及那些部门所有的关系打交道，也不用再与厂里几百个工头与工人，以及他们的关系打交道。

"我确实倦怠了。

"这一层中，朝南向房间最多的那大套我留下自住，其他的会在升值的时候陆续卖出去，最多两年吧。"

这当然不是与一个售楼小姐说的话，他还是延续在国外旅游时与同座的聊天，海阔天空地对她说道。

她是聪明的女人，她从他亲近的话中，明白他的意思。作为售楼业务经理，做成这一大笔生意，不用请示，她都能定下最高的折扣，并依然有很高的提成，而从他那里所获又不光是物质了。

"你真的想好了吗？"她问。

她拿来了合同，当着他的面，改了合同上的折扣数字，把订金交付时间从五天改成了十天。张晋中静静地看着她做这些事。来之前他对投资摸透了行情，他询问过当地的房地产商，他们曾拉他投资，但他认为利润比贩毒还要高的，总有一天会变成毒药。但他这一次不是长久的经营，是一次短线投机。有关他整个战略转移。根本不会因昨夜的情而迷失。这一切她都做到最好了。他们都是聪明人。

他在合同上签了名。他在交易中还从来没有过不讨价还价的。虽然没有犹豫，但他的内心又流过一点空感，空无所托。他曾在底层努力与奋斗，获得金钱就是他的目的，他做过股票，他真的喜欢炒股的感觉，秒涨秒跌，方生方死。他从炒股中获得了用于后来投资产业的第一桶金，但他清楚那短线的热炒，具有毒药性质，长期并不适合他。股票确实每一笔都是胜负手，但都是胜负手，就不显胜负手的感觉了。后来他投资办厂，有了产业，他付薪工人，生产商品，也可以说有了自己的事业。地方上美其名曰，为地方的经济与发展做贡献者。然而，现在返转来，山依然是山，水依然是水，他依然单纯以获得金钱为目的。

他自嘲是"罪恶的"资本家，按马克思理论是剥削者，但以往利润是通过工人与设备产出社会需要的商品所获，现在则是不劳而获的投机炒作，直接钱生钱。

这是一个让聪明的生意人眼光变短的时代。

当然，这个时代只要合法，任何的资本运作，不管是否"带血"，都不会被认为罪恶，相反，获得越多越被人赞颂。在他的意识中，富人原罪的念头，乃是杂书看多的缘故，有时他会想到，写书的多是不得志的穷家伙。

这两天，倘有第三只眼所窥，他不是搞女人，便是炒投机，玩的就是这个资本时代的有钱人本质表现。

也许她没有遇到过一下子投这么多资金的，她退后一步，搓一下手，再去拿合同。

他最后还是提了一个要求：要她陪他去工地看看那座还没完工的楼。

当然这只是他长期从事企业的习惯，买的货都要验看一下。她当然也愿意陪他走一走，这么一个大客户提出的要求自然应该答应的。

正在建造的高楼离售楼处不远，层高已起，脚手架外披挂着绿色的防护网。其实没有什么可看的，里面不过是一个建筑水泥框架。他还是走进去，她陪着他。

张晋中仰起头来，透过防护网看，那建筑的空壳是丑陋的，房产商就靠蠹起这一堆材料，再包装一下，就能赚那么多钱。他的那一层房，在高楼中只是一小圈。在江边小城，那么一大片都是他的地盘，有多少厂房与设备供他使用，还有那么多人为他工作，现今就将换作高楼上这小小的一圈，再看城市的四周，一幢幢高楼几乎数不清，他突然发现自己很弱很小，微不足道。

也许看清货物是他的习惯，他掀了掀防护网，这是没有意义的动作，他又能看清什么呢？她依然微笑地看着他。也许就因为她在身边，他突然显得年轻似的撩起了防护网，把头伸进去看一看。

就在这时,一块碎砖沿着防护网从上面滑落下来,落在了他的右脑壳上。

他悬在空中。他没看到自己空中的身体,他并无意识去看。只有点点感觉很缓慢地流动着。他想看的时候,他就看到下面的他躺在手术台上,上方有几个戴口罩穿白褂的医生。他没有痛楚的感觉,相反感觉是松松快快的。

时间拉得很长,意识随着感觉飘浮。那个躺在床上的他,除了头都用白布盖着,显得陌生,完全不像他自己的肉体。医生没有匆忙的样子,动作缓慢。他想仔细看看那肉体,仿佛看到他的头盖开着口子,里面一团白与红交融的模样,他也没惊心,似乎与他毫无关系,只是一具横陈萎脱由人随意摆布的肉体。

从下面浮上来的一个念头,那是"我",我发生了事,我在看房子,我和她在一起……他想看她,仿佛就看到了她。她坐在手术室的外面,在一排空椅上直直地坐着。

一切似乎是连贯的,一切又都无逻辑与无意义,关系只存在于那个肉体。他要等好一会儿,才能意识到,一切与他有什么关系。只要他想看,他就能看到一切,只要他想明白,他就能明白一切。但他不想去看,不想去产生关系。

意识仿佛慢慢地聚拢来,时间也跟着聚拢,也就缩短了。他不想聚拢,享受难得的无可比拟的缓慢。他从肉体中出来了,医生在努力把他拉回去。这一个念头从下面浮上来。念头有坠重感,让他不舒服。他在高处飘浮,像风筝一样飘飘浮浮,恍若有无形的线牵着,那便是肉体所习惯的意识,通过念头传导。

高处不胜寒,他感觉却是暖洋洋的,想就此飘浮出去,脱出所有的习惯羁系。空的念头便有了联系,此间,空也是一种习惯的意识。

时间的紧缩让他的意识连成串,感觉往下坠,这使他生出些许记忆的画面,断断续续的记忆,就近的便是与她一起……他不想费力去看记忆的画面,只愿留在上面,于是,感觉又飘浮上去。

这样多好,他还是难得享受这样的轻松。没有痛苦,没有孤独,没有算计,没有空虚,没有屈辱,没有为求获得而吃力的微笑,也没有那肉体碰撞的快感后接下来的无可奈何。原来毫不相干的一切连着的是:我是活着的。一旦活的意识进入,死的意识也跟着过来。一个念头清清冷冷地浮游而来:我是不是死了?这个死的意识也与他有着间隔,似乎没有什么关系。一切肉体负载的意义,都与他间隔着,都似乎没有关系。什么都没有,空空的。

死。我存在吗?我不存在了,那么一切存在还有什么意义?一个个念头流动过来,如云空上的点点露水,滴落下来,滴得缓慢,滴得清晰。因为时间流动得慢,他的念头也来得慢。不过他有的是时间。因为有念头,他没死。流动的意识延续着，所以他还活着。那么他飘浮出来，是在生死之间吗？没有问号，只是习惯的念头。过去他从来没有细细思考过生与死，活得好好的人去想生死，是自找痛苦与负累，但问题却似乎一直在心头，一旦他飘浮出来，首先的念头，便是生死。生有着对大千世界的一切感觉，死便脱离这所有。飘浮出来，他追逐过拘泥过牵绊过的那么多东西，都远去了。从他人生意识的开始到走上社会，他就在外在感受和内在思考中，那已是习惯，他没有停止过这种习惯，几乎没有休息过。哪怕居家吃饭，哪怕外出旅游，他也总在想着什么，生便是一种负重，不光是肉体的负重，同样也是思想的负重，就是动作停下来了，就是在梦中，也不停止习惯的负重。这一刻，他感觉到看过的听过的接触过的那些东西，并没有真正体味，所有呈现在他的面前时，只是流来，流去，所有的负重只是产生于他肉体间，让他不安，让他忍受，没有任何实在的力量。一旦飘浮出来，他只有轻松而无留恋。生是什么意义？他要想一想，思考有点坠力，他似乎看到下面自己的肉体动了一下，只有他看得到，也许周围的医生都没有感觉到。好了，死的念头再流过来，他没有感觉有什么难受的。也许厌死只是怕再无复杂感觉复合起来的状态，而滑落在空空之中。他飘浮出来了，如果说生，他不在肉体中，如果说死，他还有念头。如生如死，如死如生。

他感觉着从未有过的轻松，相比之下，以前负重的人生都太累了。

他要什么，他有什么，他得到了什么，到他肉体如坠为止，他所去抓的，就是用水泥与钢筋与砖头围起来的一层空间。多少年的努力，多少年的挣扎，多少年的奋斗，多少年的劳作，在社会中他与多多少少的人有接触，一旦他变作没有生气的肉体，所有的人都与他不再有关系，也许除了抢救室外坐着的牵着最后联系的她，再不会有人来看他一眼。他所抓的那一层空间，又能抓到什么？

他跳动一下，想摆脱离开，于是他就跳出了一个格子，他发现四周都矗着一面一面镜子，无穷的镜子，镜里明亮亮的，互相折映着镜像，互相折映着光亮。他从镜里没看到他自己，也没看到任何的其他物，只剩下镜子。而镜子里显现的是一块块如鳞般不规则的四边形片，他想仔细看一看鳞片的形态，那边界是模糊的，摇晃着的，明明暗暗的。

他想要看清鳞片。本来融合的镜像，恍惚瞬间于鳞片中呈现出种种情景，每一个鳞片中有了实体变化，仿佛是流动的屏幕，顺着他的习惯，流出他经历过的现实场景。似乎他一下子能看到所有一切的鳞片。习惯是顺序的，于是，鳞片中流动的情景便触及了时间概念。从他的人生起始，应该在他感觉中存在过的，那些人物与事物的曾留在他过去记忆中的，显得莫名与无意义，可能是在他婴儿时的感觉，他毫无反应地"看"着，慢慢地，带有童年印象的一切都转回来，有熟悉的还有不熟悉的，想来，有没存入记忆的，有没意识到的。接着，那些当时难堪的，情不自禁的，躲避过的，不想为人知的，也不想为自己所记忆的，件件事种种情，都来到眼前。再下去，那些陈旧的大小事，当时只是单纯感觉，却也有了一定意义。哪怕是一盘棋的输赢，牵连着双方情绪的胜负感，也有了不同的滋味。过去没思考过的，有了现今的思考，过去思考过的，加深了一层思考，一切便连着了痛苦，连着了屈辱，连着了悔恨，连着了不甘，连着了多重感知的意味。

他曾有过的盘算，有过的机巧，有过的得失，有过的悲喜，有过的愁烦，有过的愤懑……一切都连着了他的认识，认识愈多变化愈大，鳞片边缘有了明暗之分，色彩清晰了。他的认识也有了是与非之分，有了好与坏之分，有了痛与快之分，有了苦与乐之分。这一瞬间，他感觉如善如恶，这一瞬间，他感觉如缩如张，这一瞬间，他感觉似苦似甜，这一瞬间，他感觉似成似败，这一瞬间，他感觉如沉如浮，这一瞬间，他感觉如舞如定。

他流动的感觉快起来，他对认识的理解慢起来，许多的现象来不及想一想就闪了过去，他就看到了他与她在高楼下面，一张网仿佛披掩着无穷的奥秘，他揭开那张网，就有一块碎砖从上落下，他就有着了被撞击的痛，比现实更现实的痛，于是有一个念头清楚地浮现上来:我真的死了吗?这一片碎砖就结束了我的生命吗？就让过去无数五味杂陈的丰富感觉都消失了吗？"死"的感觉，是沉重的，是黏滞的，主体的意识愈强，沉重黏滞的感觉愈深，于是他便被沉重黏滞的感觉拉坠下去，坠落到黑洞洞黑重重的黑暗深处……

张晋中睁开眼来，他侧身躺在病房里。木然了一会儿，有个念头流进他的意识中来：我活过来了。他有点惊喜，立刻感觉到右脑上的拉痛，痛楚如裂。

他眼前放着一幅彩笔画，上面画着一只龟，这只龟上下两半有着不同的龟片如鳞，上半身是色彩鲜亮的青与绿，而下半身是色彩枯暗的灰与黑。龟前后长着两个龟头，前一头洋洋得意地伸直着，昂然向上。而后一头毫无生气，环蜷耷拉着。

第二章 莲　园

　　细细的雨星若有若无地飘，那花色一忽儿恍惚青蒙，一忽儿又恢复纯白。那花瓣一忽儿微颤如舞，一忽儿又静如处子。张晋中蹲在花前，他看着花的色彩变幻，看着花的动态变化，似乎还能嗅到星星雨点濡湿而洇出的些许花香。

　　张晋中知道是自己心境的缘故。

　　他看这朵花好一刻时间了。他静静地蹲着，似乎忘记了时间，忘记了自己的年岁，也忘记了自己的来处。偶有念头慢慢地浮起来，那念头仿佛在来处的路上，拖长得悠缓缓的，一时又不知失落到何处了。

　　曦光初现，他就在莲池边，对着这一朵莲花。天慢慢地亮开，一时间花色有着一种莫名的变化，不知是天色的变化，还是莲色的变化。满莲池开出的花，在铺展的绿叶之上，都在变化着色彩，许多的色彩，浓黄如金，淡黄如粉，红中镶着白，白中嵌着红，而那许多的色彩变化在他眼里，都仿佛融于眼前一朵花中，纯得晶莹，胜于染着点点的胭红，像是娇羞，像是难以诉说，像是微含着泪，像是轻咬着贝齿……

张晋中看着这朵花，这是种花人李寻常花房里养的，到开花时放到他的院子里来，隔着玻璃，还是对着阳面，让他感受一点花的气息。张晋中的脑子还不好用，他不怎么说话，只是用点头和摇头加上微笑来表现。而他心里很清楚，只是需要慢慢地体会，体会出来的往往是另一层意思，像是过滤过的信息。

在医院里他得到了手术医治。从售楼小姐口中，医院得知他因为违反了安全条例，私掀防护网被碎砖砸中。虽然手术前没有见到他的亲人，但他们知道他是一位企业董事长，这次是来故城买下一整层的房子，都已签了草签了，并通过银行划了几十万的认筹费，自可以作为手术及医药费用。医院不管他身边有没有亲友，也没有义务调查他究竟有没有家人，救急开刀，术后送进重症病房医治及观察。但接下去，他虽然醒了，但神志似乎还没有恢复，一时无法应话，就是张口发出声音，也断断续续的，意思听不清楚。售楼处的冯经理来医院看过两次，她自然不会提及与他有过的一夜情，她也只知道他是一个有钱的老板，具体在哪儿生产与经营，她也不清楚，那点露水关系并不足以让她领一个身体状况与家室都不明的男人回自己的蜗居。医院的护士在他的衣服口袋里找到了一张名片，于是就联系了莲园的李寻常。

李寻常到医院里去看了他，觉得他根本不熟，但也不知道他如何会有他的名片。听说他已无生命危险，只是脑部受的伤需要休养，住在医院没有什么意思了，每日占着重症病房的床铺,且又没有人照顾。李寻常就把他接到了莲园。李寻常确定那张名片是他送出去的,他还另用圆珠笔写了个人交往的手机号码。想来是自己认定的朋友,才会有这样的交往待遇。而名片能到此人身上,一定是朋友转授的,一时没来得及联系。朋友的朋友,便是朋友。李寻常是个好交友的人。

李寻常承包了近百亩地种莲,时限三十年,已经经营了十年,有了一定的规模。他种莲不在食用,而在观赏,搞花色研究。李寻常就在莲池边种了各种色彩不同的花草:夹竹桃花、美人蕉、千屈菜、梭鱼草、牵牛花……还引入了蜜蜂。一看到蝴蝶在花蕊上飞,他就久久地盯着看,像是他自个儿等着花粉授精。他还满世界地托朋友找不同莲花的花种,用来移植嫁接,所以李寻常的朋友东西南北各地都有。

李寻常接了张晋中回来,也许是莲园空气好,完全不同于医院闷气,且有妻子阿莲照顾,常与张晋中说说话。张晋中一下子好多了,没过几天,就能起身。站在窗口看一会儿,再回到床上去。一时不能动脑,只要一想到什么头还是会疼。又过了些天,张晋中能下楼走动了,园中大片的莲花还没开,但野花开得好,有一池的睡莲开着花,紫色的,黄色的,白色的,浅红色的,莲园里色彩丰富。也有靠暖房处的莲池里花开了,新品种的莲花开得早。

等着张晋中处理的事其实不少,那是他事先决定好的。他将厂里自己的股份签卖了,签的对象是厂里的总经理与几个高管。签时定下他有一个月的反悔期。他算好购房以后，这一个月中，也都弄定了。他们会将款划到他账上，一个月到期也就自动交易成功。现在钱款都已到他的账户，他的钱总是在流动中，钱生钱，从来没有过这么大笔钱只能睡眠般地躺在一堆数字中。

因为他购买的楼盘，没有继续交订金，更没有继而交首付，他与房产商的合同自动作废了。也就是说没有进行任何交易。而这一个月中，整个城市的楼房开始涨价，这是他早就判断了的。那楼价似乎疯了似的，几乎是一天涨一个价。到后来他脑伤恢复可以做主的时候，那房价已经翻了倍，他原来买大小六套房的钱只够买大小三套房了，他本来的规划是，六套房里有一中套将来卖了够他一生的消费，有一大套是他自住的，还有四套的炒房所得是他开厂赚钱远远达不到的。现在他无法再做炒房的生意，到了限价的时候，房价已经到了天花板底下了，他无法再靠买房来赚钱。他如果还想买房子的话，也只有买一大套给自己住，余下够买两套中小房的钱要用作人世生活的费用了。再想做企业，也难以回去了。

眼下张晋中根本想不到这些，他的脑子仿佛隔着了无形的栅栏，无法与外界迅速交融，要运作时，念头慢慢地浮过来，跟不上外在的特别是人的交流，别人已经变换了语境，他的上一个念头却还在缓缓浮来。他不喜欢见人，不喜欢与人对话，因为那样，后面的念头会杂乱地涌过来，他会觉得头疼。只有独自的时候,独自对着物,特别是独自对着一朵莲花,他可以听由念头慢慢地浮过来,飘过去,他感觉不到脑中的隔栅,他的念头仿佛从很远的地方飘过来,也就带着了深深的自由的意味。

后来李寻常才知道,他用作种莲盆栽的陶粒,便是张晋中的陶厂生产的,还有他培育碗莲的陶盆也都是从张晋中的厂里来。他们之间的这种联系应该是很久了。许多的人与事物都有来处,那便是缘。他们从来没见过,也没有直接联系过,但回想起来,他们一见面就有着了某点熟悉感,要不,李寻常如何单凭一张名片就把一个完全陌生的人接回园来?要不,张晋中如何一到莲园后,身体状况便慢慢好起来?仿佛有回家了的安心?

天气慢慢热起来,莲喜热,花在大热天中开。热天是李寻常的忙季,他与张晋中的交流也就少了。

夜晚,张晋中走出院子,沿园道独自走着。他似乎能听到夜的动静声,也许是脑子有了问题,让脑子里生出了新的感觉。他只要静下心来,能听到各种不同的声息,甚至有花的呼吸声。也许他听到的只是自己的呼吸。原来他根本听不到这种呼吸的。

张晋中看到了用惯了的那辆奥迪Q5深蓝色车停在莲园场地上。是谁把它开来的?是从那家宾馆,还是从那家开发商楼盘?他就上了车,开出莲园去。都说他的脑伤还需要一段恢复期,开车自然是危险的。他是凭习惯开车,像是没有过脑,所以动作反应没有阻隔,开得很顺。车绕着城市的外环大道,悄无声息地开着。大道上没有人也没有车,只有两边的路灯亮着黄黄的灯光,还有向后移去的幢幢没有灯光的楼房。城郊的开发与拓展正在进行中。这是他的故城,多少年前他离开这座城市,它还是让他有一种繁华的旧意识,那意识存在脑底处,微微散发着熟悉感,似乎他没有离开过,或者他一下子就接受了它的变化。

他想让自己的脑子活动起来,一旦有意识的念头产生,眼前的情景便有些摇晃。他把车停到岔道一个加油站边上,那里开着一家茶餐店。虽然街道冷清,此处正合长途者需要。这座城市的人,是无商机不钻的。几十年他做生意的经历证明,其实他还是属于这座城市的人。

他走进门楼上跳闪着霓虹灯彩的店里。店里有一桌人在打牌,张晋中知道那是一种叫作掼蛋的扑克游戏,与他少年时打的争上游,没有多大区别,又杂着了升级与麻将的元素。社会的进步,变化了许多的东西,但变化中依然含着旧的色彩。小店主人显然也在牌局里,只见有个人手里握着牌,嘴里问:"你要什么?"

张晋中走近柜台,拿了一罐饮料,按上面的标价把钱向那人扬一扬,再把钱放柜台上。那人朝他把手中的牌扬了扬,又低头去说:"我要的,我要的。炸你的皮!"接着,把手中几张牌往下掼去。

张晋中似乎要的就是这种感觉，他找一张靠窗的桌边，独自坐了，用吸管吸着饮料。从窗口看出去，看到斜对角亮着红绿彩灯的小店门面。早年他在这座城市时，这种玻璃门亮霓虹灯的店，显得特别高级。而现在店面的简单装修，都这么漂亮。他似乎回到了过去，而忘记了能够装修出这样的店面，对他而言早已不在话下了。

张晋中静静地坐着，只见门外又走进一个人来，那是一个年轻人。年轻人不在意地看了牌局一眼，走近柜台，也拿了一罐饮料，掏出钱来放柜台上，没找店主打招呼，就开罐喝了一口，随后他便朝张晋中走过来，坐到了他的面前。现在年轻人要么在家玩电脑或看手机，要么就是三五个朋友约一起嗨。这么晚还独自出门的很少，还有兴趣靠近不同辈的更少。

张晋中一旦接触人，意识流动就慢了，慢慢地感觉着眼前的陌生人。靠近了才发现这个人应该不算年轻了，皮肤微黑，少说也有三十岁了。刚看他时，见他瘦削的身材，脸上紧裹的皮肤，以为他年轻。其实，年轻的标准并不一样，张晋中现在这个年龄看人，容易把人看年轻。

后来，张晋中想到他的时候，想着的便是他的眼光，他的眼光尖锐却又单纯，具有穿透力却又不会让人不安。他也许是个医师，或者是个关注现实的作家吧。他的口音是标准的普通话，只开口说第一句话，张晋中便知道他是外省人。仿佛清楚张晋中的现状，他一字一句说得慢，张晋中的意识跟得上，能明白他的话意。

"你是不是会觉得人安静下来，能感觉到不一样的世界？"

他怎么知道？念头慢慢地浮过来。要换以前，有这么一个人对他说这样的话，他会略带微笑地点点头，再起身离去，因为与一个精神不正常的人对话，只能带来难以预知的可能。

"人们看到的是常态情景，一天天的重复，花开花谢，月升月落，这就是正常？你安静下来，感觉一点不同的声音和图像，也许那是另一种本质？"

张晋中只是用点头或者是摇头来表示。他的语言还跟不上思维，念头慢了，语言就更慢了。慢慢地觉得他所见所闻都安静下来，与自己的念头合着拍子。眼前之人，所思虽是常理，却又新奇，在他的语言之下，四周的环境越发安静下来。那边打牌发出的议论声，一段时间被屏蔽了，一时间，他恍惚由他引到了一道蓝雾飘浮的镜门，推开来门后面会是什么……对方停下来选择句子时，牌局那边的声息传过来："啊，呀，噢，吗……"

宇宙也许是多维度的，立体的时空中也许有另一个平行世界。别让思维停留在现实的情景中，不让一切成为惯性，否则人生也就太无趣了，像跌落在一个惯性的……旋涡中。跳出常态，去感觉多重的世界……

张晋中感觉到自己的意识在摇摆。摆到红色的一边，他意识到也是科学发展到现在的年代，才会产生这样的思想，要放在过去，只是一种迷信的说法。现代的年轻人一类是耽于电子游戏中，一类是高深地思考这个宇宙，怀疑眼前世界的现实，这也是电子世界带来的迷惑。摆到蓝色的一边，一切都有可能，安静下来，用心去感受，在现实常态的世界后面，有着更真切的实体。

他不再想下去，发现这种想象也是脑伤的后遗症。

有念头浮起来，张晋中习惯地偏向红色的一面，他想到面前这一位会是受了什么样的影响，或许是受了什么样的挫折，才会有一般人不会有的想法。会不会是女人？这也是张晋中后来才想到的，当时只是几片念头飘浮，飘到女人这个词时，他才觉得有抓住的实在。似乎已经很长时间他没有想到女人了，就是女人在他的面前，他也只视作惯常，没有以往特殊的感觉。

对方不说话了。张晋中却觉得有点异样，也许对方想要交谈，而自己只是一个倾听者。也许他会觉得自己并不感兴趣，或者根本不知道他在说什么。他停下来是看着张晋中的反应，也许他能知觉到自己摇摆的念头？

这一刻，张晋中念头很慢，意识却超乎平常地活动起来，有与以往不同的感觉。他过去的人生都与实在的东西连着，他的意识也与生意、与物、与人、与整个社会连着，社会是最具物质性的。现在有人来说到那实在后面的东西，虽然奇异，但他觉得不错，正合着他的感觉。过去接触的那些人与事，虽然是惯常的，但其实是紧张的，是累人的，是烦琐的，是不舒服的。而跳空的思维合着他休养生息的需要，熨平着他某处的破损。

以往的张晋中不可能对坐倾听，也没机会倾听，他也无法接受如此的说法。现在，他无可奈何难以前行时，有人对他说上这么一句，他突然发现他身在雾中，自有脱出雾空的念头，想去看一看无雾的时空。

我们所见的只能是眼前景，心所想的只有得失与利害的事。回到童年单纯的世界是对的。可是又如何能回得去？

他仿佛叹息了一声，似乎是咳了一下。

张晋中感觉有一点触动，念头流动快了一些，人生的愉悦也简单，听此人的话如同听着了一段音乐，因为从未有过，所以单纯。

对面那位站起身来，朝张晋中望望，点点头，便走了。张晋中却觉得他们仿佛是心有默契的熟友，随便而来随便而去。有了一段心灵抚慰般的对话，有了一种后面预留着故事性的感觉。

种莲人李寻常光着脚板，沿着水边的草地走过来，双手捧着一盆碗莲。绿色的草尖，盖着了他的半个脚踝，他总喜欢赤脚。

"昨晚出去了？"

"回来——迟了。"

"已交子时，也算是今早了。我昨夜思考点事，也睡得迟。"李寻常笑说着。

张晋中眼光还黏在那朵青莲上，未来莲园前，他对青莲有着莫名的感受，那是因了大诗人李白的缘由。刚来莲园，张晋中便问到青莲，经李寻常解释才知道青莲便是白莲。

李寻常说："变化无常的社会，变化无常的人生，现今社会上的人，喜欢不断变化的东西，对花对人都一样，今天喜欢，明天就厌了。我看你却是单单喜欢一种花，还是这一朵花，我就注意到你总是对着它。你和我的一些订户一样，几年了，他们继续要一种花。"

张晋中说："看多了——复杂，就……简单。"

张晋中话是这么说，但对于花来说，他又何尝是看多了？他以往并不喜欢花啊草的，女人总是说他缺少艺术情趣。

张晋中也没想到，他会与这位种花人相处和谐。在莲园住了些日子，张晋中说："叨扰了。"李寻常说："你当我生意上的老师，只要指导一次，就让我受用了。"像是玩笑话，并非是玩笑。张晋中帮李寻常注册网购网站，只几天，李寻常的莲花一下子销路拓宽了，还有外国订户。

李寻常走近了，把瓷钵托到张晋中面前说："这盆碗莲是我精选的，刚绽开，很清雅。给你放在房间里。"

张晋中朝碗莲看了一眼。细瓷盆中，自叶片下伸出短茎，有几朵含苞的莲蕾，边缘与脉络露着浅浅的红。莲蕾宛如闭着眼的婴儿，小小的团团的。一张农民模样的黑红脸，映靠着瓷钵上一朵朵小花苞，有点别样的味道。

小花自有小形态。张晋中还是喜欢脚边莲池里开出来的纯色大朵莲花。李寻常却喜欢碗莲，说小就是美，碗莲别具韵味。

李寻常上学虽然只到高中，但他喜欢读书，空时便捧着书看，他喜欢说一点文绉绉的话，也许他以为那便是一种文化表现。张晋中发觉黑肤农民模样的李寻常却有着酸酸的文人气息，他也开始习惯了。

张晋中又移眼去看那朵孤独在水中的青莲，风过处，花瓣颤颤，一种妩媚至极的风姿。

对着花他会忘掉许多的东西，念头便安静下来。

两人从莲池转出来，沿池的路边种着夹竹桃、美人蕉、千屈菜。

前面是一片睡莲，莲叶铺在了水面上，花还开得少，一朵一朵点缀在池中，池角是蓝紫色的梭鱼草，水上溢着清清的莲香。

这是一年中最热的季节，莲花是越热开得越好。上午李寻常总在莲园里转，一般莲花都是清晨开，午间闭。

花开选种，一边欣赏着莲花，一边记下花色。订花的人需要各式的花种，有的需要红色的，有的需要黄色的，有的需要纯色的，有的需要杂色的。只有在花开时才能确定花种。

花的杂交是李寻常的种莲研发，以求培育出新的花色。

人工授粉，嫁接，或者在莲池边种一些花色如意的植物，然后守株待兔，靠蜂蝶传播花粉。花种变异，有时会出现新奇的色彩，让人有奇妙的感觉。莲的底色有红、粉、白、黄。黄色莲花原来中国没有，从美洲引进，花色深黄重瓣，明净华贵，李寻常植入雄蕊花粉，远缘杂交，培育出的却是鲜红的花，比原来的红莲还艳红。花开之前，有所期待，花开之时，有所呈现。这也是一种艺术。大自然出奇的艺术效果。

称之为艺莲。

张晋中住的莲园小楼，小院外四面莲池围着，是常见的那种四方形的水泥建筑，房里的家用摆设也是一般常见的，但白墙上挂着一些字画。李寻常招待过不少出名与不出名的书画家。楼下的一面墙上，如涂鸦般勾画着斜字斜图，听说是一位画家喝多了酒，信笔所作，画家自称是他最得意的作品。

张晋中临窗站着，外面的光色慢慢地亮开来，不时地有一阵阵不同于城市的野风扑面而来，风中夹带着暑天的团团热气。从楼上看过去，一片片的莲池，那朵青莲隐隐可见，越发显着洁白。

莲池隔着一道闸的那边是清水河，河边也是连片的莲，是莲池的莲子自然繁殖开来的，显着物种绵延的力量。中午的时候，花大部分都闭了，从小楼上看去，绿色的荷叶也染着了黄黑色。

莲园在李寻常的介绍中，是很奇特的地方，种出的莲特别丰腴，且会变异出特别色彩来，这自然使张晋中留意。

常听培育新品种的李寻常说"立体环境"，与那晚张晋中在加油站边小店听那人说到立体的时空，似乎是相通的。

土肥有机质含量高，莲重瓣度就高。花有十四瓣到二十一瓣的称少瓣莲，是原始的莲。花有二十一瓣到五十瓣的叫复瓣莲，五十瓣以上叫重瓣莲。莲园多开着重瓣莲。

张晋中想到城外这一带古时曾是大片的养马场，然而，这里也曾有过大屠杀，那么这儿的土肥是因了马还是人？

张晋中有时内心中也有疑惑：他还留在莲园做什么？他那做生意的头脑，受伤后已经慢慢恢复，不时会浮出念头来，他已经损失了许多的商机，他那么大的一堆钱都躺在银行里，要是以往，他会觉得它们都快腐败长霉了。

他在感受这里的空气与色彩。大热天里，蒸得他的头昏昏然，心空空然。他隐隐地有着一点意识，为什么老要想着目的呢？几十年的人生，他追求的安静，似乎都还是不真实的，他的心里脑中堆了许多废气般的积物，他在莲园的呼吸中把它们慢慢地呼出去。

看楼外，常见到的是黝黑的李寻常赤膊半蹲在莲池间，手上抓着一把量花的尺子，那造型仿佛是凝定了。整个花季，他量伴生叶，量花面，像给每一朵花做档案，似乎根本不在意暑天的阳光。眼下莲池间没有看到他的身影，却有一个女人在走动，张晋中知道那是阿莲，李寻常的妻子。阿莲和她的丈夫一样，皮肤黝黑，现在农村也很少见着这样的黑肤了。她喜欢穿上身短而紧的红色衣服，远远看去，身形窈窕。她的手轻轻地一扬，风姿绰约，像是与他招呼着，细看她是在撒化肥，她那有节奏的抖撒动作，在朵朵莲花的映衬下，如舞蹈般轻盈。

张晋中坐在莲园边长廊的石靠椅上，眼前是莲园通向外面的小河，河流弯弯曲曲，一直通向江水，隔着江那边，一片一片的高楼兴起，每幢都有二三十层，那高楼也是过去城区少有的。现在的外在变化越来越大，发展越来越快，退一步看，是不可想象的。进一步看，如怪物的生成，还会如何发展，实在不可思议，也难以估量。

怪物也在他的心中成长。就算不到故城来，他所生活的中城也在变化，他所工作的小城也在变化，只是变化没有眼下感觉这么大。这还是他生活的天地吗？不可想象之中，变化成了一个新的生活空间，恍若一梦钻进了另一个平行世界。变化也有他的参与，先前他做的生意，经营的工厂，所得所获所拓展的，融入一天天的生活中，似乎都是正常的，其实也增长得快，任不断的变化间，只是在习惯的日子里成了常态。眼下到了故城，惯性又被一块碎砖阻断，他才真切地感觉到。

他的思维开始动起来，虽然很慢，因为有的是时间，他可以让念头停留在一个地方，慢慢动，细细想，他就能想清一些事。静态的感觉很清晰,比以往更清晰,但要与别人对话,便动得更慢,似乎要有一个从深处浮上来的过程,这个过程长了,往往别人的话题已变,他的念头还在慢慢往上浮。只有再退缩下去,活动另一个话意。他说话,也是断断续续的,拖得很长,以接应下面慢慢地浮着的念头。别人在等他,他往往就停下来,不再做努力。因为念头在感觉中有点混乱了,他不想再说下去,浮起一点笑来对着人家。在这样的退缩中,他退缩到不说话,退缩到内在的深处去。独自一人时,在慢之中,他洞观外在的一切,内心有了新的理解与感受。

他感觉陌生而熟悉。他在故城的边缘,打量着变化了的故城,仿佛抬起一只脚,犹豫着是不是要踏入。过去的故城,曾经多少年在他的梦中显现,那是他要远离的地方。他回来了,却进不到里面去。也许从迷信的角度,他就不该回来,在这里他只会有伤痛。过去留给他的是痛苦的童年,现在留给他的是脑伤。他还是想着要回来的,多少年中,其实他一直有着这个要回来的念头。一切在潜意识中,他在外面生活了几十年,却还有如飘浮的感觉。现在他就在故城边缘,依然身心如寄。居住在别人的地方,感受着陌生的情景。

他有点迷惑,他已经能行动了,他完全可以回到自己户籍所在城市,那里有他的房子,那里有他习惯了的生活。但他不想动,驻身于这客居的莲园。他对自己说,这里有花有朋友。他确实把李寻常当作朋友,李寻常也确实对他说这里是他的家,让他把这里当家。这里的情景好,处处有花的色彩,这里的空气也好,带点莲香。

过去他的生活,都是他自己设计、争取、完成的。有偶然的因素,但大致是他可控的。他的思维在一条直线上,谈生意和赚钱,再有与女伴消遣,朝一条路上跑,必然的成分多。不可控的是偶然的,生意失控,便是亏本,女伴失控,便是分手,其实那也有必然成分。但他被砸伤了,纯属偶然,脑伤的深浅,也属偶然。完全可能让他醒转不来,醒来却成了偶然。他来到了莲园,虽有一张名片的实在,正是大大的偶然。一切在偶然中,自己就不起作用了。多重的偶然,他就站在了不是熟悉的地方,来思考他的人生,却有了新的感受与新的理解。他为什么不急着回去,也许就是这个原因。

他能思考了,思路清晰。与那晚的年轻人对话后,他脑伤的某处仿佛得到了连接,用医学的说法,是新鲜的刺激,得到了环路形成的可塑性。

水边的气息很好,荷叶浮水,莲花点点。张晋中突然想到要游泳,他在一片树荫下入水。用脚尖在河水面划一划,水暖暖的,他便纵身钻下水去。河底下的水清凉清凉的,身子不由得颤抖一下。使劲地游动一段,半温半凉的感觉调和了,那清凉的水意仿佛浸入了心里。张晋中喜欢在水里睁着眼睛,看透着光亮的绿水中,碧叶水草微微地摇曳,银鳞鱼儿甩尾一蹿就离去了，仿佛摇动了他内心的水，清清净净地在心中晃动。

浮起呼吸时，水面由身子涌起一片水波，亮片陡然破碎了，星星点点地闪动，闪到水面上的睡莲叶周围隐去了。

有水波涌来，河水在炎夏间发着淡淡的一层灰白。一条鱼在水草间一触碰便甩尾游开了，一瞬间，张晋中恍惚自己还在年轻的岁月里。仿佛无数莲花在动，天边的山影也在风中摇动。一片黑影很快地移开了，张晋中发现河中另有一位游泳者。

游到近时，他们浮水而行。张晋中感觉他便是前两天晚上在小店遇着的那一位。但他的肤色更显黑红，显得年龄要大一点。他不能确定他，因为在水里，他的头发黏在了额头上，看不真也记不真。

张晋中说："你也——种莲花？"

那人笑了，说："我是个看莲花的。"

从口音中张晋中听出他不是本地人，从远方来。和那晚的那人是相近的。

"喜欢——"张晋中问的是花。

"喜欢旅行。"

"走了很多……"

"走了很多地方。"他似乎能知道他问的。张晋中也只有在水里才能把话说得连贯，似乎有水托浮着他的语言出来。

……变化大？

房多，路宽，水浑，心乱。

物——高了，人——低了。张晋中心里说的，也不知对方听到没有，他笑了。

对方开始说起来，仿佛知道他说话不便，张晋中知道那人叫达西，从云南少数民族地区来。两人谈的话题都很大，达西谈大自然，张晋中偶尔应的只言片语是谈大社会，似乎谈的不是一回事，但又能融起来。

在水面上看莲花在水波上摇动，花如轻舞轻语着。

达西说游泳就像他的旅行，他喜欢在水里面看东西，游泳不可能有一个目的地，他旅行的目的地也是随意的，一路上有让他动心的地方，他便停下来多看一看。

张晋中说游泳就像他的散步，他喜欢在水里面想事情，有时会想明白平时难想清楚的事。

张晋中说时若有所思。他的心并不在游泳上，但说到游泳时，他又会想着手脚划动的一招一式，要把心完全从事上放开来，实在是很难的。游着的达西猛一蹿，手里就抓到了一条鱼，鱼由他双手捧到了水面上，他手一推，又把鱼远远地甩出去，像是鱼在空中蹿动。他哈哈地笑起来。

张晋中看着他追逐着鱼似的，游蹿出去。他慢慢地把头埋进水中，往前慢慢地钻去，身子都不动，只是静静地向前漂去，水色绿绿的浮光，仿佛有许多过去的亮片在晃动。

第三章 水 影

城市的弄堂。支路是一条与苏河并排的大弄堂，从支路到苏河，穿过跨街楼是一条弄堂，弄堂两边是一条条小弄堂，弄堂与小弄堂形成连绵不绝的"丰"字，一条条小弄堂皆是п形，前四家后四家，高高低低的带有老虎天窗的两层瓦房。

那时他名叫张尽忠，改名张晋中是后来他进了大学后的事。

在张尽忠童年的记忆中，家曾搬过几次，都是租的房子。以前居住的房子以及是什么时候搬来此地，已记忆模糊了。

弄堂中间的路边，横着一个长方体的水泥蓄水池。年代久了，水泥显着暗色。一排边的水管，接着五六个水龙头。整个弄堂的私房住户和租房住户，都在这儿交水筹拎水。

拎水是张尽忠暑假期间的家务事。快上四年级的张尽忠两只手紧握着水桶把手，自来水冲入铅皮桶里，跳溅着颗颗粗大的水珠。

张尽忠等水的时候，旁边的水龙头前站了一位姑娘，她身材高挑，穿着一件连衣裙，姑娘把水筹交给收筹的老太，叫一声阿姨，一边等着水，一边应着老太的搭话。

姑娘注意到双手抬着水桶把手的张尽忠，先是诧异他如何不将桶放在地上接水，只见水位在桶里升上来，他的双臂因负重开始颤动，想这孩子大概是在练臂力，不由微微一笑。

张尽忠还是第一次见这位姑娘，他天天在弄堂里活动，弄堂里的人他都认识，她肯定是新来的。在张尽忠感觉中，她生得白，手白，脸白，暑天里裸露着肌肤处处显着白。同时，他嗅到了一点淡淡的香气，香气沁心。那个年代，女人是不化妆的，张尽忠只有在冬天才从继母身上闻到百雀羚的味道。

张尽忠拎水往回走，姑娘轻盈地从后面走来，竟是进的同一条小弄堂。她绕过张尽忠，还回脸看他一眼，似乎是打个借过的招呼。她手臂拎直了，步态端庄，衣衫拂拂，水在桶里闪着亮。

她在小弄堂的尽头进了门，就在张尽忠的隔壁。那家女人有点对眼，经常抱着一个小女孩站门口。那个女孩有一张洋娃娃式的笑脸，头上梳着两个球形的总角。女人与张尽忠的父亲用家乡方言说话，那是一个江南县的土话。张尽忠父亲说的方言硬硬的，毕竟离开家乡已有二十多年，而女人的方言显得婉转，话音尾部糯糯的。女人站久了，把女孩放下来。女孩牵着女人的手，靠着女人的腿，用圆滚滚的眼看人。张尽忠听女人告诉过父亲,她在家乡有个妹子,妹子漂亮,当护士。

女孩爸爸在一家建筑队工作,似乎是个头头,那时的建筑队有建设三线的任务,女孩的爸爸很少回家。以前张尽忠能听到隔壁夜半的开门声,随即有女孩爸爸大嗓门的说话声。有一次还听到当时稀罕的半导体的音乐声,能带在身上的半导体里,传来婉婉转转的越剧《红楼梦》唱腔,那是禁播的港台频道。

小女孩的爸爸最近出了事。就在前些天,他在建筑工地上,被倾翻的吊车压着了。那几天,张尽忠总感觉到隔壁的墙那边,有隐隐的哭声。他也不再见着小女孩,大概是被带去了爷爷家。

早上起来,张尽忠站在门边,靠着门框,一只脚在门内,大半个身子在门外。他本来早早地就想出门,但被父亲叫住了,父亲数落他比上班的人还忙,家里的事不做,给人家做店小二,当伙计。张尽忠知道父亲说的是他在谭子湾路边棋室的事,其实根本不是他给人家当伙计,而是开棋室的给他免费下棋的机会。张尽忠喜欢下象棋,但棋室里下棋要交费的,输的人一盘交两分钱。张尽忠哪有钱交费,那时五分钱就可买一副烧饼包油条了。张尽忠常去棋室,开棋室的喜欢这个迷棋的孩子,有落单的棋友来时,就让张尽忠上桌去对局。张尽忠也就在棋室忙时,帮着端茶倒水，擦桌抹凳。

父亲上班去了。继母在喂弟弟吃粥，弟弟已没心思在碗里，扭着头晃来晃去，继母依然把汤匙送到他嘴边。张尽忠想着他去棋室的事，肯定是继母告诉父亲的，她在街道工作，与常在弄堂里走动的居委会干部是一条线的。张尽忠的生母去世得早，他都没有印象了，父亲独自带他的时光，也许是他有记忆以来最好的。继母初进门时，张尽忠并无委屈的感觉，她也是死了前夫再嫁人过日子，对人淡淡的。自从有了弟弟后，慢慢地，张尽忠心里总会不舒服。继母并无打骂过他，只常说的是："这孩子怎么会吃这么多。"张尽忠更多的不快来自父亲，于是，家给他的感觉有点冷。

这时便听到一个声音，声音柔曼如水。

"你叫尽忠是吧？"

要是平时，张尽忠会没好气地回答，他嘴想动时，声音入耳，意识恍如桶里的水影晃动，头抬起来，看到的是邻家拎水姑娘的脸，嘴张了张，接着点了点头。随后有个念头浮起来：她怎么知道自己名字的。后来他才想到是声音，隔墙是不隔音的，他能听到隔壁较大一点动静，有时静下来，还能听到隔壁的说话声，虽然听不真。她肯定听到了父亲的声音，也知道了他受屈的感觉。

她弯了一点腰，脸在他的面前，黑眼眸流动着水波一般，仿佛声音是从那里出来的。

他们说了一会儿话，张尽忠就和她熟了，叫她青青姐。

她问他邮筒在哪儿,他告诉她在谭子湾路有一个小邮政所,并自告奋勇带她前往。

他们出了弄堂,再出支路往大马路上去。张尽忠家在城里少有亲友,张尽忠没有堂哥堂姐,也没有表哥表姐,青青给了他从未有过的感觉。他不时抬眼去看身边的她,想她不知哪天来到的,暑热天的晚上,人们会在弄堂里摆下竹椅竹榻乘凉,但他没见过她,她一直待在屋里,不热吗?

刚上马路,拐了个右弯,他们就走不动了。路上正有一支游行队伍,拉着横幅,举着旗帜,挥着标语,看似一片红潮涌来,那时的马路并不宽,有两辆17路公交车停在了前后路间,行人都挤到路边,站停不动。

游行队伍高喊着口号,喊了"打倒走资派",又喊"打倒黄文鼎",想那个黄文鼎乃是游行单位的走资派,口号喊得很有气势,喊得很有节奏,喊得劲道十足,喊得热血沸腾。张尽忠忍不住也跟着举起手臂喊了一声:"打倒黄文鼎!"

"你知道他?"

"不认识啊。"

青青问了一声,张尽忠跟着摇头应了一声。他出生在运动的那一年,虽然还年少,但身在斗争环境中,耳濡目染,有些行为的接受是自然习惯的。

张尽忠有点茫然地去看青青,想她是不是认识。青青摇了摇头,她想说什么,没说出来。后面的煤球厂大门打开来，也是一个批判大会开完，涌出游行队伍来。两支队伍在路中挤在了一起，相互竞争般地喊着口号。加上公共汽车司机知道一时半会儿走不了，应乘客要求开车门放下了人，三股人流，连同原来的行人，便形成了人潮涌动，张尽忠身子矮，在人潮中探不出头来，站不稳身子，挤过来推过去的，不知要挤往哪儿，只见青青顺流前来，拉住了他，把他挽到了身边。

暑热天的太阳下，又是红潮鼎沸，张尽忠本来浑身燥热，但贴近了青青，不再感觉热，还嗅到一点清冷的香气。应该拐到岔道的谭子湾路上，但他们还是被人流拥裹着往前面去，张尽忠向那边挤着并大声招呼着青青，不知她是否听得清楚。便见她低头看他一眼，抚了抚他的肩，他的心静下来，一任人潮将他们涌到那座水泥桥上，又卷着下了桥。

桥下的前方有三条宽马路，红潮也就散开，两支队伍整顿了，继续喊着口号往各自的目的地，路人也各有去处。青青与张尽忠站停下来，青青伸直了腰，仿佛舒展开了她的形体。

"人有时被涌裹，只能顺着。不过，到了分流的时候，还得回头走。"

青青像是对张尽忠说话，又像是自言自语。

那天青青在邮政所寄了信，回来的时候，张尽忠就跟她进了小弄堂尽头的人家。门是关着的，只见青青把门朝上一抬，接着把门推开了。那个年代，治安确实很好，也许可以喻作夜不闭户。那时也没有什么可以偷的，当然也不能完全这么说，那时一袋米也许比后来的一台电视机价值更高。因为买米还要粮票。不只是钱值钱，钱虽稀缺，更稀缺的是粮票。

屋里显得荫凉。站楼下屋中间，一边摆着桌子和碗橱，靠顶头的窗下是封着的煤炉，另一边还有一个门挂着竹帘，里面是卧房，那是在外面看到的 n 形小弄堂的横头。青青做着家务，扫地、择菜与洗碗，她做事的时候，没有声息，如静水微波。张尽忠看到桌上有一本书，一本旧书外面包着书皮。翻开来一看，是《聊斋志异》。张尽忠喜欢看书，别的小学生看小人书，他却看小说书。听父亲说他的祖父在乡下当过私塾老师，父亲多少有点文化，但没读完小学便进城，在毛纺厂做技工，家里也不买书的。张尽忠看书都是从学校借的，他看到的也都是革命书籍，因为能看到的少，所以几乎所有的小说，他都有兴趣。

虽然有些文字他还看不懂，但情节引人，张尽忠看着看着，也就看进去了。狐女鬼妹多极通人性，妩媚可亲，看书之时，正有做家务的青青在屋里走动，配以先前红潮中的清凉之感，虽然书中多是异事奇闻，但一切都真切了。

暑假的最后一段时间，张尽忠总到隔壁青青那里，看青青把家里弄得干干净净。她闲余时间在看书，他也在一张小竹凳上坐下来，静静地看那本《聊斋志异》。

他有些天不去路边的棋室了，他喜欢棋，又常在棋室，象棋水平已经不差，大多数成人都下不过他。与棋室相比，他更愿意待在青青身边，不过，还会有想下棋的念头。

有时，两人都放下了书，静默中她微微地笑，仿佛听着时光的流动。

"下棋。你会不会下棋？"

张尽忠突然问到了棋。青青说会。接着她就从桌子的抽屉里拿出一副棋来，却是围棋。棋室里很少有下围棋的，级别似乎比象棋要高。张尽忠有时也跟着看看，只是略微懂一点死活。

于是两人铺盘下起来。张尽忠一直认为下棋的人都聪明，下围棋的更要有智慧。青青会下围棋，他并不奇怪，似乎还觉得应该如此。只见青青不紧不慢，细长的食指与中指拈子与落子，看上去是真正棋手的样子，如行云流水。行云流水这个词，是张尽忠最近从书中看到的，此时的感觉，每一个词正合着一种形象。

很快张尽忠的一块棋就被包围，简单一战就被吃了认输。他知道他与青青不是对手，距离太大了。

她下棋的杀力还是很有力量的。

自从开始下围棋，张尽忠对象棋的兴趣小了，青青不在的时候，他也少去棋室，借了《聊斋志异》在家看。看了书中的情节，会想到青青。这座城市中的人，把城市之外的所有地方都称作乡下，她从乡下来，会去哪儿？做什么呢？她就像书中的形象，有点神秘。他想到她就像精灵十足的狐，不不不，她只能是仙，只是书中的仙女都不如狐女那么生动。他还是不愿让她与狐联系着，因为在父母的说道里，狐总不是好东西。

继母回家没多久，居委会的蒋主任就来了，这位蒋大妈总是套个红袖套，到弄堂里转。特别是夏天的晚上，她会挨家挨户发灭蚊烟剂，然后握着一只红漆刷的铁皮大喇叭，在弄堂前后喊着："该关窗了！该点烟了！该出门关门了！"于是弄堂里散散落落地站着了人，从每家窗缝里慢慢地溢出熏烟来，弥漫在整个弄堂。

蒋主任和继母聊天，总是有那么多的话说，里弄工作少不了家长里短，蒋主任谈这类事挺和善的，但一涉及革命的话题，声调显着严肃紧张。蒋主任来的时候，继母叫张尽忠去开封着的煤炉，烧水。

这天蒋主任与继母的谈话，说到了青青。虽然她们都没提名字，从蒋主任朝隔壁努嘴的动作，张尽忠就意识到了。

"她还没走吗？她真的只是来帮姐姐的吗？那个对眼一副骚样，听说她的男人有生活问题，还弄不清是不是工伤死的。她和她姐姐模样根本不像。她们到底是不是姐妹？她不用上班吗？说是个护士，在医院里做事的，就不用上班吗？"

张尽忠确定蒋主任指的是青青了，从蒋主任一顿一挫的声调中，他清楚蒋主任对青青有着革命警惕性。蒋主任对弄堂里有问题的人和外来的人，都会做各方面的调查，张尽忠虽然年龄小，自出生便感受着各种运动表象，还是习惯了接受这一套。

蒋主任走了，继母开始做饭，张尽忠便坐到窗子角落处看书。他看书和写字的时候，继母认为是做正事，一般不会打扰他。

时近黄昏，弄堂里很安静。张尽忠看了一会儿书，书里的故事引动着他的感觉，眼前窗玻璃透着一道光，有浮尘在光中升腾。张尽忠合起书本的时候，发现包皮纸折成花角处有两行字：

我欲乘风归去
天上人间

张尽忠知道那是诗，他能看到的书少，还不知这原词句是唐宋两大诗人所作，以为是青青写的诗。不免想到几个月来，蒋主任都在调查有没有到过北京会作诗的人。这联想只在念头中一跳闪，在他的感觉中，这诗句真好，莫非青青便是从天上来，说不定什么时候就回到天上去了。

这么想着，张尽忠便往隔壁去。推开半掩着的门，青青不在楼下，他就爬上楼梯去阁楼，再推开阁楼上很薄的一扇板门。阁楼不高，只有中间能站直身子，而四围墙根，就是小个子的他也要低着点头。朝南的斜顶上开着一扇老虎天窗，下面是一张小矮卧床，就像日本的榻榻米。矮床上叠齐的薄床单,上面是一个枕头,青青正仰身躺靠着,一手环枕在头底下,一手握着一本书,想是刚看累了休息,手臂摊开,搭伸在床沿。他突然感觉她神情中带有一种忧伤,像是在梦幻之中下到了这个尘世。

"你的脚步无声无息的。"

她的声音轻轻,没有嗔怪。是不是她从来都不会嗔怪人?

他走过去,在她的身边躺下来。顺着她的眼光看出去,是老虎天窗外的一片青天,还有一块隐了一半的薄薄的白云,如染在窗边。此时虽近黄昏,天色还明,青天之上却有着一颗星。语文老师曾朗诵过:黑夜降临了,星星闪亮了……白天里怎么会有这么一颗星的?是不是因为青青在看,那颗星星才显现出来的,那颗星星是不是她居住过的地方?有着宫殿,有着亭台,有着花树。

他和她有一句没一句地说着话,张尽忠还从来没有感受过这种如姐如母的亲情。他觉得清静,能听闻很多的东西,能知觉很多的东西,能明白很多的东西。

"你参加过红卫兵吗?"

"参加过啊。"

"你去串联过吗?"

"串联过啊。"

"串联到北京去过吗?"

"去过北京啊。"

"我也想串联,走遍祖国大好河山。"

"只要有愿望,你会去世界各地的,不用串联的方式。"

也许她便是从天上到尘世来串联的。有时候与她在一起,他会有一种不真实的感觉,又仿佛不过是恍恍惚惚中,她带着他浮到空中去,仿佛有风声,风在耳边低吟,是乘风而行。仿佛有雨声,雨在脸上飘落,是穿云而过。上面的星星显得很大,下面的楼房显得很小,又恍惚那是以后的梦境中,她带他飞过大江、大海、崇山、峻岭、沙漠、森林……

在以后的回忆中,他与青青在一起的种种,有一种不真实的感觉,那时他年龄还小,也许一切的神奇只有孩子才能感觉到,也许只是那本志怪小说《聊斋志异》给孩子心灵的影响。

年岁长了,教育中不科学便是不真实的,理性便怀疑想象,怀疑便生不真实感。

开学了。九月初,张尽忠放学回来,发现隔壁的门总是关着。他感觉不到她的气息,知道她不在。他不知道她会去哪里,有时会想到,她大概是离开了,回乡下去了。但他不相信她会在他一点都不知道的情景下离开。

社会发生一件大事,国家领袖去世了。整个社会的色彩从红色变为黑色。一段时间中,学校里不再正常上课,师生在搞一场接着一场的纪念活动。放学了,张尽忠回家时,发现继母也回来了。她在换被弟弟弄脏了的衣服,弟弟站在童床里哭，手一招一招的，弟弟面前的小桌上，放着一颗糖，弟弟够不着。那时学校里流行玩糖纸，他已经集了一些糖纸，到学校里与同学斗糖纸，比谁的糖纸漂亮，透明印花的"玻璃糖纸"洗净抹平夹在书本里，平展的糖纸在热手掌心微微卷起被视为最佳"活"糖纸。此时，张尽忠一眼就看到弟弟面前那颗糖的"玻璃糖纸"十分漂亮，如在平时，他是不会去碰那糖的，因为他知道那不是他吃的。家里人都告诉他，他大了，不再是吃零食的年龄了。虽然他还有着馋嘴的欲望，但他总是会对糖果移开目光。但眼前的这张糖纸显得漂亮，他于是走过去，把糖剥了塞进了弟弟的嘴里，同时把那张糖纸展开来，发现这张糖纸实在漂亮，印着五彩的图案，肯定是正宗采芝斋的。他去用水洗了，把它展开抹平贴在桌角的板上，待它晾干再夹到书里去。

正当他做着这事的时候，听到弟弟的哭声，他想弟弟是吃完糖又哭了，还想要。就听到继母说："那颗糖呢，糖呢？一颗糖呢？"张尽忠低低地说："给弟弟吃了。"继母似乎不听他的话，只是说："糖纸在你手里，糖呢，糖到哪儿去了？难得人家振兴叔看娃可爱，送了一颗糖，糖纸在你手里，糖呢？……"

弟弟依然在哭，看着他，伸着手，还问他要糖吃。继母虽没说他吃了糖，想是认定他吃了糖。张尽忠心中积聚的委屈突然冒出来，他把手里的糖纸连同夹在书里的糖纸都拿出来，丢进煤炉里。

他走出门来,多少次他总有离开这个家的念头,想走得远远的。但他不知道自己该到哪里去,外在世界的陌生与不可知让他恐惧。到他长大后,走多了,走远了,感觉外面的生活说艰难也不艰难。他才想到,他童年家中发生的事都很小,与别的继母相比,他并没挨打受虐待,也许是他气性太大了,有点委屈又算得了什么?他以后在社会上承受得太多了,人生的宽度便是心的宽度。

此刻他出门来,心中满是委屈的痛苦,却听到了那柔曼如水的声音:"你想到哪里去?"

青青没回乡下。他看她就站在小弄堂的尽头,朝他看着。她推着一辆自行车,自行车虽然很旧,却擦得干干净净。

他想她是要出去,她会去哪儿呢?她是不是听到继母追问的声音?他有点委屈地想哭,但在她面前,他又哭不出来。

"跟我去,好吗?"她推车过来,俯身对他说。

于是他就坐上她的车后座,车骑了出去,出弄堂,出支路,上马路过桥,一直往西。她骑得不快不慢,但他还是觉得很快,有风抚摸在脸上。车出了城,郊路上有点颠簸,他还是第一次坐自行车,有点坐不稳。她示意他抱住她的腰,他贴紧了她的柔软她的轻盈,嗅着她如水的体香,自然而醇正。他什么委屈都没有了,心中有自由自在的感觉。后来时代的孩子,有那么多可挑着吃的食物,根本不会在意一颗糖，但没了自由自在的玩耍，总有上不完的课做不完的作业。一个时代有一个时代的苦与乐。

他们来到一条河边。不知道她是不是来过，还是她早问定了的。那时代郊区河里的水是清的，当地人家用来洗菜与淘米，并挑回去用矾滤清了当食用水的。

她脱了衬衣长裤，里面是一条连衣裤的绿色游泳装，裸露出来的肩臂与腿脚，白皙如雪。她像鱼一样钻入水中，瞬间便与水相融，只隐隐见水中白色的光影在晃动。城外的乡下很少的房子，很空旷的田野，很高的天空，很多的河。她在水里自由地游动，仿佛那就是她的家，她回到了她的所在。

她来来回回地游着，仿佛忘了一切，也忘了他。他见她游远去，他在岸上跟着跑，突然就失去了她，看不到她白色的身影了。记不清她多久没有露出头来了。当他有点担心想叫她的时候，她突然从一片莲花边探出头来，她的脸靠着一朵莲花。微微颤动的洁白花瓣拂着她洁白的脸。

张尽忠还是第一次真切地看到莲花。乡下的一切植物，对他来说都是清新的，特别是莲花。他走近花区，蹲下身子，他嗅到了淡淡的莲花香。先前他在路上坐自行车后，嗅着她的体香，如水香，但水是无色无味的，而从水里来的香，便是莲香。她是不是一直与莲相伴的？她不可能常来郊河游泳的，那香，仿佛是从她身体中生出来的。

青青招手让他下水去。他笑着摇头，他怕水，从来没有游过水，只知道在水里憋了时间会很难受。但他不愿拗了青青的意思，他本来身上只穿着一件背心与一条短裤，脱鞋下了水。刚一下水，就往水里沉。她托起了他的胸，教了他运气和划水的姿势。

"水是最自由的物体，你与它一起不要紧张，也要自由。"

他放松了，慢慢感觉到了水的浮力，他的身子不再往下沉了。她在他的身边，托着的手掌上柔和的力顺着他的游动，他和着她的气息吐吸，松松快快地划手蹬腿。有一瞬间，他舒展着，一个欢跃的蛙式，整个身子蹿出了水面，清新的空气，清新的色彩。

荷叶田田，青莲皎皎。

他们回到弄堂的时候，遇到了蒋主任，她神情严肃地与青青说话。

"你回来了？"

"是。"

"你还没走？准备过多长时间走呢？"

虽然是对话，张尽忠感觉到蒋主任讯问人的口气。

张尽忠回到家，赶快打开封着的煤炉，接着去提水，在门口与蒋主任撞了一下。"这小孩子整天……"张尽忠不想听她说道，出门去了。在水池边等水时，他依然做着青青所教的："吸一口气，慢慢吐出去，像把心里放空了，把杂念融到水里去。"

拎水回家,正听到蒋主任对继母说着:"伟大领袖走了,更要提高革命警惕性……"

张尽忠意识到与青青有关,他想去把一切告诉青青,不管是不是私通反革命。

隔壁的门关着,他仿着青青,把门朝上抬一下,门开了。他爬上楼梯,推开了薄板门,他看到青青正在洗澡。她站在一只大木盆里,仰着头,双手朝后束着松散开来的头发。张尽忠第一次有了具体的女人的感觉。他在家也看到过继母的身体,在一个屋里,继母上便桶、换衣不避开他,也无处可避,暗乎乎的肉体,并没有女人的特别感觉。而眼前青青的身体如雪白的大理石般,偏比白石多着那种润润的肉体光彩,特别是饱满的乳房,正映着老虎天窗照进来的光,像是透着一层莹莹的晶亮。对女性之感赞叹的同时,他即生恐惧。里弄有一个满脸痘痘的小伙子阿艮,就因为偷看女人洗澡被发现,抓起来斗过,罪名是流氓,并一直被辱骂鄙夷包围。他想回头走,却动不了身子,反而只顾呆看着青青。青青没想到他会上楼来,开始怔了一怔,她并没躲避,也没慌张,随后招手让他过去,让他脱了鞋,站进木盆,帮他脱了背心与短裤。一时间,张尽忠头上出汗,手脚却有点发凉。青青弯腰从桶里舀出温温的水,从张尽忠头顶慢慢往下淋浇,像是灌顶,又像是洗礼,然后轻轻地抚擦着他的胸与背。

在张尽忠的感觉中，青青肤色的白皙是水灵的，仿佛总是刚出水。她的模样，不喜不怒，静静的，像她拎水时桶里的水影。

心是干净的……身体也就干净了。

她弯腰时的弧形裸体，仿佛一朵颤颤的青莲化身。而此时他感觉自己从内心生出一朵小小的含苞的莲花。

他一下子就有了可以留入记忆的色彩。此前童年的一切，在回忆中是朦胧黑白的，自此便有了五颜六色。

张尽忠出门的时候，看到了屋檐夹沟间的瓦楞草，在日光的阴影中，一棵草也有绿绿的生动色彩。

隔壁青青的外甥女小云回来了。那天黄昏，张尽忠出门看到青青抱着小云站在小弄堂口，小云用手指在青青头脸上点一点戳一戳，伴着咯咯的笑声。青青缩一点肩与脖，把额头靠到小云的鼻尖去。正值夕阳西下，落到弄堂远处的树梢，西天霞彩波涌，弄堂口相偎的两人形象，如同一个剪影。

十月的一天，青青走了，外面下着细细并不密的雨，她没撑伞。她留给张尽忠两本书，一本是新的棋谱，另一本便是《聊斋志异》。

第四章　陶　坊

张晋中再回到小城厂里的时候,他发现自己过去是厂的创造者,是厂的主宰,而现在已是陌生人了,这里人看他的眼光是陌生的,仿佛他从来都是这样,最多只是曾经的过渡的参与者。

厂里的一些事需要做善后。他仿佛是突然断线,厂里的上层也都不知道他去了哪儿。但一切手续在他走后自然完成了,仿佛他们不需要他的参与。他的办公室也换成了新主人的风貌,桌、椅、装饰物,包括窗帘都变得面目全非。

许多念头一下子浮了起来。像是一时被按伏在低处,一放手全涌了上来。他在莲园的时候,身体状况不错,就是脑子的反应能力怎么也恢复不过来,念头的流动总是那么慢。而他回到了这多少年中生产经营赚钱的地方,一下子状态似乎就恢复了,且流动得很快,快到繁杂纷乱。比以前正常时还要快的感觉,也许只是对比产生的。他本来的意识反应就应该是这样的,只是在和医院与莲园时对比,他有点不适应罢了。

办公桌上斜搁着的一份生产报表,他只看一下,便清楚眼前厂里的经营状态。营业收入—净利润—固定资产原值—平均值—最大值—最小值—尺寸—直径—样品数—计划、执行、检查、总结，一串熟悉的术语裹成了一团跳了出来，有的还不在报表栏里，是他习惯联想的。念头连同他全身的细胞都调动起来，紧张起来。

他意识到自己过去的经营生活，根本上是紧张。说追求悠闲，那是紧张中的悠闲，并非是超脱的悠闲。一切缘于惯性，以往对经营赚钱的反应形成习惯，习惯让他的念头快来快去，决断也快，整个都在意识不到处完成。

不过，他脑伤致慢的后遗症得到了极速改善，也许正合医生所说：要有一些熟悉的环境让他恢复过来。

室角摆着一盆绿色的类似棕榈的植物。假的—塑料的—原来是什么？张晋中还是对绿色有记忆，毕竟在莲园待了一段时间。

都改变了—他们都改变了—这个念头浮过来，仿佛是感叹，仿佛是不适。对这里来说，他确确实实是过路人了。

我不应该想这些了—他们为什么笑得这样—我要用怎么样的话来与他们交流—经营者的—都如流水—我只是暂时的，代管—也许我的人生都只是代管者—身体也只是我所代管的物体—有一时要想摆脱我的代管……

"张董，你身体好啦？全好了吗？"

说话人的脸是熟悉的，只是他还要想一想他的名字。这是原来在下层的人，也提上来进出办公室了。

"我好了，没事了。"张晋中突然发现自己的话也说得流利了，似乎并没有脑伤这一说。这是他的尊严支撑着他，在这些过去的下属面前，他必须说话流利准确。他应该早点回到这里的，这样他便早一点恢复了。但是这又有什么好的，念头慢慢地浮动，也没有什么不好的。至少不让他紧张，不让他难受，不让他要撑着。如此想时，一些念头在涌过来，涌得很快，涌得很满。他很想逃离远去。

他觉得自己的念头越来越快。当初把股份让出去，实体便属于人家的了。像一座他身上的山移于别人，双重的轻重转移。身子轻起来，只留下来一堆流动的念头，流得那么快，流得那么杂乱，杂乱得沉重。身体的轻与脑里的重，让他有点头重脚轻，又感觉一无所有。

都是人家的—都不属于我—有什么属于我？—什么才是真正的属于？—它们都是陌生的—属于我的时候我没有细细感受过它们—不属于我的时候它同样是陌生的—是那些工人吗？—人都是人，自然不属于—是那些厂房吗？—它们就存在于这里，存在于这个小城—与厂没有关系了—那些物从来就没属于过—其实它们应该就在这里—本来就不属于谁，哪怕上面刻着名字—我不属于这儿了—这儿对我来说有什么意义？—是那块优秀实业家的牌子吗？—那些牌子也不再属于我—我没有属于的—它们也根本不属于……

一串串的念头流来流去。张晋中走出厂房的时候，他想着要与它们告别，却是无可告别。如果那一次灵魂完全离开身体的话，他就已经告别了。那么，不用如此告别一座厂，这个世界上所有的一切，也许都同样不属于自己。我又凭什么说自己有所属？告别只是活着的人才有的，将来总会有一天，对什么都不用说告别。

他摇着头。跟着他出来的小秘书，发现早先的张董脑子的病并没有好，老是会摇头，像是要甩开脑子里的什么东西。张晋中确实是要甩开脑子里的念头。

它们并没有完全消失—而只是转换—转换成钱—是存在银行里的一堆数字—那些数字真的属于过我—又属于他吗？—也只是流来流去—属于我的，也许我哪一天忘记了，也就不存在归属了。

张晋中觉得空。他是一个做实业生意的资本家，突然没有了不动产，那些厂房与工人的要素，现在都没有了。他觉得无法抓住任何实在的东西。

所有看到的都是外在的—都不属于我—我活在当下便是感受—通过一串的念头来体现我的存在—人生中的外物—只是来喂这个"我"—喂这个"我"的念头—让它感觉快乐—那空洞的快乐—它是不满足的—过去，有过这么多钱—有这么多的土地、厂房与机器—有这么多堆积着的陶器—想不着满足—也想不着快乐……

许多他弄不明白的念头那么流着，流得那么快，让他觉得脑子不舒服，他意识到，这是他脑伤的后遗症，但就是无法抑制。

到厂外街上的饭店里了。过去他常常在这里与人进行生意上的谈判,有一些生意的合同就在这里签订。他是主人,也请李总等关键人员参加。但现在是李董请他,请的都是厂里的老人作陪。还有一些善后工作要与他签订,他还保留了工厂不到百分之十的股份,那时因没有接手的人,没能全部卖出去。他还算是这里的董事,但他们已经当他是客人了。

他仿佛偶尔走到这里来,像他多少年前到处打开生意通道时,走进一家家企业,探问一个个投资的可能。

酒杯举起来,张晋中说自己受了伤,医嘱不让喝酒。

"有伤,喝点酒,活活血,血活了,就没事了。"

张晋中知道这是劝酒的语言,他过去也是这样招待客人的,李董他们现在回转来劝他的酒了。他只是微微笑着,却有念头在脑中窜动着,他很想捧着头,让自己能静一静。无奈他只能任由脑子里窜着想法与念头。

实在忍不住时,他借口去洗手间,在洗手池边,用冷水拍打着自己的额头。

一只手搭上了他的肩膀,他便从镜子里看到了梁同德。梁同德在中城开了一家陶坊,他是坊主,更是艺术陶器的创作者。因为张晋中的关系,他的陶器一直都是在小城的陶厂烧制的。有时,他与张晋中一起来,有时,就由张晋中把陶器带来,烧制成后,再带回去。他的艺术陶器都是个位数烧制,小生意,往往张晋中都不收烧制费。张晋中虽不从事艺术,但对梁同德做出来的作品,十分欣赏,也把他的陶器艺术作为大批陶盆生产的造型参考，所以他常常出进陶坊，与梁同德是难得的朋友。这些日子，梁同德没再见到张晋中，也联系不上，他的一批创作出来的陶器，只有自己到小城的陶厂来烧制。虽然以前张晋中也介绍过厂里的烧制师傅，但毕竟没有了张晋中，很是不方便，厂里换了主，对他这一类小生意，态度也就不一样了。实体经济不易做，这能理解，但这么多时间没有告知他，梁同德感觉奇怪，这一见方才释疑了。

不只是梁同德释疑，张晋中也释疑了：李寻常的名片正是梁同德给他的，原来他就想着要与李寻常联系的。

张晋中把梁同德拉回桌前，引见给李董和厂里的各位，桌上添上一副碗筷，张晋中有了梁同德在场，心思单纯多了，不再有念头乱窜的感觉。

此后，张晋中就和梁同德一起回到了中城，先到了梁同德的陶坊。与以往一样，梁同德给张晋中泡茶的是那把紫砂素面壶。张晋中手掌扰着这把造型简朴的茶壶，心里觉得安静下来。

梁同德的陶坊，张晋中去故城前，就有段时间没有来了。常是打个电话联系一下，如梁同德有新作品要烧制，他开车过来带走东西。有一段时间他似乎怕进到陶坊里来。

张晋中一边喝着茶，一边环顾着陶坊。陶坊贴墙一排排方格架上搁着一个个的陶制品，有上着釉的，有陶土本色的，还有没烧制的，有陶罐，有陶盆，有陶壶，有方形的，有圆形的，有鼓形的，呈现着不同的形态，透着古雅之气。看着陶的器具，嗅着陶的气息，他心中有着一种熟悉与安静的感觉。当然，他以前曾是这里的常客，但从来没有这样细观，没有这样入心过。他脑伤以后，起身在莲园，明知一切都是陌生的情景，却似乎有着陌生的熟悉感，似乎早就到过那里。那种陌生的熟悉感让他心安。而回到小城与中城来，眼前一切应该是他所熟悉的，但从小城启动了熟悉的陌生感，细看周围一切熟悉的，都有着一种似乎没入心过的陌生，让他内心有着一种似乎是不安的感觉。像他脑伤以后，一切都变化了。根本还是他的感觉，过去他对外在景观是粗线条的感觉，心思多在赚钱上。现在他的感觉仿佛像是一个婴儿，处处有新奇感，有新奇感带来流动着的念头。这是我见过的吗？仿佛在那些念头后面，有着另一重的念头。念头叠加着，错位着，变化得紊乱不堪。

他清楚他还需要休养。他太着急地来到小城，来到中城，来面临他人生的工作状态，来与原来的场景相连。他应该在那个莲园里，看着碗莲小小的莲花，就是有一点意识流动得缓慢，也是对他脑伤很好的休养。

他过去的工作太大众化了，都是与钱连着，其实与社会连着。他需要每天看新闻，需要每天在手机上看热点，不少消息对他是没有用的，但混在了一起模糊了他的个人感觉，让他的感觉紧张地提升起来，在一个群体的社会中飘荡。

他还记得围棋的阿尔法狗，打败了世界冠军李世石的几盘棋，电脑运转的速度会有多快？让他想起来，脑子里念头的窜动，就像要停不下来。

"别看了，喝杯茶，定定心。我看你脸色不大好呢。"

"怎么不好？我看你的作品都很好的。"张晋中说着话，只是并没过脑，只是想说话来安定自己的感觉。

"不说你是面如土色，也与我的陶土之色相近。"

张晋中听着梁同德的话，看着面前的制陶转盘上，搁着的未完成的泥坯，那是一个仿古陶罐，张晋中曾在哪家博物馆内见过类似的文物。梁同德是从历史中寻找灵感。张晋中只是习惯地看在眼里，面对古旧的形态，他的念头不会流得快。仿佛那里面弯弯曲曲地糅合了漫长的时间，深入的感觉，也变缓慢了。也许梁同德的声音让他安静，他总是慢悠悠地说话与做事。还有他的那张笑脸，总是泛着憨厚的笑意。他从来都是慢悠悠浸润在艺术中，但这么个陶坊又是如何拓展的？

梁同德穿着一件对口襟的唐装，他似乎从来都是这样的穿着，以此表现着艺术家的样子。

喝茶。

茶是新的，不像陶土的旧。张晋中记得梁同德好喝茶，是不是艺术家都喜欢喝茶？还是与古旧打交道的人都喜欢喝茶？李寻常好像不喝茶，没见他端来茶招待自己，却是给自己喝各种莲花、莲子和与莲相关的水。那也算是一种茶吧。

张晋中喝一口刚换的新茶，茶中有着一种清香。绿的叶片在水上浮着,还有陶土的气息,让张晋中心境安静。

"在创作什么大作?"他循着感觉,自然地问。

"什么大作?想着了就做。创作需要有新奇感,我是在旧的东西里面寻找新。"

"其实,时代在进步,社会到处是新,几乎是变幻的新。艺术合着时代,也需要新。时代是人,人的思想便是时代,人的接受就是时代。当然不应该追逐时代的低俗一面,时代表现着各种色彩,有新鲜的色彩,也有古旧的色彩。人们喜欢古旧的东西,也是对新奇的需要,从古旧中寻找新奇,简单也是复杂……"

张晋中不住地说着,他也不知道自己是不是把脑中的念头说出来了。他只觉得受到触动,念头就流窜着,一时不受控制,乱七八糟地说出来,说得很快。说得梁同德有点发愣,他不知道张晋中怎么会对艺术与时代有这样的看法,需要他想一想的。

张晋中还在不断地说,说着艺术,说着社会,说着自然,说着世界。他无法停止说话,要把一切都说出来。他像把许多的念头揉成一团,也不及融合,也不及思考,只顾往外说,慢慢地梁同德也陷进去了,或是点头,或是皱眉,或是动容,或是捏拳,他手一晃,杯子倾倒了,发现已没有茶水,起身去拿水瓶,还侧身看着张晋中,听他说着。他从没想到张晋中对艺术有如此的理解,他能把艺术与任何不相干的东西都糅在一起,一个社会现象,一个哲学观点,都与艺术有了关系，却也说出了他思考很长时间仍难以达到的高与杂。

为了抑制脑中的念头，张晋中坐到了制陶人称之为"泥凳"前，随手拿了一块陶土，按着，捏着，用泥搭子敲，用拍子拍，他努力把心思放到陶土上，也许因为说得太多，他的脑袋有点晕眩，感觉在医院中飘浮的一刻，身浮于上，如入隧道，眼前云飘境现，一切恍恍惚惚，游游荡荡，是从那时真切中空浮出来的，有着一种隔，有着一种虚，有着一种想象的色彩，再一恍惚，便是点点莲花，片片莲池，无边无际的昏黄路灯，无穷无尽的暗影高楼，又杂了厂房与报表，一串串的念头回转旋动，旋出一个生死龟的图像……

上一次张晋中做陶器也是在陶坊。那段时间，张晋中几乎天天到陶坊去，很有兴趣做陶器。能把一块陶土制成形，要高就高，要低就低，要圆就圆，要方就方，要壶就壶，要瓶就瓶，他有一种创造般的乐趣，有时都忘了赚钱的生意。那一次他做的是一个壶，为了出新，他在壶盖上做了一点改造，高耸了一点，盖顶上还弄了一个喇叭形。他一做出来，旁边看着的梁同德的女儿梁青枝便击掌叫好。梁青枝总是他制作的观者，也总是会给他的创作叫好，似乎他的作品比她制作几十年陶具的爹还要好。张晋中当时手握鳎鲅刀，也有点自得，等着过来的梁同德评价。梁同德只瞥了一眼壶，抬眼看了看张晋中，又瞟了一下旁边的女儿，顺手就把那壶捏扁，捏成一团搁到陶土中去，像是那壶根本不成器，或认为张晋中的所谓创新就是对制陶的一种冒犯。

"呀，你做了个什么？"

听到梁同德的问话，张晋中惊了一惊，这才发现他的手下出现了一个陶瓶，左高右低，上圆下方，带着了莫名的花纹，如云如染，如花如枝，一切都是写意的，似与不似之间。他疑惑是谁刚才在他入神之时，放到他面前的。他很想去触碰一下，但被梁同德厉声叫住了。

"你别碰它！别动，别动。这是你做的吗？你做的是什么？"

"我随便——"张晋中说不清他是不是在梦境中，稀里糊涂表现的。到后来张晋中也说不清他是如何设计如何制作的。因为他感兴趣的那些日子，他看了不少古今中外的陶器照片，有着对艺术的想象与看法，但自那次被梁同德捏扁了壶，他也就再没对制陶动念。刚才可以说是随心念而作，要让他再仿着做一个出来，大概是完全不成样子的。

"不不不，你肯定是一直在练做的，肯定是做的，要不怎么可能做得这么成形，那些条形花纹，你看看，你看看……"

梁同德似乎染了张晋中的念头，说话不连贯，只是絮叨。他拦住张晋中的手，怕它形成破坏。他在这个陶土瓶前转悠着，每转一个圈，便讲出一段关于制陶艺术的话。似乎张晋中破天荒做出了一个天才的作品。

"你肯定有制陶的天分！"

梁同德说了这么一句确定的话。张晋中这时候脑子清楚了：他在夸自己。张晋中疑惑，是不是梁同德想慰藉自己，故意演了这么一出，引他入制陶创作，以得安心。看来不像，一贯忠厚的梁同德做不来这种事。奇怪的是，上一次他做陶壶时，梁同德却是那样的表现，那反应与现在简直是两重天地，不过中间少了一个梁青枝。

"这个造型，这样的花纹，如瓶不似瓶，如罐不似罐，如纹不似纹，如画不似画。这才是真正的艺术品，你做的这一作品，胜于我所有的作品。"

梁同德依然感叹着。张晋中呆呆地坐着，手上还黏着陶泥，仿佛真是个艺术的天才，而一直不自知。

后来，梁同德把这件陶瓶去烧制了，陶器有窑变，成品的效果如何，张晋中没在意，他只以为梁同德与他开了一个玩笑。有一点他是清楚的，他的脑伤并非这一行程就恢复了，只是以后在中城的生活，他需要有事做。重新做生意，他没精神也没再有想法，他有空便去陶坊，在陶土到陶器之上，投进自己的心思。如此，心也就静了，一旦有陶土这个实物在手，念头便不再快速流动。他做了不少称之为作品的东西，也有几件去烧制了，但梁同德没有再大赞天才，在陶器创作上，他只是向上冒了一下，依旧回到了习作者的位置上。

那陶瓶，梁同德上色时保留了本色，并小心地亲自上炉去烧，出来的成品，比以往他烧制的作品还要完整，一点没有缺憾。一般陶具在烧制中,都会有不完全如意的成品,这陶器仿佛有天助或命运帮忙,梁同德送去陶展参评,获得了大奖。

这件作品参评前,梁同德与张晋中商量,要给它取一个名。

说它是莲花又不实,取名镜花。镜花镜花,张晋中也是随口说的,落实了名,他才想到与一本古典小说名有关联,合着他恍恍惚惚的浮境。

作品标了张晋中与梁同德的名字。参评前梁同德就对张晋中说:"这是你的作品,只是我太喜爱了,只能挂一个名头,蹭一点名声了。"张晋中知道,他只是随手做的,要不是梁同德的发现,梁同德修饰上色,还有梁同德的烧制,也许早就被揉成泥团了。镜花瓶在陶展的时候,张晋中去参观了,站在供于玻璃板上的镜花瓶前,像看他人的作品一样,张晋中很难觉得此瓶是经他手制出的,它站于突出的位置上,更让他生出陌生感。说实在话,他还是不能完全理解此瓶如何会被陶艺界称道。

梁同德后来与他谈到艺术作品的生活本体,谈到艺术创作中的随心所欲,还谈到许多的杰出文学艺术作品,乃是精神病患者所作,是内心的艺术,抑或是妄心的艺术?因为优秀的作品具有非常人的表现,是独特新奇的。张晋中多少有点理解,他制作镜花瓶那一刻,正值念头蹿入虚境时,也许那时他只是在精神病发作的边缘处。也曾有人说到,每一个人都或多或少有着某种精神的异常。

说作品形如天作，人们往往追求而不得，随意偏得之，最高艺术得乎自然，然而，一切艺术品本就是人为所作，又如何完全得乎自然？创作起于心念，往往染了恶俗的心念，追名逐利去了，所以又需要去了心念，以合乎自然。生活是基础，常人难解脱生活之念，也许只有非常态时，才会摆脱恶俗心念的影响。这些想法，也是以后张晋中想到的。手捏镜花瓶的那一刻，涌到张晋中的头脑里来的，是牵连着虚幻之境，张晋中忘记了所有，似乎脱离了时间的概念，与空间混于一起，不知所行，不知所终。

做完镜花瓶后，听着梁同德发着一串串评价的声音，手上沾着陶泥的张晋中，恍恍惚惚又回到念头窜动的情境中，他努力去看外在之物，扭脸看到了墙边角上放着的一个陶器，扁瓮般的陶具面上，浮刻着一个怪诞的脸，张着嘴笑着的魔脸。那个魔像是活生生的，一下子印入自己的内心来，夹杂在窜动的念头中……

张晋中隐约感觉到，那张笑脸有点熟悉，仿佛是一位熟人的笑，他一时想不起来是哪一位。仿佛是很久远的画面，然而，又凸现在眼前。久远与眼前，在他的感觉中混在了一起。如树上缠着的藤，一道一道的，他想摆脱，却摆脱不了。那陶具上的魔脸长出了一根根枝，枝上生出了一片片叶……

第五章　木叶萋萋

小林子里绿荫成片，偶有裸露出来的地面，长满了野草，开着各式的小花，绿色的荆枝不受节制地从木椅条缝中伸上来。几棵倒在院角的老树，时间久了，发着一点腐败的气息。林边一幢不高的屋子，已显陈旧了，想是堆杂物的所在，很少有人光顾，那一块块窄窄的花玻璃装饰却只在故城繁华地的旧式楼见过。早春的阳光在菱形花式玻璃窗上映着绿彩的光，在某个角度上晃着人眼。

坐落在江北中等城市的这所学院，有点历史年代了，也曾有几位名人执教过，那时的名气并不比京城的大学差多少，当时的建筑也别具一格，林荫回廊，假山池塘，很有园林风光。后来大城市的大学一座座地建立，都是学生心向往之的。这所学院招收的学生大都是在周围几处城乡，生源如此，学院也就慢慢地没有什么社会影响了。

张尽忠考进了这所学院，自行改名为张晋中，想定是要摆脱故城，摆脱弄堂里的家，摆脱那旧时的生活记忆。他特地选考了用故城话说是乡下学堂，他看过介绍"五四"时期的书中，有提到过这所学院与学院中的名师。进了学院后，他才发现错了,学院里学生的口音,都是一式的被故城称之为土里土气的江北口音。

虽然离故城只有几百公里,但他知道无法再回去了,他只能沉入江北人中了。后来他生活的中城是江南的城市,与这座江北的城市一江之隔。

历史上有名的城市,历史上有名的学院。但张晋中考入后,他感受到重要的不是学问,而是解决眼前和将来生活赚钱的问题。

他找到这片木叶萋萋的地方,是为了躲避,躲避他依然不适应与不相通的口音,躲避那些乡下小气的举动。他孤立于同学之外,躲到这里来看书。这是他寻找到的安静所在,一块他的天地,比起他生活过的大城市弄堂,要宽得多了。

他在这里遇见了姚定星。见到姚定星,张晋中并不奇怪,原来他从地上遗留的纸屑与烟头,就知道还有人来。虽然偏于校园角,但这么一块林间天地,总会有人光顾的。姚定星像是这里的常客,他侧身坐在铁架木条的长座椅上,右手臂搭在椅背上,架着二郎腿,显然是习惯享受着这里的清静。

在学院的园林一角,夜晚有一点蘼芜气息,右边池塘的水影映着宿舍楼的灯光,隐隐摇晃着光色。张晋中与姚定星在这里认识,一条旧的长条座椅,铁架有着锈斑,木座有着松腐,他们对坐着聊天。这座学院确是古老,好些老旧的建筑保留下来。姚定星告诉张晋中,听说有个旧文人就在旁边的房子里往生。

张晋中似乎一直没有看清姚定星的面目,在姚定星的眼镜后面,仿佛总闪烁着不定的光。

"你是躲在这里怕见人。"姚定星的每句话都是猜疑方式,却又是肯定语。姚定星说的是普通话,是不是中间夹了当地口音,张晋中一时分辨不出来,这是他能够接受的。他相信他不是学院的老师,从开始到后来他没有提到过任何教学的话题,张晋中也不相信他是学生,他看上去未到中年,但应该超过了在校学生的年龄。他是学院老师的家属?还是家住学院周围的闲人?张晋中一直没问,张晋中想到,要是出口问了,多少显得冒犯了。此时与人打交道的张晋中一点自信也没有。

关键是姚定星当他为朋友,张晋中也从来没有过这样的朋友。他什么话都可以对他说。

"你叫晋中,但你不是山西人,看来是有着晋升到大人物的意图,起码你的父亲大人野心不小。"

"我本来叫尽忠,是家里起的名。晋中是我改的名,只是合着谐音而已。"

"你一说这句话,显示你的格局小了。你勉力的最大结果,只能成为一个自省者,不过这也好,也许一个自省者要好于一个大人物。"

与姚定星交友,是一件让人烦心的事。因为他说话总要让人费神想一想话意,猜一猜接下来会引向何处。正因为烦心，张晋中乐意陪伴，年轻人有的是时间与精力等着要消耗。

姚定星的话题很宽，天上地下，自然社会，男女阴阳，体育金融，过去未来，他说出口来，就不容置疑。一旦对涉及的人与事有所怀疑，他就会接着说："赌什么？"

"我没钱，我不会参与赌。"张晋中到这里来的另一原因，就是为了避开他没有钱这个事实，可对着姚定星，他却毫不犹豫地说出来。

"说到钱这个字就太俗了。赌不一定是围着钱转的。人有赌的天性，这合着人性的根本，是超越一切的。赌让一切变得简单，是或者不是，对或者不对。人可以预知？人不可预知？其实一切的变化与发展都有必然性，都有规律可循，自然都会有先兆，谁能预见，谁能在事实之前判定，谁就具有真实的力量。"

张晋中听着姚定星一连串的排比句，感觉确实很有力量，让人不得不臣服。

常常是姚定星找一个话题，往往在他大笑中结束话题。在话题中，张晋中总是发现自己的不足，似乎姚定星引来话题，就是戏弄他的，但他又何必来戏弄他呢？要不，就是姚定星在话题中摆弄学问，不过，他确实博学，又何必在他一个穷学生面前摆弄？

张晋中问过姚定星是哪个系的，姚定星让他猜，并说："我和你赌一赌，赌你猜三次能否猜到。"张晋中不想赌，也就作罢。

第一次相交,张晋中就清楚姚定星有一种赌棍的精神,他能把什么都用来赌一赌,由此也唤醒了张晋中内心不确定的冒险天性。

张晋中只是立下一条规矩,那就是赌,不来钱。由姚定星用语言立下条文,那赌注是不输给对方任何物质利益。

"赌什么?"姚定星总是会这样说。无论什么都可以用来赌,比如对社会上某件事变化的结局,比如对某个人物日后的做法,比如某个事情的真与假。他们在一起会谈到各方面的事,凡事总会有变化,变化的结果是这样还是那样,只要张晋中与姚定星说法不一,姚定星便会说:"赌什么?"有时张晋中同意了姚定星的看法,姚定星却变了意见,站到对立方面去了,依然接着说:"赌什么?"

他们赌得最多的,是关于女人。姚定星认为社会大事,都会与女人有关,而女人最具不确定性,凡事联系到女人,也就不确定了。张晋中正值青春,还没经历过女人,对女人有着神秘的感觉,有着欲望与遐想,凡涉及女人的话题,自然也是兴味满满,却又装着不在意的模样。

也许多少年以后再来看,都是些费事劳心无所得的无聊事。可当初就那么有意味,有兴趣。当初的豪赌,也许后来认为是简单的,而当初的一个小赌,也许后来认为是天大的一个赌。

张晋中有兴趣与他玩这个。他二十岁的年龄,内心有着欲求,学校里所学是单调的,身家背景是底层的,要不是姚定星以赌做启发与诱导,他无法摆脱正常的人生之路,做一个小技术员度过一辈子。赌的根本是冒险,姚定星逼着他养成了赌徒的冒险心态,让他从一个贫穷的学生,在生意上得到成功,应该说姚定星是他的成功催化剂。

姚定星总是说赌。他说:"这种干赌,换个人我还不赌呢,与他们赌,赌的就是钱,马上出进的财。"

姚定星赌瘾上来,眼前的新闻随口拿来赌,当时中国女排进军世界,他就赌女排的胜率,能胜几个球以上。当时法国进行大选,他就赌谁能组阁。他是杂学,仿佛无数的知识在他的头脑中转着圈圈,一轮一轮地向外拓展。姚定星自认为有窥破宿命的能力,那时候他学了什么阴阳五行易经八卦之类的术数。他戴着一副眼镜,张晋中偶尔感觉到,他并不近视,只是用来装饰一种文化的意味,一种近乎神道的意味。有时姚定星摘下眼镜,会因为长期戴眼镜,眼睛那一圈有些呆板,但依然什么都看得清。他戴回眼镜精气神又恢复了,眼镜上那一圈闪闪的光,是他狡黠近乎狡诈的显现。

已经记不清姚定星设了多少赌,但张晋中也是一个有定力的人,不易顺从应赌的。于是,一个是不住地设想出来一个一个的赌,并强调此赌的知识性判断性和预测性;一个是用理论来怀疑驳回一个一个的赌,甚至嘲笑那赌的意义。慢慢地姚定星也佩服张晋中的思维能力,他是小户人家出来的,也许可以说是一个还没有脱贫的学生,却有着那座大城市的精明,还有迅速获得眼界的大气。他们互相认为对方是有一定眼光的，值得交往。张晋中与姚定星的关系在赌中一层层地稳固。

张晋中也曾提过一次赌局："我们下一盘棋，赌什么都可以。"正是中日围棋擂台赛热门时，但姚定星说他不会下棋。其实姚定星也下过棋，他却认为下棋不管是雅还是俗，实在是无聊的事，太费事且无用，费时费心不合算。也许将来岁月老了，可以用来消遣。

当然，如果所有的赌都是随便生成随便预测，都是小事小赌，很快就会引不起兴趣。关键不时会有颇具仪式化的赌局，那是姚定星特制的，是他花出心思来进行的。

既然赌注是不以物质为对象的，二十元、五十元，这些当时为大额的钞票，自不在视野中。但他们是有大志向的，于是赌注就放到了未来。比如赌注在二十年后交付，输者要在露天中裸奔一千米，时间地点可以由输者定，但必须由胜者在场确定。

裸露在当时是遭人耻笑的，今被人认为是精神病。传说地震之时，有正洗澡的女人裸体逃出房外，被很多人看到了，事后羞耻心作怪，便自杀了。

再比如赌注是：在以后的二十年中，输者必须要有一个情人，是妻子之外的女人。当然这也必须是胜者能够确定验证的。这一个赌注在当时是巨大的，因为在那个时代，开放还在蠢蠢欲动，有外遇是一件很大的事，要顶着社会的沉重压力，弄得不好，不光有组织的处分，还有千夫所指的影响。

这两条赌注的严重性，于当时来说虽然都重，但后一条重于前一条。到后来，经时空变化，结果反转了，有一个情人是一种自然的事，变得容易，且受人艳羡，作为一个成功的男人没情人反倒奇怪了。而开放的时代，裸体行走虽不会受人攻击，但裸奔还是一个让人嘲笑的词。

到二十年的时候，有一晚，张晋中在小城的厂办公楼上，看着空无一人的厂区，他想到了裸行的赌注，想象着姚定星在这里，在他的厂区履行裸奔一千米的赌注，如同完成一个平常体育锻炼的项目。

当时无法想象到日后会有自己的车子与房子，更绝对想象不到会有自己的工厂。

他们进行的第一个有实际意义的赌，是在认识两个月后。

那天下着一点毛毛细雨，林间有点昏暗，姚定星依然坐在长条座椅的固定位置上，他仰头朝上，仿佛是深吸一口气，吸进湿湿的绿气。

"木叶有一种气息，可以吃。"

姚定星不说吸而是说吃。他也不说是喝水，说是吃水。喝茶是吃茶。最早的一次见他的时候，他就说在这片地方，可以吃静。吃一片安静。他大概把享受也说成了吃。

张晋中问他雨天怎么也来了，虽然雨很细，但林间道只要受一点湿，脚踩下去，鞋子便会沾上泥泞。

姚定星说，他正是吃梦想。张晋中也习惯了他的说话方式。

"梦想什么呢？"

"你不梦想吗？不梦想将来的情境？"

张晋中想了想，似乎童年的时候还有过什么梦想，那是他自己也弄不明白的梦想。少年的梦想就是想解脱，想要有独立的人生。这个梦想他在上大学时已经完成。这能算梦想吗？他一直想将来找一个漂亮的女人结婚，他这个想法不慎在中学时代脱口而出，受到了当时男女界线分明的班上同学们的嘲笑，他在一年多的嘲笑中，打消了任何与女性交往的念头。再说找女人结婚算是梦想吗？似乎不算，他总会和一个女人结婚的。

他想来想去，只有摇摇头。

"一个没有梦想的人？"

"我只能看到我能握得着的，就是心里也如此。"

"一个没有梦想的人啊……"

姚定星拉长了声音，一边说一边思索着似的，口气习惯地夸张。

"你想不想发财，发大财？"

张晋中再想一想，还是摇头。他是想有钱，但他就是做梦也做不到发财梦上。发财这个词对他来说，是陌生而有着某点羞耻感的。他的家庭一直离这个词很远，他在校的教育也一直远离这个词。他的大学时代，社会上已经不讳谈发财这个词了，班上的同学也用土话说发财这个词，张晋中感觉很俗，在故城也只有小市民会说赚钞票，而不说发财的。然而，发财这个词从姚定星的嘴里说来，意思不同了，还与梦想连着，有着怪诞的意味。

多少年后张晋中发现自己时时与钱打着交道，发财梦变得习以为常。

那一天姚定星对报上提及的党政分开，说了自己的看法。要换作老师在课堂上谈这件事，张晋中肯定没兴趣听，但姚定星能把最枯燥的话题说出味来，让张晋中听得新鲜。他还确实不知干部有属党属政之分。张晋中不由得问："不都是党管的吗？"姚定星哈了一声，接下去却很严肃地讲解了这个问题，他举例部队的连长和指导员，指导员是党在连支部的书记，打仗的时候，指导员听连长指挥，开连党支部会议的时候，指导员是主持者。张晋中总算是弄懂了，他不由想到，姚定星可能在部队待过。

姚定星却有点意兴阑珊，仿佛在说，这样的低级知识还需要我解释，真是何苦来哉。

张晋中也看得出来，姚定星说所谓的党政分开时，多少有点心不在焉，果然，过一会儿，姚定星突然直起身来，举起右手伸着食指，郑重其事地说："三天之中，会有一个女学生到这里来，还会先与你说话。"

张晋中半信半疑地摇着头。

"你不信？赌什么？如果你输了，赌注是……你必须与她说上十句话。"

在学院这个陌生的地方，张晋中没有什么熟人，他的成绩很好，高考本是高分，可以考入大城市的大学，但他缺乏自信，报考时不敢填有名的大学，再者是想脱离故城的环境，报这个学院，是以为它地处旧诗词中常提到的古城，又曾是名人执教过的。进了学院他才后悔，宿舍里的同学说的多是市侩语言，班上和学院里，流行的都是很土的本地口音。他是高分却无人可信，就算他是高分，又如何会从大城市出来，让人生疑。再说，进了大学就入了保险箱，毕业分配，成绩好坏用处不大。在别的同学眼里，他是个异类，他的故城口音成了他们须提防的精明标志。

在这个情境中，张晋中独来独往，几乎没有和女生说过什么话。他毕竟年轻，有着与女生交往的欲求，听说有一个女生要走进这无人光顾之地，还会先与他搭话，不免饶有兴味。不管如何，应赌便是，他起码可以看一看将要来的那位女生长什么样。至于赌注，要与一个女生聊上十句话，对那时的他有点难度，他还没有与女人搭话的经验，但就算出了丑闹出点笑话，让姚定星看到也没什么。应了以后，张晋中第一个念头就是那女生一定是姚定星熟悉的，他让她来，且与自己搭话，以显示他有未卜先知的本领。这是小说中常见的套路，不过这合着他的期望。

赌注是双向的，要是三天中没姚定星说的女生来，或者是来了女生,张晋中无法与她说上十句话,那么输者走出林子后,必须与见到的女生搭话,并要与她说上十句话,完成不了,还得另找,一直到完成为止。

这是一个有趣的能够引动人的赌约。哪怕是姚定星叫来了一个女生,此女生不愿与他对话,张晋中只有出林子再找别的女生对话,他也不怕。一个学院的女生,说几句话有什么关系。张晋中本来是不自信的,但被赌注逼着,他也有理由鼓起勇气。

雨停了,如筛的点点阳光,从上面的树叶间透落下来。

第三天,果然出现了一位女生,她带着一种新奇的神情,像发现了一个新大陆,走进林道,向他们走来。如果她是姚定星叫来的,那么,这女生便有着天然的演出才能。她一步一步地走进来,此时姚定星却站起身来往后面走,几乎是带点跑。

姚定星的动作有点呆乎乎的,张晋中从来没见姚定星有如此的动作,他向来举止雅致,竟会如此地跑,而且跑起来很难看,像只鸭子,摇摇摆摆的。

"他是……"女生有点诧异地问,自然是问张晋中了。

张晋中后来想到,是不是外面贴了一张字条:此地女生不宜进入。于是她就进来了,这证明进来的女生有好奇感,也证明女生性格中有冒险成分。

虽然张晋中看不到姚定星跑到了哪儿,但张晋中从小看的书，决定了他是一个君子，他要兑付与女生十句对话的赌注。他认为姚定星是个神奇的朋友，根本不想欺他。他还没有与女生搭话的经验，却勇气自然而来。

他向她迈近一步，说："你认识他么？"

"他是谁？"

"我还以为……我是说，他约你来这儿的？"

她摇摇头。这算不算对了一句话？

"你是第一次到这儿来吗？"张晋中问这一句话的时候，他发现女生一旦不应话，他就有点慌乱，感觉吃力，更难想到说下一句话。

见她又摇头，似乎转身要走，张晋中似是急中生智："他与我打了一个赌。"

这下女生有点兴趣了，她停下来，静静地看着他。他注意到她眼睛里黑白分明，她的脸部也在林木阴影中显得白净，这使他的心静下来。

"你猜一猜他与我打了一个什么赌？"

他见她还是狐疑不应，便想着要她应话。

"一个和你有关的赌。"

"我？"

她总算说话了。应该是第二句。

"他赌今天会有一个女生到这里来……平时这里都没人来的，只有我与他在，思考哲学与人生问题……"

张晋中突然就有了话说，他的语速也没有那么快了。他注意到她的身材显得苗条，略带紧身的衣服，衬得她轮廓圆润。

"我本来还以为你的出现是他安排好的，看来你不认识他，是不是？"

"当然。"

"那你怎么恰好走进这里来？"

"我看到外面树上有些标记，很奇怪的标记，原来是没有的。"

啊，还会有谁做标记呢，一定是姚定星的设计。张晋中心里想。

女生自己接着说起来："我虽然不学测绘，但我知道那是测绘专用标记。"

他们开始谈起来。一旦说动头，就不用想什么话引她。交流之中熟了，对话自然不止十句了。她走了以后，张晋中依然兴奋着。

第二天，姚定星重新出现时，他根本没在意张晋中是否对话十句。反倒是张晋中盯着他问，是如何会赌定有女生来，是不是他在外面做了测绘的标记？

姚定星哈哈一笑，说有一门学问叫作预测学，古代把它说成是阴阳五行学，又说他只是摆了一点迷魂阵，后来他又说到，他和她没有直接交往过，只是他几次见到她在前面的一条路上走过。他分析起这个女生，说她有着女人的好奇心，这类女人有一种优点是开朗，且有好的背景。这类女人，也有主见，能够帮助到她的男人，要是她的男人不前进，她会挥动她那根看不见的鞭子赶他向前走。这一次，他不但是与张晋中赌，也是测这位女生的心性。

张晋中觉得姚定星对女生的分析，还是习惯的夸张。只是姚定星几次不同的说法，似乎他自己也裹于一种说得清楚与说不清楚的东西，显得很玄。有时张晋中不由会想到他是一个术士，甚至是一个游戏风尘的魔鬼。

接下去，这个小小的林间天地中，不再是二人世界，这个叫方蓝蓝的女生，偶尔也会来看看。

张晋中初看方蓝蓝不是个漂亮的姑娘。他学的是电子，属工科，工科女生少，班上的几个女生长相一般，因为人数少，显得翘翘的。在他的感觉中，方蓝蓝起码比他班上女生都要好看。细看方蓝蓝有点国字脸型，有着坚毅的成分。但看多了，她还是好看的，皮肤还是白的，这是他最喜欢的。她有时愣愣地看人时，睁大了眼睛，黑眸圆圆，有动人之处。还有她的一双手，总是带着点羞怯的颤动。

"她是来看你的。"

姚定星显然是说笑，他破例没有紧跟着说不信就赌之类的话。

张晋中清楚自己只是个靠学校助学金生活的穷学生，吃得省，穿得简单。已是晚春季节，因为没有毛衣，依然裹着件旧棉袄，显得臃肿。张晋中那个时候对女人初萌欲望，有了身体上的反应，但在心里，感到离着远，是一种奢望。有时女人的形象如同一个个的念头飘浮过来,便被生活的现状淹没了。他有时会对飘浮着的形象,心里握起了拳,一拳一拳地敲击。

然而方蓝蓝走近了,成了一种特例,她与他对过话,并且这处只有他们两个是熟人。话多的姚定星,从来也不与她搭话,似乎有意把与她交往的权利让给他。

张晋中学的是电子学,方蓝蓝学的是经济管理,但他们一起的时候,谈的却是社会与文学。

"她会有不少钱的……"

有一次她走了以后,姚定星这么说。突然他又兴奋起来,坐直身子,升起一根食指,对张晋中说:"你看她地阁方圆,她会有不少钱,你相信不相信?我可以和你打赌,这个赌你一定得打!我说她在五年内会嫁一个有钱的男人,五年,不会再迟了……我和你打赌!"

"怎么算是有钱?标准是什么?"

"五万元,她和她男人起码会有五万元。"

姚定星说得肯定。但凡牵连着打赌的事,他总是说得肯定。

但凡姚定星说到打赌的事,张晋中都要想一想,怕绕进圈子里去。其实,姚定星的赌并没有让张晋中吃亏过。上一次的赌,原来他想这个女生很可能是姚定星的熟人,但后来看,姚定星与方蓝蓝并不熟。再说他不过是一个穷困学生,姚定星引他们相识,没有什么意义。一切似乎是简单的,但又似乎有着不简单。他动脑筋吸引来一个有好奇心的女生，也许他对她有过观察，以证明他的预测。现在的赌，又是为了什么？如果是要把他与方蓝蓝联系起来，那么他无论如何也不可能是那个有钱人，在这个年代，一个万元户都是令人羡慕的有钱人，五万元！想想都属梦想。

要说方蓝蓝会有钱，张晋中倒是希望她能成功，但张晋中怀疑姚定星的预测理论。所谓地阁，张晋中知道那是指下巴部位，女生的脸型下巴方圆，实在不合张晋中书中看到过美女形象的描写，《聊斋志异》古书中的美女，要么是鹅蛋脸，要么脸如满月，是圆脸。方蓝蓝的下巴有点方，也不是所谓的方圆，姚定星没有说这是漂亮的标准，而是聚财的判定。在张晋中心里，女人重要的当然是漂亮。只是后来他与女人接触了，走近了，看多了，那些标准都不存在了。如果一个女人，不但好看，还很有钱，那将是一个什么样的女人！

张晋中很愿意赌一赌，内心隐隐地有着自己便是那个男人的期望。那么赌什么呢？姚定星说要赌就赌个有分量的赌注。张晋中等着他预测：你就是那个男人，到时候你得给我一万元。要是如此的话，张晋中会很高兴地一口答应下来，并期待日后应约兑付赌注。不过张晋中知道姚定星不会如此提，他毕竟是姚定星。

果然，姚定星瞟一眼张晋中，似乎认为他没什么可拿来赌的。

姚定星提出一个放到将来的赌注，也就是前面说到的：

张晋中如果输了，二十年后要兑现带一个情人同行。姚定星如果输了，他将在露天里裸体跑一千米。

对张晋中来说，有女人说话都是难事，还谈什么情人，亏他姚定星能想出来。情人在当时社会，是很犯忌的，会被当流氓抓的，也许有也是偷偷摸摸的。就算有情人，哪个女人会愿意公开陪着出来见人？

不过，后来能经营生意的张晋中，本来头脑就种有盘算的因了，二十年后的兑付，形同空头支票。再说情人一事还有可能作假，找一个熟悉的女性扮一时的情人，那时他四十岁了，四十岁有一些熟悉的女人，大概没问题的。

相反，姚定星输了，要裸体跑一千米，不管别人看到看不到，想想也是可笑的事。

张晋中后来才想到，那个赌是对未来五年的一种判定，五年中，一个女人会有多少选择？而赌注在二十年后兑付，二十年，社会会如何地变化，赌中之人，会有如何的变化，姚定星的赌注当时看起来显得有点荒诞，或许他已预测到日后？

赌，可能是无聊人生中的无聊情景。但赌便是一种求，迫切的求。

那么，看似超脱的姚定星总是提赌，他内心求的又是什么？

这样，方蓝蓝就名正言顺地进入了张晋中的视线中，他要关注她五年。

几次见面,他对方蓝蓝有了形象记忆,她的身材不错,上下匀称;她的皮肤显得薄,仔细看的话,能看到皮肤下青色的血管。

方蓝蓝是个严肃的姑娘,到林间来是好奇心驱动她的脚走进来的。面对张晋中与姚定星的时候,她睁大着眼睛静静地看着他们,一点没有主动接近的意思。张晋中想与她交往,与她对话。姚定星似乎纵容着张晋中,她来了,他就悄悄地走了,张晋中注意到走开时的姚定星脸上有着他招牌式的奇怪笑意。

在张晋中看来,方蓝蓝单纯自然,她从没问过张晋中的家庭,也没在意张晋中的穿着与处境。张晋中原来与姚定星在这里聊天,都是姚定星引出话题,而他只是应答。而现在面对方蓝蓝,是他想出话来说。

"你有没有梦想?"

"有。"

"是什么呢?想当老师?想当科学家?想当作家?想当政治家?想当……"

"都想当。"

"都想当?"

"曾经。"

"曾经?那么现在呢?"

"最好什么都不当。"

"假如一定要当一个呢？"

"那就……"

方蓝蓝仰起头来想了一会儿，她脸上映着一片被树叶筛得碎碎的光影，似乎有着梦想般的意味。一瞬间的感觉中，她的皮肤显得更薄了，青筋仿佛在皮肤下细细地蠕动着，那是她静态中的动态。

"我什么都不当。"

张晋中理解她说的什么都不当，就是她的梦想。虽然这句话有点梦幻似的。往往她越是说不明白的，他越理解，似乎有着默契。

他与她交往的时候，便有些梦幻感，他内心的紧张，反显着她的轻松。他想到姚定星说她的面相是有钱人，也许她是旺夫命，可以什么都不做。这一点深入张晋中的意识中，虽然他并不怎么相信，他所受的教育是破除迷信的。

多少年后，张晋中回想自己与她的交往，是因为姚定星说到她会有钱旺夫，还是因为她傻相可爱，而对她有了情感。

那时的自己青涩得如嫩生的木叶，在靠荫处蜷缩着。而她却像向阳处的枝头，不管不顾地伸展着。

要是没有她，他会有另外的女人，会是怎么样的女人呢？到后来他有过了不少女人的时候，他又会有宿命的感觉，似乎那时候在那一处，他还是应该与她交往，也只有她。

再回忆他那么多时间与一个女人待在一起，究竟说过什么呢？好像很难想起来。对了，记忆清晰的是她的一个红色挎包，在木叶萋萋之处特别显眼，像火色映着透进来的阳光，仿佛要燃烧起来。

"我看过一本书，是写梦想的……"

"哦。"

"书里主人公，所梦想的一个个色彩斑斓的故事，其实都是他一世世所经历的过去。"

"有这样的书，中国的还是外国的？"

张晋中本来看书就杂，他也忘记从哪儿看到这样的书。可能是他随嘴编出来，引她注意的。但经她一问，自然要接着编下去。

"应该是中国的吧……"

张晋中开始说起那一个故事来，此时他自然是编的了，他把原来看过的书里的故事串起来，讲给她听。她垂头看着手，他不知她是否听进去了。他像《一千零一夜》中的说故事者，编着故事对她说，他与女人交往的口才，就在说故事中越说越顺。他的内心不乱了，不怯了，不悬着了。书中许多的人生故事，是不是真实发生过？他看文艺书时，会生出这个问题来，像早先看《聊斋志异》，他都认为是真实记载下来的。当他说故事的时候，才明白那都是编的，因为有故事他记不清了，便会随嘴编开去。故事像路一样，本来是没有的，编的时候，就有了。自己过去的生活，他想起来的时候，有的地方感觉不真切了，会有按习惯认定的记忆掺进去，到底是虚的，空的，还是真实的，又有什么区别？

如说到他的童年，隔壁来了一位仙女般的护士。有一天黄昏，他到她的阁楼上去，看到她在那里作法，身子金光闪闪的。他走到她的身边去，她看到他，似是无可奈何地笑了笑，就带他出了老虎天窗，明明窗子并不大，她却一下子把他带出了窗子飞上天空，他开始有点怕，他看到下面是一片灰灰的城市，楼那么小，电车就像细蚁。但他看到了这里林间的一片蓝色，是一片鲜亮的蓝色，蓝得透明，蓝得清爽，蓝得美丽，蓝得水嫩。他当时就迷上了这里，后来报考大学，他怎么也要考到这里来，来看看这一片蓝。

"你看到这里是蓝色的吗？"

"看到一个蓝蓝。"

"是看到我了吗？对，我叫蓝蓝。你在天上看到的蓝蓝是什么样子的？"

她听故事的时候，话就变得多起来。这预示着她今后的变化？也许这便是她的本性，就像他如梦如幻记忆中，在童年看到的一片蓝。

张晋中在五年中，似乎是因为着这一个赌注，他想接触与接近方监监，没有姚定星在，他还延续着。这是他的第一次，第一个。也许只有她是能够接近的。在与她接触以前，女人基本上只是一个近乎幻象的存在，他的那个年龄，于那个时代中，认准一件事，认准一个人，也就无可变化。

到了暑期，张晋中问过姚定星与方蓝蓝，他们都说大热天，不会离开城市出去玩。张晋中不想回故城，住在了学校，他有更多的时间往林间来，这里荫凉，能直接感受到自然的味道。他期望在这里见到她，但他很难得见到她。姚定星也来得少了，常常是张晋中独自坐在长条座椅上，他头仰起来，靠着椅背，上面是枝叶疏朗遮蔽的蓝天。

他来到这里的原因是，早先大城市里的弄堂，只有水泥与瓦砖，而这里是草木丛生的天地。

少年时失落的梦想，还有命运的拨弄，他在这原本陌生的城市里，在这孤独的林子里，度着他的青春岁月。林间偶起的旋风中，溢着洼地上潮湿腐败的气息，阳光照耀着黄色的房顶，砖墙上映亮着挂落的青藤，炎热光线下，草花的萎落，还有雨水沤烂的黄叶。生为如何？求为如何？

那是一个赌么？在将来人生的回忆中，衬着木叶萋萋的背景色彩，那是荒诞不经的一个赌，常态的生活中，总会有一两件不可思议的事，分不清是不是梦境了。

他在这里看书，但在书中依然看到的是无聊。书中的一切都不知有什么用，与方蓝蓝将来有几万元的婚姻，还有与姚定星的赌，会有什么关系。他有时看着日光在潮湿草土上蒸起的淡烟之气，觉得自己并没有逃出童年般的委屈与困境。他应该做点什么，不光是读书。这是他心中不时浮起的念头，如根深蒂固的一个念头，又像是不定性飘浮着的一个念头。

一个漫长的暑期过去了，三年级的新学期开始后，张晋中在幽静的林中也定不下心来看书。他在校园中行走的时候，开始东张西望，心中有一种莫名的期待。终于有一天，他在校园的一片活动场地上看到了方蓝蓝。而那个方蓝蓝与林间见着的方蓝蓝不大一样，让他疑惑究竟是不是她？

那个时代，学校有交谊舞。张晋中正见方蓝蓝走进场地临时围成的舞池中去，她的步子优雅，像是曾经受过训练。张晋中一下子发现，她和这个世界都是他不熟悉的，他心脏有一种收紧，无数虫蚁往内心钻去。她站立在舞池中央，一位高个子男生走近她，在音乐中，他们对视一下，随后微笑确认。

那时候男女学生还很少公开成双成对在一起，学校有明文规定不准谈恋爱，一直到几年后开始收学费，才不再执行那规定。是啊，学生是付费来读书的，美好的东西，又何必被那么多的框子框住呢。

他们在靠近，他伸出手来，她的手不习惯地抬起，没有立即放到对方的肩膀上去。她抬着的手向下垂着，似乎带着某种羞怯，还有一条胳膊随顺地托在他的臂上。张晋中看到起舞时，他们两人的腿还不和谐，她的脚随着节奏走，就算碰到他的脚，依然很勇敢地走着，一点都不迟疑。明显那位男生还不很熟练，有点试探地跟着步子，从她的腿中穿过。张晋中慢慢地走到她的对面，对着她的眼看。他看到她的眼中带点笑意，一旋身便离开了他的视线。张晋中的眼光便落到她的手上，那手仿佛知道有眼睛盯着它，慢慢摇动一下，带着羞涩似的。身子旋转一圈，搭在肩上的手便一抬一垂，似是一环手，似是一颤动，似是环绕着的一点妩媚。张晋中第一次看到交谊舞中的女性意味。偶尔步子错了，两个身体贴近了，她的手微微地如颤抖般地转动一下，像是在高处一顿一耸，蛇行向前，无可奈何地穿越着人生的隐秘之地。她的脚依然没有迟疑，一步步地踏出去。在张晋中看来，她手的羞怯与腿的勇敢，是正常的，恰如其分。身子旋转的同时，脚大步跨前，颤动的兰花手指仿佛在退缩。

张晋中突然感觉，他们虽在他的面前跳舞，但他却离得远。

他发现自己的现实生活毫无生气，那种他应有的生活形态在呼唤他，魔鬼般地在内心深处冒出头来，合着她的手势，在她的兰花指尖上颤动。

下一次再到林间，张晋中突然觉得这块地方太小了。他对姚定星说："我要做事。我要在一个月中赚二十元钱，三个月中赚六十元。你信不信？不信，我可以和你打赌。"

"你终于说到钱了。这是一个开始赚钱的时代，这个时代将不断发展，钱到后来会成为时代的主旋律，一个以钱为中心的时代……"

"你赌不赌？"

"赌！当然。以钱赌钱，既然是赚钱，自然赌的也是钱。你三个月赚到六十的话，我再给你六十。如果你赚不到,你还得给我六十。"

"我没赚到,哪有钱给你?"

"这是你的事,愿赌服输。这叫作:你手中有棍子,我再给你棍子。你手中没棍子,我要夺走你的棍子。"

张晋中觉得姚定星又说到了玄理上。对他的理,张晋中心里有所清楚又有所含混。张晋中有着一种兴奋,这是多少年中他所没有的,姚定星存在于此,似乎便是为了刺激他走出去。

不过,有一点张晋中依然清楚:他要是输了,他就欠了姚定星的债。他多年接受的教育,便是赌与债相连,是要不得的。

不对!赌并不完全连着债,赢了就不是债,就是简单的获得。

应该说,赌与求连着,他要有获得,便要有求,没有求,如何来得?

他进入他真正的人生,起于一个赌,是一个赌连着的一个赌。要是没有姚定星,就没有这个赌,要是没有这片木叶萋萋的林间,也就见不着姚定星。那么他还有没有因方蓝蓝而走出的一段人生经历?那段经历影响了他整个人生。

当然也是可以的:也许他和方蓝蓝是在一个会场上认识的,也许他和方蓝蓝是在一个墙角下认识的,也许他和方蓝蓝是在一个大门口认识的,也许他和方蓝蓝是在一个教室里认识的。怎么都可能形成一个交集的场景,那么命运设计在这个林间有什么意义？添出一个姚定星来，只是一种回忆所需要的色彩？只是一种梦想般的色彩？

回忆与现实的她有多大差距？最初的交往和后来的交往，每一个阶段感受都是不一样的，方蓝蓝后来变化到他也不认识了，她还能是最初的那个形象吗？那是一个文静的女生，话不多，眼睛定定地看人，仿佛永远不会变化的，但变化起来却是那么大。其实人都在变化中，并非一定是这样或那样。那么在将来的变化之后，再来回忆会不会掺入了后来的感受？倘若每阶段都有存档，那么每个档期都会是不一样的色彩？

那个眼眸静静有着无限疑问的女生，以后回头来看他，感受的色彩又会是什么样的变化？人就是从单纯到复杂，鲜嫩到老态，永远不成长才永远不变化，最好永远停留在美好的一刻，但总有什么催促着人走出去，走进痛苦的烦恼中，走进矛盾的不可调和中。

张晋中站在唐三娘的面前，他实在不喜欢她打量人的眼光，像是她面前的一堆活货。唐三娘是最初投入生意中的社会人物，男人带着她一起做生意，但男人一笔生意做亏了，就躲经济纠纷去了南方。这唐三娘倒是能扛，很快练就了赚钱的本事，做得比男人在时要好，她婉退了婆家嫂子的帮忙，那嫂子也做不了什么，拿了不少好处，还总是唠叨，像是欠了她很大的情。唐三娘做生意也做精明了，一样花钱，雇人花在明处，雇来的人会听话，不顺意换就是。

唐三娘雇人，主要是为了孩子，孩子在上小学，家里有钱就把她送远一点的好学校，中午要有人接她回家，热一点饭菜给她吃，再把她送到学校。下午放学要有人接回家带着她玩。原以为受雇的会是个家庭妇女，没想到来的是一个文气的男生。男生想多赚一点钱，唐三娘让他星期天也来带孩子做家务。

赚钱，张晋中想着的就是赚钱，有着一种急迫感，入梦里，像菜花一样盛开。他一连数日在街上逛，到处打听有没有需要打零工的，在电线杆上看到一张雇工纸条，张晋中发现时间他正合适，与上课不冲突，于是就应聘了，最后定的工钱，张晋中算下来，三个月能赚六十元了。

张晋中虽从小家境平常，但毕竟在大城市成长，是大学生，又看了不少书，心气颇高，为赚钱来做家佣，听唐三娘吩咐这个指派那个，他也只能听着，一声不响地做。没几天，那小女孩也转了口气，偶尔张晋中在学校里有事耽搁了一点时间，在校门口等着了的女孩，一路埋怨，到母亲回来，还当面告了状。张晋中显得毫无脾气，心里想着：我是来赚钱的，我需要钱。

反正除了给钱的唐三娘母女，没人知道他是谁。唐三娘也忙，外面做生意，回来要烧饭做菜，晚上还要结账。唐三娘做的饭菜不错，在吃上面，唐三娘舍得花钱。当时说好了，张晋中来家中做事期间，便可一起吃饭。她与张晋中少有话说，在外面的生意上，她也雇了工，她知道对雇工不过于亲近，才能维持雇主的权威，不过，在饭桌上，她会给张晋中劝菜，不住说着："多吃一点，年轻人正是长身子的时候。我这个人就喜欢吃饭人多，热闹，不过是多一双碗筷的事。我做菜，专门跟厨师学过的，煎出来的鱼，一点皮都不塌……"慢慢地张晋中也会说几句赞叹的话，倒也不全是恭维，他真觉得比大学食堂的饭菜好吃多了

就这样，张晋中感觉有点不像是自己，做个用人，想想也屈辱，做三个月，赚六十元钱就解脱。然而，半个月以后的一个星期天，张晋中正在唐三娘家打扫时，她家来了一个亲戚，是唐三娘的堂侄女，并带来了她的一位男友。有人来访，唐三娘总是很高兴，便叫出在房里的张晋中抹桌倒茶，张晋中与来的那位堂侄女的男友一对面，心一下子沉落：那是他同宿舍的同学任晓光。

唐三娘动手去厨房做菜，堂侄女想跟着去帮忙，唐三娘推一把张晋中，说："你们坐，让他去吧，他是我找来的佣工。"

做完了饭菜，唐三娘坐上桌，张晋中想走，被唐三娘叫住了，并让他在任晓光身边坐下。毕竟唐三娘是做生意的，善于察言观色，开口就说："你们两个认识吧，别看你们不对话，我一看你们的眼光，就知道你们熟悉。"

张晋中根本不想在这里遇到任晓光，实在丢脸。任晓光的眼睛一直看着张晋中，他没认张晋中，也是觉得自己是个

大学生,本来在女友面前很有光彩的,但同学却在女友亲戚家帮佣,层次一下子低落了。听唐三娘问起,张晋中没应声,任晓光不好在女友面前说谎,就说到了他与张晋中的关系。

听说他们是同宿舍的大学同学,唐三娘却是高兴,笑着说:"是个大学生啊,我该多给你点工钱的,你有时间少做点家务,多教教我女儿吧。"唐三娘接下去,一边不住地给大家劝菜,一边说着雇佣张晋中的事,还不住说是缘分。

吃完饭,张晋中去洗碗。独自一个人在厨房,张晋中突然感到内心涨满了,要涨出胸外来。就是因为内心的那点东西,他跑到外省来,现在屈辱一下子又回到他的内心。

这以后,张晋中在宿舍里便有了负担。他看到任晓光就不自在,希望他不要泄露他做帮佣的事,不免陪了一点小心,会帮任晓光做点事,像是在唐三娘家做事的契约延伸到任晓光这儿。慢慢地,任晓光把这一切当成了自然,杂务事都丢给张晋中做。

同宿舍的同学,发现了张晋中与任晓光之间关系的变化,诧异他们如何就好起来了,冷眼观察后,觉得他们并不是同学间的友好,只见任晓光有吩咐,张晋中都一声不响地去做了。想张晋中平时不与人搭理,以为他是大城市来的傲气呢,原来是怕生。他们不免有时也叫张晋中做一点什么,张晋中也都做了。张晋中要显示他与任晓光只是出于同舍的友情,并无其他原因。而任晓光却越发要显示自己的地位,有时会当着宿舍同学的面,叫张晋中帮他把被子叠了。

张晋中现在除了晚上睡觉,很少在宿舍里出现,忙完唐三娘家的事,他就到林间去看课本做作业。他清楚自己找到这里,一开始就不是因为这里的幽静,而是一种躲避。他只有到这里来,才会躲避他赚钱时的辛苦,才会躲避让他屈辱的冷眼。

他在这里难得见到姚定星了,也许姚定星只是一个时期在此休闲,他有那样的预测能力,那么多的社会知识和经验,又岂能老坐在一张长条座椅上,和一个什么都不懂的小伙子玩打赌的游戏?对于张晋中来说,姚定星是一个谜,又像是一个魔,一个把欲求从他内心中诱出来的魔。

他在这里也很少见到方蓝蓝,就是见着了,他也失去了以前在她面前编造故事的神采,他宁可在她走了以后,再来回忆她的形象,特别是她的手,在校园舞池中的她,别人看到的是她的脚步,她大胆跳动的腿。而张晋中看到的却是她的手,那柔从地搭在对方肩上仿佛羞怯地曲着的手,委委婉婉,小心翼翼,颤颤巍巍。张晋中不敢去想有五万元的男人,怎么可能有那么大的一笔巨款呢?但有钱似乎也就有了靠近她的力量。

"你有点变了。"

"我变了吗?"

方蓝蓝的话让张晋中有点心惊,她是不是听到有关他的传言，他一直担心任晓光会把他帮佣的事说出去，有时他走在校园的路上，见女生掩嘴笑，或见有学生指点着什么，就怀疑他们是在说道他。不过从方蓝蓝的眼神，张晋中感觉她注意到的是自己脸颊上变黑的胡茬，还有干活经事而变沉稳的神情。

这个阶段，张晋中似乎一下子对人生、对社会、对人性、对人的内心世界，都有了一定的认识，知道了不少，懂得了不少。原来他只是一个单纯的男孩，负气走出大城市，现在他感到一个乡下城市也呈现着复杂的世界。

张晋中拿到了工资。一个半月的时候，张晋中开口问唐三娘要工资，唐三娘只是朝他看了看，便拿出了钱，干了活，需要钱，当然可以要的。张晋中并无急事需要钱，他就想手里抓到钱，那是他实实在在干活赚来的钱，这样他多少能驱逐屈辱的感觉。

他回学院去，天色还不晚。要工资时他有着就此结束的念头，但拿到了钱，他发现有钱真好，人生踏实。

这天下着绵绵秋雨，他靠沿街的屋檐下走，发现一家棋室，没想到这座城市里也有棋室，勾起了他少年时的记忆，他进了棋室，看到有两盘围棋在下。

只看一眼，张晋中就知道两盘棋的对局者水平都一般，但显得棋瘾不小，你一子我一子，下得起劲。张晋中想沉下心去，以排除乱七八糟的念头。他有多少时候没有下棋了。见两盘棋中有一盘棋势接近，且在缠斗，那个笼着袖子留胡子的男人，走棋较快，似乎不怎么思索，不过行棋一般，有些棋明明可以杀死对方的，他却好像害怕自己缠进去，收手拦空了。而对手却有点莽撞，分明是走乱了，眼见他捏着一颗黑子举在棋盘上，要偏离主战场落子。张晋中不免说一声："不对。"那人回头疑惑地看他一眼，对面的胡子男人投过不满的眼光。旁边观棋的一位老者咳嗽一声，把食指按在嘴上，自然是观棋不语真君子的意思。随后老者又撮起拇指和食指搓了搓，张晋中知道那手势的意思是钱。他想到他们的棋局是赌局，来钱的。眼下的时代大家都开始想着赚钱，从棋局赚钱有何不可？不过他还是对以棋局赌钱有着一种不满，他从来都把下棋当作高雅的活动，是上台面的雅事。他有几年没下棋了，一心都在学习上，学院里有棋局比赛，他也没有报名参加，就是不想为不赚钱的活动花费时间。

一局下来，走黑棋的输了两目半。胡子男人指着盘说："你只要这里走对了，先手三目就胜了。"对手一声不响，拿出十元钱丢在盘上就走了，边走边摇着头，很后悔的样子。张晋中心里想着他是哪一处走得不对，单单看他走的半局棋，似乎哪儿都能赚三目回来，十元钱这么好赚，张晋中忍不住坐了下来。

"我可是……"

"我知道。"

"多少？"

"三十！"

张晋中口袋里就有三十，他只要胜上一把，他就一下子完成了与姚定星的赌约。他已应了一个赌，再以赌应赌也没什么，反正他已经踩入了赌局之中。

胡子男人似乎并没在意张晋中会有的棋力，让他拿黑棋先下。只是布盘完成后，张晋中有时落下一步狠招，对方就嘴里像咬着一块酸金枣似的，嘶了一声，那胡子颤颤的，仿佛挨着了一棍子，不免朝张晋中深看一眼，仿佛突然发现他是一个棋盘高手，实在摸不清他的路数。棋咬紧了，胡子男人犹豫了一会儿，偏偏就走下了张晋中生怕他走的招数。慢慢地，张晋中的思路被打乱了，他后悔自己的贪欲了，心里悬着那三十元钱。他做了一个半月佣工，并承受了同宿舍的凌辱，这才所得的收入，却悬在了这棋局之上。他也因长时间没下棋而手生，有时落下一子，才想到自己下空了。对手应得也不着调，突然跳开了去，没有赚尽他的便宜，让他那一步莫名其妙的棋损失不大。但后来细想想，他确实棋艺生疏了，又迫切地想赢，着法走得急，总想一举胜了对方。有好几处对手可以反击的，但胡子男人朝他看了看，落的子似乎不是重手，让他喘了一口气。不过，由于他的急迫，让对方有所收获。慢慢棋盘变小了，接近官子了。张晋中知道自己处了弱势，他第一次在棋局前头晕晕的，以后每到他因处理不善遇上烦恼事，都会生出这种晕晕的症状来，仿佛是重病时的发烧。于是，他冷静下来，开始对盘面进行分析，开始占实在的先手官子，棋盘上几乎大的官子都给他占尽了。

胡子男人似乎露出棋力不济来，走到哪儿跟到哪儿，走得那么随手，一点不懂争先，只顾挡着应着。张晋中看到了希望，步步发力，挤着压着贴着，眼看着一点点地赚空，原来下棋的感觉上来了，到最后一步单官劫争上，还争赚了。等着数子了，张晋中还有一点兴奋，毕竟后来走出了自己的水平，胡子男人还用一种赞赏的眼光看他，旁边观棋的人，也都当高手对弈，大气不出地看着，谁也不知盘面胜负到底如何。只是最后数子出来，张晋中还是输了两目半。胡子男人没有评价什么，只是眼看着他，神情有点似笑非笑，有点似赞非赞，有点似喜非喜，有点似兴非兴。

愿赌服输，张晋中只有掏出三十元来，对方依然惋惜地看着他。他也想到这两目半在前面好多处都可以挣回来的，他也是有这个棋力可以挣回来的，但他都白白错过了，莫名其妙地错过了。胡子对手满是侥幸的眼光，似乎还等他再坐下来翻本。张晋中确实很想再坐下来下一盘的，但他没有本钱了，后悔都积在心里，他把一个半月的辛苦努力都白费了。他第一次感觉到，围棋居然有这么个可恶之处。

他看着胡子男人数钱，一个念头在晃荡，就想一把去抓回来。一个多月中，他求的就是这钱，却把到手的钱交出去了。那钱离他远了，属于别人的了。他眼睛里充满着欲求的光。

这个世界上的人有那么多的钱，而他却是个穷光蛋，输光了的穷光蛋！他这样在心里叫骂着自己。

以往张晋中一盘棋后，特别是在紧张的棋局后，他会在脑中复盘，那棋局习惯性地落在他的脑中，怎么也排不开去。而这局棋，他不想复盘，但是排解不开，总是绕在脑海中，特别是自己的几处错着，想来想去，有多种走法可以避开的，实在让他后悔，让他想捶自己几下。特别牵着的是他那三十元钱一下子没了，他辛苦赚到的钱没了。这个念头浮来，排也排不开，脱也脱不掉。这就是赌，他从来没有赌过，却在他以为自己十拿九稳的棋局上，赌了，还赌输了，输完了身家性命般的赌注。他怎么能在剩下的一个多月中再赚到六十元，还有姚定星的六十元赌注等着他。他为什么要去赌呢？他为什么要走进棋室？他为什么要坐到棋局前？他可以不这么做。还有这步棋为什么要走在那里，那步棋为什么要走在这里？他为什么不想好对策就落子？他的棋力明明高出胡子男人前一个对手许多，但还是以同样目数输了棋。许多的念头都浮上来，而落到实处的便是那盘棋，按照他的棋力能胜的棋。

　　三十元钱，一个半月的辛苦，连同那带来的屈辱，那念头黏着他，他想做一点什么事来排解，但还是会有许多的念头浮出来，念头的落处便化为棋局上一步步的棋子。痛悔的棋局，痛到极处，几乎连死的心都有了。一步步错棋萦缠在脑中，几天中他都不知是怎么过的，不知怎么上的课，不知学了什么。他应该去了教室，他应该去了唐三娘家，他应该也是吃饭的，他应该也为同宿舍同学做了事的。到几天的时间让他安静下来时，到脑中棋盘上一颗颗棋子变浅变淡时，到他神志慢慢清明时，他突然想到，他那盘棋真的是错输了吗？他又何必为自己找后悔。他好久没下棋了，棋力退了。然而他真的棋力胜过胡子对手吗？突然又有一个念头跳出来：胡子对手真是一个在棋室里随便下赌棋的吗？世间多有高手，胡子男人没有本事，敢下赌局吗？没有本事敢赌三十元钱一盘吗？没看他费力，却两局都胜了。再一个念头浮起来：胡子男人为什么两盘都只胜两目半呢？他真是官子不行吗？要是他只想胜两目半呢？他放弃了多少大胜的机会，算好了就胜两目半？这才真正显示了他的本事，那么，他就不是一般的棋手了。可他真有那么大的本事，为什么不去棋赛争雄呢？眼下正是中日围棋擂台赛红火的时候。浮起了这样的念头，张晋中不由有点心寒，却又有点释然。他遇着高手了，也许是退役的专业棋手，也许是民间的隐士。他输得一点不冤，付的学费也是该的。他不应该再后悔他下错棋了，他怎么下，输棋都是注定了的。从他坐到棋局前，他口袋中的三十元钱，那拿到手还没焐热的三十元钱，就是胡子对手的了。这样的赌局人生中处处会有，只要他有赌的心，便是该付的学费。

然而他还和姚定星赌了。他突然对赌深恶痛绝，也有了反思。但他拿什么去交姚定星的赌费？以后多少年中，他总回顾这盘棋，慢慢地棋只成了一个影子，而胡子对手的印象却深了，他的胡子一颤一颤，眼光变化成了绿色。他一天会赚多少？也许那时棋赛赚的对局费，还不如他下一天的赌棋吧。胡子男人具有赌的天性，更具赌的水平，他表面示弱，诱人入彀，这本事对涉世不深的人来说是难的，但对一个下棋高手来说，玩这个恐怕不难吧。社会上的人与钱打起交道，就显出一口吞下去的可怕模样。多少年后，张晋中在社会上经历多了，发现为了钱什么都可以做的。他也是一样，放弃脸面和原则，去做佣去赌，只要敢干，钱总能赚到的。那些结伙捞钱的，白有人粉饰，更显冠冕堂皇。

有很长时间，张晋中不再摸棋子。一旦看到棋，他眼前就会浮出胡子男人的模样。

两个月快过去了。张晋中没有再理睬任晓光让他做的事，他在宿舍的门内贴了一张纸条，纸条上写着代搞卫生费：抹桌子五分钱，洗碗五分，理床一角。

宿舍同学问任晓光："你以前做事都给钱的吗？"

"我也奇怪，以前没要钱啊。"

任晓光问张晋中："你还在那里做吗？"

张晋中说："我在那里做，拿那里的钱，但她并没有给我在宿舍里做的一份钱。"

"不怕人说你，你真是想钱想疯了。"

"我不是别人的奴隶，我只是按劳取酬。"

张晋中原是怕任晓光说出他帮佣的事，才对任晓光赔小心，其实任晓光并没传他的事，因为他一个在校生有女友也是不合当时学院规定的。如今张晋中贴出纸条来，摆明收钱服务，那架势，反让任晓光不敢再传什么了。

一旦要付费，就没人让张晋中做事了。在宿舍同学的眼中，张晋中又从唯唯诺诺的底层，升到了具有怪诞形态的狠角色，对敢把赚钱放到明处的张晋中，他们内心是高看的。

于是，宿舍里开始脏乱，垃圾成堆，他们已习惯张晋中的收拾。只有张晋中的那一块地方是干净的，他已养成了做事的习惯。

只是张晋中收费服务的事在学院流传开来，张晋中走在学院中，他能感到不同的眼光，不过，他已经不在乎了。

接下来，班主任黄林周老师找他了。黄林周还年轻，戴着一副深度眼镜，显着老古板的样子，说话的口吻却还幽默，平时与同学还谈得来。

"你这样算是服务到家，服务到人吧。"

"老师有什么需要办的事吗？"

张晋中说了，心里有盘算的念头：黄老师抽烟，办公桌上总有烟灰，他每天去擦一次桌子，一个月下来，便宜一点，收一元钱，最好，全办公室各位老师的桌子一起擦，一个月收五元钱吧，要是连扫地也一起承包……

"是不是我也得付费？"

张晋中听得出黄林周老师的口气严肃起来，也就收起了念头。

"你这样做，助长了学校里的不良风气。而更重要的是你的心灵，让金钱给玷污了。学校中的学生是平等的，你为什么要自甘低人一等呢？想做事是好的，不拿钱义务为人民服务，你就成了英雄。英雄多好！"

"我不想当英雄，我出卖的是我的劳力，现在社会上都允许……"

"但我们是大学，你将来要成为社会栋梁的。学校里不允许那种社会上的风气流行。"

黄林周说大道理的时候，调门很高。张晋中了解老师的性格，他调门高只显示他是苦口婆心，而到有处理决定下来，却言辞轻描淡写。

黄林周见张晋中低眉顺眼的样子，进一步推心置腹地说："你想想你一个高分进校的学生，学院每学期还发给你助学金，正好在校学更多知识，说你栋梁没错，应该是高高在上的栋梁。你们宿舍里还有的是扩招自费生，他们有钱，你就为赚小钱为他们服务，这像什么样子？"

张晋中听说过任晓光每个学期要交钱的，但结果还不是一样，学院终会给他发一张同样的毕业证书？

张晋中说："我需要钱。"

黄林周吃了一惊似的，他的眼睛朝上翻出眼白来："需要钱可以去抢可以去偷吗……你有什么急用？可以跟我说，我向学院反映。"

张晋中没回应，他的神态就是一句话：我需要钱。仿佛钱就是他的唯一理由。他总不能说自己是为了赌注。他心里并不认为是赌,他需要钱,才能走进这个社会。如说是往上走,这个社会正开辟一条让人通过钱往上的路,也只有如此才是往上走的路,这个老师却还看不清,整个学院似乎也是看不清的。张晋中在林间听姚定星耳提面命说了那么多,再经历了这么多实在的事,他此刻才看清,这条恍若林间的路,朦朦胧胧一直被隐着,自他懂事以来就一直被隐着,他已前行,不再彷徨。但他无法对这位老师说。

而一旦社会打开了这条通道,不管前面是邪恶还是险恶,展示出来必是一片光怪陆离繁华杂乱的前景。

"这是不允许的,我先警告你。"黄林周声调又提高了,"你还想这样赚钱,最后学院会下决定,你会被开除的。"

张晋中不再想说什么。他清楚黄林周老师还会找宿舍的同学谈话,他不可能找到出钱让他服务的,他本来也并不想为他们服务。他突然发现几天中的愤懑,这么快就消退了。要来的就来吧,他该换一种活法了,在宿舍里做多少,也是达不到他所需要的。

多年以后,他回看这段生活,觉得自己在贫困时,计较得太多了。到他有几千万的时候,回看为六十元苦求,屈尊,不平,愤怒,实在是不值,但也并不可笑,那是一个过程。再说那时的几十,和后来的几千几万都没法比,那时,他还在苦钱阶段。苦钱,那座城市里的人就是这个习惯用语。苦钱有拼命挣钱的意思,那时钱确实是苦出来的。那时的苦钱使他的心劲形成了惯性,以后每每遇到难处显坚韧,也总会冒出那种底层计较来。

张晋中到唐三娘家中去,他做事不急不慢,在唐三娘面前,不再巴结,对唐三娘的女儿,不再允许她指派自己,有时还会摆出教学的老师派头。他是有所求,唐三娘也有求,也需要笼络他。阴阳两面,换一个角度看,一切有着不同的变化。

接下来,唐三娘找他谈话了:"你很需要钱吧?是我给的工资不高吗?"

"不是,你给得不少。但我需要钱。"

"做什么?有急用吗,是家里的事?"

"和我家里没关系。"

唐三娘看了他好一会儿,大概从来没有看到过他如此安定的样子。一个多月中,她看他从一个畏畏缩缩,懵懵懂懂,患得患失,思前顾后的学生,变成了一个赚钱目标清楚的年轻人。一个年轻的男人。她发现了他身上有着赚钱的本能,他要做生意的话,肯定比自己的男人强,到底他是一个有知识的大学生,又是从那个以精明著称的大城市出来的。其实她也没有太多的分析,只是一个赚钱人对赚钱人的心心相通,惺惺相惜。

对张晋中来说,再做一个多月他也达不到姚定星的赌注,这两天他便意识到他没赚到钱,姚定星又如何夺走他手中没有的棍子?他发现逻辑周密的姚定星,竟没有与他谈赌债何时交付,一个没有交付时间的赌注又算得了什么。不过，他心里是十分看重这个赌的，因为这标志着他决定走的一条路，从姚定星手中拿到赌注，象征着他所求的完成。然而，不管赌输还是赌赢，他都会沿着这一条路走下去。

"那么你不准备再做了吗?"唐三娘问。

"不，我和你说过要做三个月的，这三个月我一定会做完。"

唐三娘笑了，她笑的时候，脸上的皱纹一下子堆起来，不像平时的年龄了。张晋中年轻，别人的年龄他看不清，特别是眼前的这一个女人。有时看她神情开朗，像不到三十岁，想想她女儿丽丽快十岁了，不可能那么早生孩子的，有时看她板着脸，大概四十岁的模样了。

她似乎很欣赏他的话，这段时间她对他有些了解。她靠近着他年轻光滑的脸，似乎皱了一下眉头，脸上却带着了一点少女般的不好意思。正是她这个年龄的女人会有的多重神态，她对自己也厌恶的表现。

"这样吧，你就跟着我，不光做家里的事，还做一点生意上的事，算算钱做做账，还有做一点秘书的事，写写报告接接客人。我想你会做好的。还有的一个月，我给你三倍的钱。你不是要钱用吗?"

一个月能拿三个月的钱，就是说他能拿到相当于原来三个半月的工资。他能完成姚定星的赌注了，他还从事着一个会计加秘书的工作。唐三娘声明他如果不能做好，她会从中扣除的。除了上课的时间，他都要来跟着她，甚至在她上卫生间的时候,他都得在门口等着她。

有一刻,张晋中感觉唐三娘是他的救星,仿佛她就是上天派来帮助他,提高他,拯救他的。她是他的一个雇主,也许雇主就是有这个能力。他突然发现,以前书中有贵人这个词,他无法想象这么个女人会是他生命中的贵人。她只是一个做生意的小老板,离他想象中的贵人远得很,但她能够给他眼前正想得到的。

后来张晋中回看,她难以达到贵人等级,但她确确实实是他的贵人,这贵人不是能给他多少钱,是她让他懂得了企业,懂得了生意,懂得了人情世故,她让他懂得了很多。虽然她对他不是那么好,她对他要求很多,不过他做的够得上给他的酬金。那一个多月,他成了她一个全职贴身秘书,但他似乎永远满足不了她的要求,他也不知道如何满足。许多是他有了社会经历以后才明白的。她突然会对他和善,示以笑意,又突然会对他厌恶,示以不屑。对她的种种,完全背离了原来他对女人的感觉,背离了他对女人的想象。

一个多月后,他终于拿到了他的工资,虽然对当时的他来说,钱很多了,但张晋中还是辞了这份工作。他不可能老待在她的身边,在她身边,他没了看书的时间,没了休息的时间,没了与人聊天的时间,没了独坐看天上云彩的时间,没了到林间来等他很想见的人的时间,他没了他整个自己的时间。临放寒假了,在他二十岁的年末,他要有新的人生。

一时他觉得轻松。是轻松重要，还是钱重要？他进入了一个悖论中，但已有所认定。他已经无法再进入旧日的轻松中去了，无法于书中入静。原来那么多的时间他都浪费了，那能挣多少钱啊。只有拿到钱的那一刻，他才有充实感。赚钱，苦钱，他原以为是俗不可耐的，却变成了他的习惯。

离开唐三娘，是他的所求变了，他明白为了新的求，将会承受不同的苦。苦求，往往求所不得，求所非求。求到了的时候，发现不是自己所求的，他是一个小人物，却有着不同于小人物的心气，心劲大了，自然要承受许多得不到的苦。

那天他再往园角的林间去的时候，他觉得自己仿佛成长了不少，和原来二十年的人生都不一样了。他现在是有钱人了，虽然钱少得可怜，但那是他自己赚来的，在艰苦中很不容易获得的。而过去的感觉，显得虚浮，人生劳而所得，才是实在。

靠近园角处，有几棵茶梅树，正开着朵朵红花，大朵的花夹在绿叶之间，色正优雅，红花与翠叶相映，弥漫着一点淡淡的香气。张晋中平素对花树少有感觉，再抬头看，树丛之上，远处的实验室，四方的旧式楼，飞檐长瓦，是另一层色彩。现在看来，他原来总沉于内心，错失了多少外在的景致。这一刻，许多的感受，许多的知觉，许多的理解，许多的思考，仿佛在他胸中爆炸开来，飞舞着，旋转着，膨胀着。

张晋中走进林间，突然发现他走错了地方，眼前的一切完全不同于他熟悉的情景，只是一片废墟，难怪他在外面会看到那些茶梅花。退步出来，站在小林子外，他张望了好一会儿，如说错了，他的脚不会引他来这里，是不是学院园角还有这么一片林子？但他看来看去，先前确实这里能看到实验楼。可要说没错，似乎有了陌生感，林间只有这一个进口，如何里面会是那样的一种情景？他重新走进去，发现里面确实不同了，先前的林子多少有着一点幽暗，现在却是敞亮了，更显废墟的荒芜。循脚步寻找那个长条座椅，那里是一堆旧墙碎砖，仔细看，才看到长条座椅的铁架在一角露着，盖着了墙灰。他确定了，是林边那幢有着菱形花玻璃的旧楼房不见了，是它倒塌了呢，还是被拆除了？一个坐标的消失，使整个地方变化了，这里再也不是园中幽静之地，这里再也不是林间休憩之地，这里再也不是他孤独与内心交流之地。

他在那里站了好长时间，没有见着姚定星。后来几天他都来这里，依然没有见着姚定星，林间也没有地方可坐可休息。对着一片废墟，他有种荒诞的感觉，他想到早先在外国文艺的书中看到的一个荒诞剧《等待戈多》，他不知道姚定星会不会来，什么时候来，他实在想等他到来，他在这一片废墟前等着。

学期的最后几天，他投入在备考之中。整个学期他只顾着赚钱了，没在学习上花功夫，好在他基础底子好，复习之中发现经历了社会的一段生活，领悟力强了，往往会有新的深层理解。他每天还有时间往园角的林间去，在那里短短地站一站，他明白他没有可能遇到姚定星，那里只是散步的目的地罢了。

他肯定见不着姚定星了，他有过做佣工的经历，不再是怀着浪漫情调的小年轻了。姚定星为什么要来呢，林间已是一片废墟，他再到这里来做什么呢？是因为这里有朋友等着他吗？他把他当朋友呢，还是只是无聊中解闷呢？他有一个赌约没有最后完成，他有赌性，难道他不想知道这一赌的结果吗？是不是他清楚，他胜了，张晋中交不出钱来；而他输了，就会拿出钱来吗？如此看来，当时的赌注也就那么一说，只是激张晋中出去赚钱吧。

其实张晋中已经想到这个赌的虚设，但他希求见着姚定星并不是想拿到那个赌注，而是他要向他证明自己做到了，他承受了那么多，感受到那么多，唯一可以诉说与表达的人便是姚定星，以求他的一份肯定，然而这一点所求却无法得到。姚定星不再出现，作为赌的意义不存在了。

一时，张晋中感觉与姚定星在一起的时光，有点虚幻，姚定星为什么会在这里，而原来林间的一片木叶萋萋之地已不存在，也入虚幻。还有那一赌，更显梦幻。一切恍惚起于他的幻想，如同他对方蓝蓝说的那些故事。

方蓝蓝肯定是真实的。学期结束前的最后一次班会，班主任黄林周在教室里布置寒假事项，方蓝蓝从教室门口走过，她一眼看到坐在前排的张晋中，叫了一声："张晋中你在这儿！"她的双脚就跨进教室中来，蓦然发现教室里坐着那么多学生，她的一只手背到了身后，还有一只手摸了一下头发就躲到了脑后。

黄林周见到方蓝蓝，没有斥责她的冒失，颇有君子风度地微笑着说："找张晋中有事吧，我这就快结束了。"

方蓝蓝退出教室去，只在脑后伸出两根手指来，朝张晋中摇晃了两下。

张晋中再次走向园角林间去，在茶梅树边看到了方蓝蓝，她的脸旁正开着一朵粉红色的茶梅花，像是插在了她的鬓角上，恰似容颜与花朵相映衬。

方蓝蓝交给张晋中一个信封，说是这里拆建之前，她在长条座椅处见到姚定星，她都不知道他的名字，是他让她将这封信带给他的。

张晋中立刻想到，这肯定是姚定星给他的赌金。那时应该还未到三个月结束，他怎么知道是输了？那么他早就离开了，他去了哪里？

信封里只有着一张纸，纸上画着一个画：一棵光光的木上，一片孤零零的叶子，那叶子仿佛是在根上生长出来的。

二十年后，张晋中带着一个女人回到母校，那时，学院已改名为大学了。他带着的女人不是他的妻子，女人自己说是他的情人。那时，张晋中有着了比五万元多几十倍的钱，那时，一个有钱人有一个情人根本算不上什么了。他带个漂亮的情人回来，并非是炫耀，因为他没有与任何人打招呼，只是带着她来到学院园角的林间，那时，林子前的茶梅花依然开得艳丽，林子已经不能称为林了，只剩下路边的一排树，树后矗起了一幢高楼，大学扩招，校园里多出的就是人与楼。

张晋中清楚，他不可能在这里正好见到姚定星，但他还是要来一下，完成与他的一个赌约，不管有没有他的验证。二十年中，他经历多了，多少事都不当回事了，但对这件事还有着认真的仪式感，还有对那段超脱于世的情感的珍视。

二十年中，张晋中一直在为赚钱而努力拓宽财路，他是个企业家，也是个商人，无利不起早，他自己也觉得成了财迷。虽然他讨厌迷信，但有时参观庙宇，见着了财神像，还会上前拜一拜。他很早地由姚定星的一个赌带进了钱里面，在照镜子的时候，看到自己的一张脸就如一个旧时的钱币，眼鼻嘴都在钱眼中动，甚至思想的时候，也摆脱不了钱的念头。

不知为什么，二十年中，他总会想到那片木叶萋萋的所在，仿佛那儿与钱连着，他的身上与思想上都长出木叶来。他任由这种想象延伸，他开始记不清姚定星的形象，但姚定星的影响如木叶萋萋，伸展茂盛。多少年以后，在他的记忆中，那一块木叶萋萋的林间，是个隐秘的花园，是个神秘的花园，是个虚幻的花园，恍若营造出来的，杜撰出来的，幻想出来的。旧时，他看多了小说书，正有着文艺青年的梦幻。再站到这片记忆中的所在，这里已经很少旧日的痕迹，更似一切只是张晋中年轻时的幻觉。

他教他说的，他鼓动他做的，他引诱他动的，他撺掇他走出去的，本就是他的心，他就存在于他的内心。然而，过去的现实在回忆中，也是存在于内心，又能如何保证，都是真实不虚的？

张晋中曾经寻找打听过姚定星，听到的说法不同，有说他是个倒霉蛋，在部队里做生意，一时做得大，后来就亏了，同时得了肝病，被踢到了地方。转业到了地方，养病的时候在城里东转转西转转，病一旦好转，便不知窜到哪儿去了。另有说他是个很有背景的人物，他做生意很轻松，做一次中间人，就有大钱到手，但嗜赌，到手的钱很快就投进了赌场，以此表现他可以鄙视钱，而又以钱来鄙视人。

还有其他的说法。对所有的说法，张晋中都怀疑，可能另一种说法，与他的想象靠近些。他所经历的做生意时代，背景十分重要，官倒有着无可争夺的力量，时时都有暴富机会。不过，在张晋中的念头中，他不是一个人，他是一个诱惑者，如同喜欢恶作剧的魔鬼形象。回顾姚定星，他聪明有远见，洞烛所有的人，张晋中和他谈到过宿舍时的同学，他认为那些人都是缺根筋的笨蛋，是底层的灰尘。他引人突破底线，预告那是未来的现象，若是不信，他便笑笑，那笑是含有意味的，一切都在他窥破中，形同魔鬼的形象，化身无数，和每个被诱惑者签约，这签约起始赌注，赌的是未来，而未来社会呈现的就是魔鬼形象的所在。

恍惚之间，姚定星变得那么不真实。但在记忆的感觉中，那片木叶萋萋的所在，是那么逼真。然而，变异的影像也是真切的实在，如果没有姚定星，他又与谁赌？也就没了由赌产生的力量。赌是他赚钱的开始，没有姚定星的赌，难道是与自己赌上了一赌？他无可怀疑，除非把整个人生都扭转过来，贴上另一个轨迹。

当然，这些都是张晋中偶尔的念头，当初张晋中正是一个沉于梦幻的年龄，是姚定星让他走出来，让他脚踏实地，从底处开始。于是，他在底处经历了恶与丑，尝受了痛苦与悲哀。

关键还有一个方蓝蓝。方蓝蓝是他人生中的重要存在。当初，方蓝蓝交给他一个信封，他看信封里的画时，方蓝蓝直问那画是什么意思。张晋中一时也说不清画的意思，他无法说，姚定星只是与他开了一个玩笑。倘若那样说，方蓝蓝也许会大失所望。姚定星不在了，他与姚定星的赌约不能断。于是张晋中告诉了方蓝蓝，他与姚定星的一场六十元的赌局。

"又是赌，又是与我有关系？"

"是的。"

张晋中完完整整地说到了此赌的缘起，也说到了他如何外出做工，被宿舍的任晓光发现，如何为宿舍同学服务，还有入局一盘赌棋，接着是贴纸条，老师找谈话，最后当小工与秘书。张晋中发现听得入神的方蓝蓝圆圆眼中黑眸亮亮，略带方形的下巴微微蠕动，那神情格外动人。

"六十元也值得你那样……不过，我会有五万元吗？那也太多了吧。"

张晋中只顾看着方蓝蓝发愣，方蓝蓝突然向他靠近一步，直抵到他的脸，张晋中有如同唐三娘逼近的感觉。

"你是不是又在对我讲你编的故事？"

张晋中这才明白方蓝蓝并不傻，他原先和她讲的事，她早就清楚都是他编的。

"我发誓，我说的一切都是真的。我等着姚定星，不光是六十元钱，还要他手中的棍子。"

方蓝蓝又盯着他看了一会儿，随后像是松了一口气，接着她幽幽地说："好吧，不就是赌吗？他不在了，我来和你赌。你说，赌什么？"

她的口吻完全是姚定星式的了。张晋中先是有点蒙，立刻醒悟过来，他尽量不在脸上显现自己的心情。

"赌吧，就赌姚定星与我赌的，我赌你五年中与你命定的男人会有五万元……"

第六章　幻　象

有一段时间张晋中沉湎于陶坊，学徒于梁同德。多少年中经营企业，张晋中习惯了面对一单生意，全身心投入。现在他在泥凳前，一坐就是好几个小时。

张晋中从基本的陶杯、陶罐做起，按说他几年前也曾学着做过一段时间，那时感觉进步很快，做出来的陶器总得梁同德女儿梁青枝的赞赏。然而现在简简单单的杯罐，他做出来总显得圆润度不够，越看越觉得哪儿不平整。

梁同德忙了他要忙的，便会过来看看张晋中，和他说上几句话。张晋中将自己做的陶具给他看，他只看看，并不做评价。

"没认你做师父时，我自学自做，做得还像个样子，怎么认你做了师父，我连最简单的东西都做不好了。"

"我哪能做你的师父？你的镜花瓶我是做不出来的。"

"还是你这个师父太保守，什么基本功都没教我。"

"基本功哪是教的，那是长期训练形成的。"

"听你这话我心都凉了，就是说，我还得十年八年就做这简单的陶杯陶罐？"

梁同德摇头笑了。他确实不会是一个好师父，他不懂得教，他跟师父学时，也只是自己去做自己琢磨。再有就是他不善言辞，还有他认为张晋中做这些东西也是脑子受了伤，在这里玩玩的，他不相信张晋中会丢掉做大生意的本事，一直来做这些陶器小玩意的。

张晋中把手头成型的陶具捶成了一团，一瞬间，他的脑中闪过他在银行里钱的数字，那些数字像是熠熠亮着金黄色的光。他赶紧把念头转到眼前的陶泥上，这些天他对着陶泥的时候，感觉是正常的，他生怕有什么诱导他的念头不安分，或慢或快起来。

张晋中手握陶泥，对在他面前坐下来的梁同德说："我现在才知道从事艺术不容易，比办企业难得多，却收入少，难怪马路上一块砖头砸到三个经理，而丢十块砖头也沾不到一个艺术家的身子。"

"这几十年社会变化多大，企业家功不可没。"

"那些都是眼盯着钱的俗门套路，你换过去试试便知。"

梁同德笑笑，说："你服务于社会，而我只醉心于个体。"

"个体有时高于社会。"

张晋中一边说话，一边想着了梁同德的形象，也就是一个艺术家的个体形象：腿在马路上，仿佛牵连着边上的路与街店，而身子拉长了如鹤立高耸，脸上露着憨厚的笑，双手伸开，像是接着来自上天的馈赠。

梁同德的脸却变成了诧异的神情了："你又创作了一个什么奇物？"

本来张晋中盯着手中捏着的陶泥，手所捏的正是他感觉中的形象，那形象仿佛顺着他的荒诞意象而形成，听梁同德的叫声，又见着了梁同德的神情，仿佛一下子醒悟过来，他自己也不知如何手下便会出现了一个陶塑，有熟悉感，又像是从哪里拿来了一个陌生的玩意儿。

梁同德叫张晋中慢慢地小心地把手上的陶泥偶放到案板上，他的头转来转去看着这个泥偶，嘴里发着啧啧声。

"你这捏的可是和我一点关系都没有的陶塑，要说你是泥人张的传人，别人还会相信。"

"没想到同德兄你也会说笑，我出生前泥人张就不在了，起码隔了三代。"

"这陶塑神形俱备，从造型与意象来看，是个有创新的艺术品，只是有的地方精细有的地方粗略，尚属未成品，可惜我在雕塑上功夫不够，不敢加工制作，也就只能如此了。"

梁同德说着，摇头，又嘴里啧啧着。他平素话不多，表情也不多，一旦面对他所认为的艺术品，如得魔怔，他能说会道，表情丰富，且旁若无人。

张晋中这次不再怀疑梁同德是否哄骗自己，他会莫名其妙地把想象中的意象做成陶器，而被梁同德赞赏为创新的艺术品，那或许是神助，或许他前世做的便是这个行当。

以后张晋中到陶坊，梁同德让张晋中别做简单的陶杯陶罐了，基本功不是一时练成的，直接构思创新的作品，在做创新作品的同时，基本功也会得到提高。梁同德说他是个奇才，不用走常人走的路。

张晋中认为梁同德不光是他从事陶艺的师父，还是伯乐。作为师父，他还不拘泥于传统。作为伯乐，他能欣赏他的作品，还能融教于内。师父加伯乐，他便是他从事陶艺的贵人。别看他平时不声不响的，到底是搞艺术的，具有不同于常人的眼光与思想。他把这个意思对梁同德说了，梁同德直摇头："你以为奉承我两句，就算交了我的学费啦？就算吹捧，也得找靠谱的话说吧。"

其实张晋中夸赞梁同德，也是在加强自信。他坐在陶案前，手里团着泥，想着做一个东西出来，往往毫无所获。有时突然有了一点想法，做了出来，自己也觉得如四不像，就揉成了一团，重新再来。

梁同德鼓励张晋中，说艺术上创新是不易的，要是几天中便会有一件新品出来，那他搞了几十年的陶艺，整个陶坊不就堆满艺术品了？

张晋中倒不着急，他只是想在这里安下心来，这以后，能从事一项艺术创作，也是合乎愿望的。他常常手握着一团陶泥，息心宁神，让脑中生出一个个陶器的造型，出现的都只是以前博物馆画册上的照片图像。梁同德过去，问他在做什么？他说，他在召唤神灵。

慢慢地，在他的臆想中，那些照片的形象融到了一起，有时便会跳出一个奇特的造型出来,他把它做了出来,大致有着一点模样,梁同德看了只是摇头。

"艺术是在似与不似之间,你这个过于不似,很难为人接受了。"

张晋中也明白,艺术创新不是只要怪诞就成作品。他也明白,他有意为之,召唤出来的不是神灵,只是缺少灵气的呆瓜。

梁同德做了两个方形陶具,把古文镌在上面,颇有新意,便过来看张晋中。张晋中为入静方便,搬到了陶坊的一角,虽然外在的干扰少了,但心理上不适应,反而静不下来。

看到梁同德,张晋中说:"你这个师父,也不来指导我。"

梁同德笑说:"就怕影响你的构思呢。"

"什么构思?换到这里来,我脑子里哪怕一个简单的形象都没有。我也清楚这是睡不着觉怪床歪。"

"慢慢来,慢慢来。"

有时候明明感觉到,有个好东西像怪魔般在大脑的地平线往上冒,冒啊冒啊,它就是拱不上来,地上的那一层土太厚,它就在土的隙缝里,向上蹿着火星,一时火星四溅,倒是好看……

梁同德摇着头,停下来时,见张晋中有点恍惚地看着自己。他还是摇着头说:"我想你这个想象,地动冒火,只有我的方形陶器上可以表现，不过这样的图像破坏了古朴的造型，不行，不行。"

然后，他们又各自去构思自己的作品，梁同德还有陶坊的具体事要做，张晋中只顾对着泥凳上的陶泥冥想，终于，有一个形象拱出了地面，很慢很慢地冒出来，半似姚定星的模样，半似魔鬼的身子，接下去，又是一个半人半魔的形象出来，却似方蓝蓝，有着方下巴。张晋中无意间学梁同德摇着头，想赶快把这样的形象甩开去，总算有瓶状罐状的东西冒出来了，只是冒得太慢太慢了，他盯着它，它却如无止境地慢慢往外冒，他忍不住全力往土上一拍，那东西就飞出来了，接着无数的东西一个接一个飞出来，他想看清一个图像，但那飞冒的图像瞬间就变换了，在他看清与看不清之间，偶尔有一个总算看清了，正心生欢喜，又被另一个形象替代，混成了一片……

张晋中又来到莲园，来前他给李寻常打了电话，李寻常说欢迎他来，房间还给他留着。张晋中一到莲园，放下背包，就跑到莲池边转一圈，接着，就解衣跳入莲园的河里。身子一接触到下层清凉的绿水，张晋中一激灵，脑子就清爽单纯了。

在陶坊后来的几天中，张晋中只要坐到陶案前，略一入静，脑子里就会冒出各种形象，一个接着一个，那形象会有让他激动的，激动到浑身颤抖，他正想把它用陶土捏出来，它便变换了，一个个形象变换得那么快。他祈祷，能让他看清楚它们，他期待着下一个形象冒定了，他更期待着会有一个更新奇的形象出现，然而，那一个个的形象让他目不暇接，他只顾望着它们，它们在蹿跳，在舞动，在旋转，在摇晃。张晋中一时觉得恐慌，使劲站起身来，于是，一切形象都消失了。他感到身上水淋淋的，都是汗。他想到，他是走火入魔了，那些形象在他的脑中闪冒，便是入魔的标志。但他又渴望坐下去，再看那些形象的窜动，那是他人生几十年中难以见着的情景，应该说是美景，也许用美来形容不恰当，却是让他满心欢喜的情景，让他有摇头晃脑的欲望，让他有情动于心的念头，让他有浑身舒坦的享受，让他有长声呼叹的快感。他知道他已在悬崖的边缘上了，跳下去，也许就能够捕捉到极精彩独特的形象，一个天才就是这样产生的。但他又拼命地抵抗着这种诱惑，他那几十年习惯形成的平庸理智告诉他，一旦沉于魔鬼的幻象中，他神经不再正常，在日常的人世间成为异类，成为精神病患者。张晋中最后在理智还能选择的时候，决定逃脱陶坊。他不能告诉别人，他的脑中出现的幻觉，他怕他们会把他送进精神病院，他将被关在房间里承受吃药打针与电击。他也不能将幻象告诉梁同德，说不定他会动员他为艺术而献身，他已经不起一点点的诱劝。他忍受告别天才的痛苦，再次来到莲园，他觉得只有对着莲花，他的念头才会放缓。

张晋中一纵身，便扎入水的深处，他潜水向前游动了好一会儿，只见绿水悠悠，绿草晃晃，绿色世界里才是静。探出头来呼吸时，发现莲叶那边也出现一个人头，原来又是达西。

人有魂，莲有魂吗？

人有魂，莲就有魂。

莲魂怎么表现的？

和人一样。

太阳偏西一点的时候，阿莲在岸上抬手招呼。她挎着一只篮子，篮里是一钵莲羹，羹上飘着几片新鲜的莲瓣。

张晋中与达西对视一笑。他们不是在一处下水的，达西一蹿动，又潜进水里。

张晋中从河边浅水区上了岸，柔软的淤泥从他的脚指缝挤到脚面上来，他赤着脚，提着鞋。他的脚很久没触到泥了，黑淤泥在他腿脚上沾得一片一片的。迎着他的阿莲说："你的脚真白。"张晋中笑了一笑。他知道自己肤色白，在男人中少有。如阿莲裸露出来的肤色黑，在女人中少有。

张晋中在河堤边洗了脚，用阿莲递过的毛巾擦干了，起身的时候，发现达西已经走向莲园的大门了，边走边朝后挥着手。他怎么说走就走了？阿莲也没拦住他。张晋中不知他是做什么来的，与李寻常到底是什么关系，很想和他再聊聊的，却也不便叫住他。

张晋中只是问了一句："你去哪儿？"

达西只顾往前走："我去我想去的地方。"

张晋中后来生出疑惑：达西到底来做什么？这个人太奇怪，突然出现，突然离开，会不会是他一时的幻觉。只是他意念中的人物。他也记不清他是不是叫达西。

阿莲对张晋中说："你又来了。"她与他说话随便。阿莲说任何话都是一种调子。张晋中却觉得她的语言很合他心境的需要：直白而干净，如莲花一样白净。她的身上也总有着那种清清的香气，如莲香，又似乎合着草气与水气。也许正因为她与莲一起的时间长了。女人似乎天生能吸纳香气的。李寻常就没有那种气息，也许男人和男人与男人和女人的感受是不一样的。

他接过阿莲递给他的碗，碗里的莲花羹上洒着几片鲜莲花瓣。她做出来的东西也都带着那种清纯的香气。

阿莲看着他说："你这个当大老板的一点架子也没有。"

张晋中明白，在社会上对有的人，你就要有架子。经常忽视别人存在的人，你必须让他感觉到你的存在。他曾经让多少人强烈地感受着他的存在，因缘和合，他也就必须要应付别人，为了拓展生意。

河边上飘着点点莲花瓣，是阿莲洒到碗外飘落而去的吧。水上的色彩与气息，清清新新的，明明净净的。

张晋中再次在莲园住下来，已经到了暑季，天大热正是莲花开得盛时，他日日去看花开，特别是莲池里很美的青莲，他自以为还是上回看到的，其实已是另一朵。这一片莲池里的青莲是一个品种，自是同样的品相，但张晋中偏偏要在其中看出特别的意味来。

　　他的房间里依然有一盆碗莲，幽幽地开着粉红的小花，那也不是上次的碗莲，张晋中依然认为它一直等着他的回来。

　　他帮李寻常建立的网站，现在的点击量大了数倍，网上的销售量也已翻番。他又帮李寻常规划了套种，只需多招几个工人，将来莲藕、莲子还有观赏莲的发货量，都会有大的收入。看到李寻常兴奋的模样，张晋中想到，他或许也是金钱之魔的使者，诱着一个研究莲花变种的农民科学家，让他也钻进钱眼里去。如果他也成了唯钱而作的莲商，又会成如何的形象？

　　也许是在莲园，也许只是帮人出谋划策，张晋中对李寻常谈着生意经时，念头还是平缓的，寻寻常常。

　　夜色很好。张晋中下了楼，觉得气息凉爽，便反身回房间捧了那碗莲。想它不应受着水泥楼中的暑热，该让它接接地气。他把陶钵捧到莲池去，放在池水里。满池的莲，晚开午合型的花开了，小碗莲的色彩在其间被淹没了。张晋中以往不喜欢小花小草，要在平时，置身于莲池的这一盆莲，根本不会被他注意到。然而这几天，张晋中每天给放在窗台上的小碗莲换水，看多了它的微细自然情态，觉得它在这许多的花间，显得独特而精巧。

　　张晋中很少对花有这样的劳作。对美的喜欢才有关注，才愿意付出。而只有发现了，才有美。

小小的莲，托在碗里，莲瓣微微地开着一点，如小嘴般，却有韵致，如婴儿粉面。张晋中莫名地想着了多少年前看到的一个女孩，只有四五岁的样子吧，依偎母亲怀中，小小的脸，却是一副成熟小妇人的模样。

许多细微的感觉都到心头来。人生柔软的记忆连着的尽是细致的场景，细微的感觉，细腻的情调。

他仰起头来，城市边际的乡野夜空，稀薄的云空嵌着星与月。

远处城市一片橙紫色的光影。在城市很少会抬头去看星空。环境，是人的环境，社会的环境，根本应该是自然天地的环境，大气与水都是自然之物。

天与人这么近，看久了，星月都来怀中。

他快走向老年了，年岁在一天一天中流逝，流逝中不觉身体的变化。只有多少年不见的人，蓦然相见，便像一面镜子，显着自己的容颜沧桑来。然而，于这莲池间，看花开花落，几天就是一番变化。天地之间，有生死恒常，如月如星；有生死短暂，如花如草。花开一季短，人生一季长，他已入秋天。得亦如何，失亦如何。快要过去了，才显深切。

无论长短，风起风住，只有活下去一条路。生死其实简单，感叹也是虚饰。似乎是花的幻景中繁生出来的，衍生出来的，化生出来的。

碗莲的花开了，花开之时，一片洁白之色，清亮地绽开。一绽一开,便如舞姿,舞得有点妖娆,舞得有点邪气,只有小碗莲才有如此精怪似的妖娆吧。他迷惑似的看着它,满池的莲花都随着它的舞动而舞动,成为它领舞的背景。

所有的色彩都在洁白中炫舞。他知道那是他内心中幻觉出来的。但偏偏是那么的真实,变幻着无穷的色彩。只有这个时候,他真切感觉着幻觉色彩的美,美到极处,便生最大慈悲之像。纯白衬托之上,千万之色在炫舞,没有底处也没有顶处,只有空间,失去了时间。压力都消失了,烦恼都消失了,愁绪都消失了,痛苦都消失了。

他的心在动。他感觉身子也在动,如飘如舞。在扭曲,在游移,在跳动,在劈叉,在飞跃,在无穷尽地狂欢,摇摇曳如,飘飘逸如,他想到自己不可能有这样大幅度的舞姿,但他在感觉中不由自主地舞动着。那是他的意念在舞动,他的心在舞动。他放任自己这么舞着,下意识里有一股强大的放纵力,穿透一层层的拘束,他这样的年龄怎么能经得起如此的舞动,然而拘束的意念爆开了,化作他身边的点点烟花。他放任身心,人在惯性动作的时候,哪怕很无聊的事,也会继续进行下去。何况他舞得快乐,舞得轻松,舞中有着浓郁的香气,舞中有着谜般的滋味。那朵小花不是在他的眼里,而是在他心田之中,飘摇,展舞。他只是随着它,听由它的带动,听由它的变化,听由它向高处伸展。无数积淀的尘污都朝身下抖落,抖落的尘泥化脱开来,如一层层的花瓣在绽开,在摇晃,在抖动,如为星星化作,如为天女散落。

无数的花开花落之际,有乐声在低低地回旋。

何为真何为幻,这一瞬间,仿佛是不可疑惑的真,只有习惯的思维才认为是幻。真即幻,幻即真。

夜晚,李寻常歇工之时,会到张晋中房间里坐一坐,随便聊聊天。这天张晋中与李寻常说到了真幻之相,李寻常搔搔头说:"什么是真,什么是幻?有人以为莲花开是幻,莲花落才是真,依我看,花开花落,都是真。不过,我说的不算,我有个和尚师父,早年我走上社会时,想不开到庙里去想当和尚,住持师父只留了我一个月,他说我尘缘未了,应该在俗世中做点事情,他给了我一包莲子,是古时传下来的观赏莲花的种子,我将它们磨顶种活,才有后来的种莲生活。你有这方面的疑问,我带你去见住持师父吧。"

"不去不去,我才不信和尚说的迷信的一套。"张晋中摇着头说。

"蝴蝶"台风来时,这天黎明前,暴雨倾盆而下,挟着狂风,闪着雷电。张晋中醒了,在床上感觉到有雨星飘在脸上,便起身去关窗,窗台与窗下一片地,已积一片水。突然眼前一亮,满世界都是惨白色,张晋中没有感觉紧跟来的炸雷,竟然看到莲池里的那朵青莲绽开着。他从楼上冲下来,撑着一把伞,赶到莲池的青莲处。眼下这朵青莲,三天已经开了三次。每朵莲花开时只有四天寿命,所谓四开三合,这应该是青莲开的最后一天,绽开来也就闭合不了了,一直到花瓣脱落，花蕾成蓬。张晋中看它完全绽开了，开得饱满，花朵在风雨中摇晃着，跃动着。

闪电白灿灿地亮着，一瞬间似乎定了格，莲池里的花都蜷向一边，像要脱节而去。张晋中手里的伞，也向上飘晃，像是要引着他升上雨空。伞骨一下子被风拉翻，伞篷朝上。他没有注意到反过来的伞篷，他的眼里只有它向上飘升的形象。风很大，雨点乱飞着，飘着，卷着，旋着，翻转的伞篷像是冲天之冠，任雨打在他的头上、脸上、身上。突然又一声雷炸裂在他的耳根，一直裂到他脚下的土地。

他蹲下来，把伞篷折转过来，他把伞压在了自己的肩上，盖在眼前的青莲上方，如同护花使者。花在风雨中飘摇，有一片花瓣抖散着像要脱秆而去。他身子前倾，尽量把花盖全了。他也弄不清楚这花与他到底有什么关系。人世间许多的关联仿佛很深，但又不能细想。

他一直在那里蹲着，雨从伞篷滴落下来，从他的背上流下去，从他的裤腿上淌下去。他只是任由雨水淌着。

又是一道闪光，整个世界刹那间化成一片白，完全的白与完全的黑一样，什么也看不见。炸响的雷声他久久没有听到，眼前却显出无数跳跃着的红色，大红、深红、褐红，如奔马似的跃动着。

来了，来了，又来了。一念之中，仿佛听到奔腾的马蹄声，无数的马像被巨大的力量驱赶着，从天际处奔来。无数的马蹄敲着坚硬的大地，发着呼啸般的悲壮之声，脚下的土地随之摇晃着。红色越来越显透亮，而蹄声越来越显刚性。张晋中浑身都在呼应着，如在浮动的大地上颤舞。形如饱满的红色涌动，神如敲击的蹄声激荡。

马从地之尽处奔来，一直奔来，眼见近了，还在无尽地向前，细看那匹马，鬃毛飞扬如红云，遍体斑点，越发地血红，昂头嘶叫着。再看去，无数的马匹红鬃如云，遍体血斑，昂头嘶叫着，踩着同样的节奏，向他扑面而来。倏尔，从他身下升起一道白光，恍若便是那朵青莲，升到空中，浮现出一个形象，飘兮忽兮，那是青青。青青伸手把他带至空中，青青依然是他童年时所见模样，空中飞行依然是童年感觉，天是湛蓝，地是清香，无一点污色之处，所见所闻，所存所在，所意所识，所有的一切，都化作了清清淡淡，明明净净。

去了，去了，都去了。莲园里的光色清亮起来，眼前依然是那朵青莲，背景的莲池、荷叶、绿树、青草，都明明白白，他长吁了一口气。

风小了，花停止了飞升之势，花瓣却显着一种微波似的颤动。那颤动应着纷飞的雨点。他的感觉随之颤动。

从小城的陶厂到梁同德的陶坊，张晋中的念头开始来得急，慢慢他对念头的急速有所适应，适应就显得不是那么快了。其实在脑中的念头，快与慢都只是一种感觉，并无时间上的把握。时间也只是一种感觉，大家共通的感觉就成了一种刻度，快一点慢一点，秒与分，也是遵从了众人的共通感觉。同样，这个世界这个社会，所有的是非标准与道德判断，也只是大家的共通，共通点让社会基础稳定。人的正常生活也就是对共通的理解和接受。比如在六七十年代，除婚姻之外的男女交往，会触及共通的判词：流氓。而今这个时代，另一种共通便是：只要两厢情愿，男女交往随便多少都正常。这合乎商品社会的需要，特别是有钱人的需要，隐形的有权人的需要，钱多的人，以钱予取，权大的人，以权予取。其实并非真正的两厢情愿，但也是在共通的感觉中，共通的接受中。以前共通不接受的，现在共通接受了。标准相反。似乎人类的共通，换一个时空便不一定共通了。西方，中东，东方，各有各的共通。

张晋中一旦独自坐久了，就会有许多念头冒出来，他忍受着。

有时念头正冒着，突然触及了一个外物，念头便化成了场景。仿佛脑中有了一个视频，突然打开来，看到心内的真切情景，似乎还是彩色的。他先是害怕，慢慢地显得不怎么怕了。经过了医院生死一刻魂浮识动，他接受了这种变化。他清楚这变化是与人不共通的。他怕去看医生，怕把他拖进精神病院去。且那些视频并不恐怖，还有着让人想要看下去的欲望。他坐在那里，静候视频打开，出现奇幻情景。他自知不可救药，他静静等待着，如求神示。过去，念头是他可以控制的，而今有太多不可控制的。控制，是几十年岁月培养的习惯,合乎着共通。

他来到了莲园,简单地对着花,他感觉正常了,以为是上天给了他一个可以躲避之地。不知道会不会一直正常下去,然而幻象还是跟着他,偶尔出现,真切动魄。病态什么时候会结束?还是会发展?念头从慢到快,再到宛如视频打开,幻象从散乱到连续,且色彩丰富,那么,还会转化成什么样的情景呢?

他与李寻常一起去庙里,他想见一见老和尚了。

从莲园后面上山,走七八里地,山路环曲,满目苍翠,忍不住走一段,回头看一眼,无论上下,所见天之色,都是浮动的云气,所见山之色,都是苍郁的树草。一段山荫小道,微风清凉。前面道边一个小潭,潭水染了树草之影的葱翠。张晋中没想到这里曲径通幽,不由赞了一句:"好地方。"

李寻常说:"天下名山僧居多。"

张晋中习惯了李寻常的文句,微微一笑。

从幽处转出,那边是一条大道。行人多起来,有城市来游览的年轻男女,有提着篮的老人,也有远途来的香客。

李寻常说:"宝成寺香火旺得很,是老和尚的名气所致。都说老和尚是神仙,山不在高,有仙则灵。"

张晋中说:"神仙说法与道教有关系,不是佛家的说法。"

江南山多不高，山腰有一片宽场，有几家小店铺，两边是地摊，摆着的都是常见的竹器等旅游产品。

这就看到了一座庙，不大，里面供着一尊塑像。李寻常说这里供的是最早修庙礼佛的一个大施主，这位施主后来就成了仙。张晋中进庙看塑像，见那塑像塑得奇，光头却穿着古代俗家套装，模样与神情有点像精于算计的商人，半闭着眼，手上抱着一枝莲花。张晋中看入神了。

两个和尚在聊天，谈到开心处，都在笑着。从张晋中后面来了一个模样虔诚的年轻男人，看上去不是本地人，一进来就去桌上拿了三根香，点着了，插上了香案，回身在拜毡上倒头就拜。一个和尚走过来，教他把双手手心朝上，这样叩拜者手心脚心与背心都朝上，称为五心朝上，才是真正的礼佛仪式。坐桌边的那个和尚敲了一下旁边的钟，钟声在庙堂里回响着。

和尚问："你求的是什么？"

男子说："求财。"

张晋中觉得这个面清目秀的年轻人真俗，倒也俗得可爱。原以为他是一心向佛的信徒。

和尚说："求财求不得的，哪能与菩萨谈生意的。你还是求平安吧。"

和尚带着训斥的口气。年轻男子被斥，神情有点茫然："我捐点钱吧。拿出二十元来。"

面前的和尚说："这里捐钱起码五十。"

桌边另一个和尚拿起笔来,在捐款簿写上了五十元。男子在口袋里摸索了一会儿,掏出了五十元钱。

男子出去了。张晋中和李寻常也出门来。外面的人更多了,三三两两都往庙那边走。

路边有摊贩在招徕生意:"这里的香便宜。到庙里面贵一倍还不止呢。"

有人便买了,也有人说庙里的香要灵验些。卖香的人就冷笑一声:"灵什么?还不是一个厂里出来的?就不信进到里面就灵了。"

那个人说:"庙里不灵我去烧什么香?"

卖香的人说:"灵不灵在于心诚不诚,买再贵的香有什么用?"

两人说着争着。

张晋中转身便说:"走吧。"

李寻常拉他说:"庙在那边呢。"

张晋中说:"我不想去了。"不由分说地只顾回头走。

李寻常跟上来说:"怎么了?"

张晋中说:"有兴而来,兴尽而回。又何必拘于一定呢。"

"大和尚等你去呢。我昨天与他说定的。"

"见与不见又如何呢?"

李寻常见着了张晋中的固执,他突然不去了,又拉他不得,也只能顺着他,老和尚那里少不了要找个话解释一番。

口中念道:"有兴而来,兴尽而回。"

　　从寺庙前回来,张晋中有点绝望,对念头的问题不抱期望,只能由着它了。张晋中曾看过不少杂书,越奇特的书越有兴趣。也许是早年看《聊斋志异》形成的习惯。他看电子科学的书,那是他大学所学的专业,电子科学近年发展很快,连着的人工智能与量子力学。他也看过医学书,看有关精神类的书,看弗洛伊德的书。臆想属精神病理,是人潜意识、无意识的表现。没有幻象的时候,一切正常,但幻象来时,并无不快的感觉,甚至让他有点迷恋。他依然想平息这非正常的感觉。他也看过有关宗教的书,宗教的修炼能让人静心,但他毕竟接受了多少年对迷信的批判,本来就怀疑这几十年世俗性特强的社会,寺庙能完全摆脱影响吗?古代也许有靠信仰生存的,可古代的教派到底是什么样子的?是怎么样的一个组织?那时的寺庙有没有乌七八糟的事发生呢?那时没有电子信息的传播,但书中有所记载,《火烧红莲寺》里就有描写。凡存在都有两重性。他本是一个俗人,才会有这么多的怀疑吧。

　　既然疑,也就无法信。他在庙前看到的正印证着他的疑,就是进了寺庙,他也难以真正信的。那么对他的息心宁神又有什么益处呢?

　　这个社会变化太快,种种情景真实生成在他的感觉中,形成了他累累念头。存在就是被感知。如果说电子游戏也是世界的一种属性，一个软件，就能把游戏中的芸芸众生表现得那么逼真。那么现实世界通过量子的变化，可谓无所不能。也有科学家认为，大千世界只是一种投影，亦属幻境。外在的社会是一种稳定的幻境，而他内在的声像是失控的幻境，一切只如镜中之相，又有多大区别，又何须太在意？

第七章 镜 火

张晋中打开门,木栅栏围着的小院子里,几朵不知名的花开得特别好,是因为昨夜的那一场细雨吗?他喜欢水,但他感觉身体内有火,冲激着浑身的细胞都活跃起来。这是年轻的感觉,他三十岁,正意气风发。

隔壁院落里,小竹椅上坐着的那位大爷朝他看一眼。大爷独自摆着象棋,像是在研究着一个残局。院门外一个小女孩正抬着头,顺着她的眼光看去,是木栅栏上站着一只小黄雀。小黄雀东张西望的,嘴里发着啾啾声。小女孩蹑手蹑脚地靠近时,那小黄雀扑簌一声,便飞到空中去了。

张晋中走出院门,下几节台阶,是江边道,一条穿城之江就在他的前面。张晋中生活在这中等城市,已经有几年了。相对他出生的故城来说,这是一座小城。眼前的江中正行着一条白帆船,船借着帆,帆借着风,行得很快。

平时,张晋中出门,周围的情景看在眼中,却入不了心。现在,他的感觉仿佛都张开了。是不是因为身后的屋里多了一条生命?

那是一条小狗。小狗机灵得很,看它伏在他给它布置的窝里睡觉，只要他坐下的椅子动一下，它就一骨碌跑到门边等着，等他带它出门去玩。而只要门铃声一响，它就会警觉地叫上两声，一旦见着了人，它便围着来人的脚转上好几圈，摇着尾巴，亲热得很。

几天前，那所房子里还只有他独自一人。妻子去了国外，他很快与她离了，他不喜欢拖拖拉拉的，他还年轻，也不喜欢虚假过日子。社会上特别在大城市里，有不少对夫妻各行各的，互不影响。并非他还有着传统的夫妻观，他要让自己没有负担。割断数年中的恩爱，走就走了，离就离了，断就断了，夫妻间男女接触与贴近的感觉，一下子都解脱掉，他舍得。其实不舍得又如何？她去了遥远的地方，她的气息都随她而去，他嗅不到，感觉不到，连着就成了一种遗思的负担。

他可以随心所欲地接触新的女性，想要有无拘无束的接近，想要从另一个人那里得到贴近的感觉，他试过了，还是找不到与妻子当初的感觉，其实他与妻子也没有得到完全贴近的感觉，说不清的间隔总也存在。他一次次地去感受，一次次地去品尝，但总有一些话没有说出来，总有一种心里的感觉没有达到。试过了多次以后，也就慢了下来。

他与小狗对视的时候，感觉只有它与自己有着最纯粹的交流，没有其他念头掺杂其中。它单纯地亲近他，单纯地看着他，单纯地对他轻摇尾巴。他也是，注视它，抚摸它，搂抱它，是单纯的喜爱，没有其他人和物可以如此。它对他是真正的近，而其他的人与事都是隔着距离的。

这感受也许是以后记忆中才有的念头。当时人生三十的他，能否意识到这样的感受？

他与那条狗对视着，存在这样的记忆是不会错的。对视了有多少秒钟？它的眼眸乌黑的，滚圆的，亮亮的，一点都不躲闪，含着一种勃勃生气，含着对主人的真诚善意。

它还不是属于他的，它是她的，那个女孩的。女孩是这个地方的说法，这里的人称未婚的女性叫女孩。其实他也不知道真正的她是不是已婚。但他感觉她应是女孩，文学语言称姑娘。她出现时，旁边没有男孩。男孩是指没有专属女性的男人。

这只萨摩耶，除了黑眼黑鼻黑嘴唇，浑身上下都是雪白的毛，取名为雪球。那毛在黑暗中会有点泛着白亮，像涂上一层莹莹的白光。它有时会跑到他的面前来，像是看穿了他的下一步动作，有时像是毫不知情地看着他。她对他说，它是在琢磨，人究竟是怎么样的动物。而他对她说，他怕它想出什么捣蛋念头，是撕物，还是拆家。他的话是双关的，他怕的是她，有时感觉它与她是合为一体的。

封丽君是个让人迷惑的女孩。

他那时还是一个喜欢凡事琢磨、特别是琢磨迷惑之事的年轻人。他三十岁，已经历了许多的事。他出生于大城市，偏对大城市有排斥感，他喜欢安静，在安静中却总有爆发的念头。对人和事，常有梦幻般的联想。人是什么？不知道从哪里来到哪里去，是众多念头的组合。他有这一个突然浮起来的念头，正是想着了她，她仿佛就是众多念头组合起来的一个形象。

大城市的念头浮现出来，跟着便是另一个念头：他为什么排斥大城市。他高考选取了外地中等城市的大学，大学毕业后，他不想回大城市去，而是到了中等偏下一点的城市来，他对自己说，他是喜欢这座城市的古老与安静。其实，他年轻的内心是躁动不安的，他除了在单位上班，还与大学所在的城市做着一点生意。那是他在大学时便做着的生意，其中还有前妻留下的生意。他做的生意不大，与他的想象不合。他也明白，商业经营是大城市的标志，只有在大城市才能显现出力量来，他一直触及着那种力量，却又似乎害怕着那种力量。或许因为他在大城市的童年，多有痛苦，那里的人与景有着挤压他的感觉。也许需要再有十多年二十多年时间，等他历经了青年、中年岁月，历经了无数的事件与情感，他才能够正视那大城市的力量。任由那大城市的喧嚣，和那一串串纷杂的形象，在奔涌的念头中浮现。

在他感觉中，与小狗合为一体的这个让人迷惑的女孩，她赤着一双脚。其实她是穿着一双无跟的鞋。城市里开始流行女孩穿如拖鞋的无跟鞋上街。后来那双红色无跟鞋在跳舞中踢到了一边，被围来的观众踩在脚下了。她被人包围着，围的仿佛就是她的一双光脚。

在她旁边有没有一条小狗，他弄不清。在此以前，他根本对狗没有兴趣,这座城市也对狗没有兴趣。这座城市里的人,话题从不触及狗,也许有,便是如何烹调狗肉。

那一天,他从单位出来,情绪不好。单位并没有特别针对他的事,但他总觉得憋气,仿佛在他的头上,有着一张如雾似的网,一点点往下压着他的内在之火。一个小头儿便颐指气使的,一伙同事总窃窃私语着。那网看不见摸不着,但盖着他,遮着他,罩着他。他有点后悔上大学到了一座小城,也后悔毕业工作又找了一座小城,小城天生格局小,人的眼界也小。他到了小城,气度也小了。

他在下班回家的路上,看到了街头的表演。街头表演一般都是不上台面的小班子,三四个人组织起来,往往以情色来挑逗人。他不怎么喜欢看这样的表演,如果这还能算得上表演的话。但他却被她跳的舞蹈吸引了。

她跳着像是飞天的舞蹈。首先扑进眼帘来的,是她腿后抬时,那球状的脚后跟,圆润润的,乳嫩嫩的,它摇曳着,盘旋着,颤动着,滚动着。感觉她的身子站着没动,而那滚圆的颤动行去已在万里之外,径直旋转进了他的心底,落在那感觉之深处。四周呼啸着野地粗放的风,无尽的天地间,恍若只存一株萍花,在虚空中间旋转与浮动,白得那么孤洁。他仿佛置身于一处熟悉的境地,却不知什么时候到过的,所见陌生却又在意识深处有所印证。旋转的滚圆,灿花,如轮,如上浮的球,如下降的月。脚跟翻转过来的时候,脚踝两边是两个小型的嵌入式圆球,仿佛是后跟展出来的两个翅膀，依然是那般的滚圆，乳白中含着微微的红，越发显得润，显得嫩，显得层色浓浓。

有人叫好，那叫好的声音：哇，哎，呀，噢，一连串的，带着赞叹和呼喊，也夹有些许不怀好意的调笑。她进入兴奋状态，身态完全展开来，她脱了鞋，别人看到的是她脱飞了鞋，而他看到的却是脚从鞋中解脱出来，那双脚也是圆圆的，每一只脚趾都是圆圆的，白得清亮。那是他内心的感觉。别人也许看到的是情色，那也没有什么不对，确实是一种入骨的情色。他眼中的形象，是一串串滚圆洁白的色彩，在盘旋向上，在跳跃升空。

她的两条腿自空间拉直了，朝上伸成一条直线。张晋中看到盘旋着的滚圆的球，或聚或散，摇摇颤颤。

仿佛无尽的色彩滤掉了，只有他内心中窜着一团火，在火色的尖顶上是一团雪球。

多少年来，他从没进过剧院，那种艺术的高雅离他远远的。此刻他也并不知道他正欣赏着什么艺术，只有感觉中满满的情色风采。

然而这种艺术的幻象很快就被破灭了。人群外挤进来几个穿制服的，把女孩围上了。张晋中注意到那个走在前面的中年男人，伸着手，声音尖尖地发着指令。张晋中见过他，在不大的城市片区里，见一个常在街面上走的人，并非难得。张晋中是从他脸上一处浅浅的红痕认得他。他们是城管队，就听队员称他为俞队。城管队认定这里在进行色情表演。也许本来表演的那几个人是有色情成分,她表演的时候,他们还握着帽子向观者讨钱。见到城管的车到时,便有人早早地打个呼哨,那些收钱的人就跑了。而她正舞得尽兴,于是就被围了。

刚才舞蹈的女孩,头发还有点散乱,脸上有点汗津津的。张晋中这才注意到她有点狼狈,她赤着脚,开过来的城管车上,有一盆不知从哪里收缴的鱼盆,车停得急,鱼盆倾泼的水溅在地上成了污水,弄脏了那滚圆的脚。她一双脚站在地上,鞋不知被谁顺了去,点点的污黑,沾在那洁白之上。

张晋中不由自主地往女孩靠近一点,却被一个城管队员推了一把,他站稳了身子,内心里的火往上冲,便更跨前一步,他就站到那个俞队的面前了。

"她不就跳个舞嘛,何必如此?"

他与俞队对视了一下。如此情景,俞队想是经历多了,扫量张晋中一下,说:"看你也是一个机关中的人,应该有自觉维护城市秩序的意识。"

张晋中说:"秩序不能随便扼制人的自由。"

"你是在犯错误。"

"错误吗?不就是一个女孩跳了一段独自表演的舞。"

他对俞队大声争辩起来。后来,他都忘了他所辩护的是什么了,似乎反复说着的是自由。他本来就有的压抑之感爆发出来,像要一下子冲破那心中的雾网。

"城管队有什么权力干涉别人跳舞?!"

俞队掏出一个袖套来,那上面印着联合执法队的红字。看样子,从他的口袋里还能掏出证明他权力的东西来。

"你当然是执法者,也不能随便抓人,这应该是一个自由的社会。"

俞队挥挥手,张晋中此时看清了眼前的俞队,他脸上那一处浅浅的痕,远看是红,近看是浅浅的黑,初看有点苍老,看多了,便让人有点厌厌的。

本来只是想表不平的,慢慢地已经变成了意气相争。张晋中心中有火,对面的俞队,也升起了火。张晋中明显感觉,俞队的怒气并不在跳舞的姑娘身上,而完全针对了自己。公开场合中,替人出头的人往往承受最多,特别是有权力者,面子最重要,当街受到冲撞,自不会轻易罢休。因为有权力者,对治下只有不屑与冷酷,而对出头顶撞者,有的则是痛恨与愤怒。

后来,张晋中想走也走不了,说是警车马上就到。张晋中显着满不在乎地站住了,这才发现他身边是那个跳舞的女孩,她的头发散乱了一点,大概是刚才的表演尽兴所致,她的一只脚有点慌乱地压在另一只脚上。张晋中的心也是紊乱的,却在她的眼光中静下来。他这才发现自己刚才的话,很不合社会规范,本来他是不可能这么说话的,如此出头露面也是第一回。他看到她的眼低垂下去,仿佛是不堪重负。听她说,她与那些收钱的人不是一伙的。她的话城管队会不会相信？张晋中也有点狐疑。原来她街头表演只会被驱散，现在他的出头并没有帮到她，而他们都会被送进派出所。

他们站着的时候，天上飘下来丝丝细雨点。她仰起面，像是承受着雨气，她的眼中有一汪清光，仿佛还与刚才的表演接着气，盘旋滚动。

那天晚上，月光很好，有微微的风引动着水的流动声。张晋中找这一处房子住下，就因为这里是城市的傍江之地。虽然有时会感觉房子里有湿气，有时会感觉被子上一层潮气，但他还是喜欢这里。他童年时看得最早的便是《聊斋志异》，他内有一种与古人相通的文人气。那是一种与现时社会不同的味道，让他总也跟不上时代的变化。

这时候有人敲门，开了门，便见着白天在街边跳舞姑娘的一张脸。他不知道她如何找到了他的住所。

白天被警车带进派出所，担着的是妨碍执法的罪名。所里有人问了情况，让他写了经过，又让他在格子间里等了一段时间，后来训了他几句，就让他出来了。没再见姑娘，也没再见那个俞队。人出了派出所，张晋中还是感觉那里面的气息附着他的身子，像是给他涂了一层犯罪的色彩，虽不明显，却是一层抹不去、丢不开的色彩。只要随警车进了那个门，在人们的眼神中，他与周围便有着了无形的隔隙。

他对她的来访并不热情。自妻子离婚远去后，他的屋子里来过姑娘，但没有到过不请自来的姑娘。她是来感谢他的？为此她到处寻了来？他想到他并没有给她什么帮助。他还多少有点后悔，不该为她说什么，她的舞蹈正有着世纪末的疯狂。而俞队有着的就是发威的权力，而用权是这个社会中正常的表现。他自找麻烦。他一直认为自己经历不少，是个智士，这次所做像个不开眼的愤青，做得一点没有意义。

她说："我找你有点事。"

她像与一个熟人说话。半开门时，先露出的是她的头脸，她的身子还隐在了门后面，接着便是她带有请求的声音。

他有点不高兴，先是觉得她过于自然熟，他与她并不熟。接着心里想：难道她以为他是一个专门帮人烦事情的？然而，没等他说话，门边便出现了那条萨摩耶狗。

有许多的感觉是毫无来由的，做出的决定也是毫无来由，回头来看，仿佛这便是缘。与这条狗相处，结果是他喜欢它，觉得人生没有它，是少了一段情感，少了一段经历，少了与一个生命相对的感觉。

这是一条她偶遇的狗。黑夜里，它在草丛中闪着白影，无拘无束地咬着草叶。它用眼看她，只一眼就让她觉得对它有着责任。她不知这是谁家丢失的狗，或者是从天上落下来的。她说这话的时候，张晋中发现她说话有点怪异，好在这样的话语并不多，只是她的一种说话的习惯。

"知道你是好人，请你养一下这条失主的狗。"

张晋中一瞬间的意识便是：拒绝。还没待他开口，那条狗却像认定他为主人，在他面前睁着一双乌黑的眼睛，并抬起一双前腿爬到他的身上来，个头正好抵到他的两腿前，鼻子就靠到他的小弟弟上，还一边亲昵地揉搓着，一边嗅着。

她笑着说："它是雌的。"

他转过身子，想叫她把狗牵开，又不甘心让她感觉他是怕狗。他并无对动物的慈悲感，但他从书中看到的，还有对西方世界了解到的，是人们对狗有着友好的历史。他一时不知如何应答。他有点恼怒，自找了个麻烦，还带来另一个麻烦，硬要堆到他身上来。他的情绪还在积累中。被称为老好人的好脾气，往往是负面情绪一般不会发作，积累到后来便会有大爆发。

"只是暂时养一养吧。求你了。"

她说得可怜巴巴的，还合着双掌。像对那狗有着无限的爱，让人感觉她为了它什么都愿意做的。而在他酝酿婉言推辞时，她却一下子转过身去，走了，走进了门外的黑暗中，一下子消失了。留下的那条狗，此时静下来，坐在他面前的地板上，一脸无辜地看着他，两只晶黑晶黑的眼眸闪亮着。

她走了，他都想不起她的模样，却又总是在小狗的动态中，感觉着她的做派，仿佛小狗便是她留在他身边的形体。有时，小狗想得到什么，还会抬起两个爪子来，像是她合掌求人的形象。

他静下心来想着她的时候，小狗趴伏在他的脚边，望着他。仿佛是依着了他，赖着了他，认定了他是它的主人。他起身去，它便站起来，一步不落地跟着他。他只有坐下来，凝视着它，不免一串念头浮起：它就这么跟着了他。他并没有想要它。是她带来的。为什么要听她的。由着她给他带来的它。它肯定要吃的。它会要住的。它躺在地板上，会不会受凉。她什么也没有关照，什么也没说，就丢下了它，丢下一个生命……

想到生命，张晋中越发觉得自己的担子重了。此时它爬起来，爪子挠挠他的手臂，接着爬到他膝上来，整个身子伏在了他的身上。

她又凭什么让他来承受这个负担？他与她并不相熟。他实在是多事。他并不是个多事的人，有时候还特别烦厌麻烦。因为喜欢宁静，喜欢安分，才会在这样的城市工作，在这样的地区生活。可今天一遇上她，便落下两件事来，一件事让他进了派出所，一件事让他可能有了长期的负担。

毕竟他还年轻，还有着一颗躁动的心。

他想着了要为它准备吃的，但他根本不知道它要吃什么。他还需要一根狗绳，他发现它身上裹着一根烂项圈和半截绳子。一定是它在外已经好长时间，项圈和狗绳朽了。靠近的时候，能嗅到一点狗臊与杂物的气息。天冷还算好，它毛长不怕冷，要在大热天里，它如何过得去，身子肯定是臭了。他是不是该给它洗个澡，仲春天还冷，洗了澡后，它的毛怎么干？是不是该用个电吹风帮它吹干。好在看上去，它依然有着还算干净的身子，虽然有些地方的毛发黄了。它伏在地板上的时候,扭转头用嘴去舔自己的毛,它会自己打理自己,这一点与独立生活的他相近。一切皆有缘法,无法把它赶出屋子去,他只能接受。

好吧,就把它安顿下来吧。既来之,则安之。他做了第一个亲近的动作,抓住了它前脚的爪子,把它抬起来。它用后爪站着,跳舞般地移动着身子。

有一层感觉浮上来,她的影子在跳动,又像她在朝他合掌似的。

接近两千年的世纪末,张晋中有时仿佛看到自己的身体里透着火光。一方面他觉得是得了世纪末的病,呼应着外在狂热的情感。另一方面,他觉得增添了力量。三十而立,他已经立着了,立久了又有些摇晃。一切都显得奇怪与突兀。互联网的运用,多少到底是不是异性的异性进入了交流圈,迅速热切的话语,便如那天她飞天的舞蹈,有着疯狂的影色。

从二十到三十,重要的年轻十年中,他觉得自己变得苍老了。他成了婚,接着又离婚了,不能说他草率,说爱吧,似乎远着,说不喜欢吧,也不存在。仿佛是一个梦,他更有梦感,妻子之所以成为妻子,像是糊里糊涂走进他的生活,又糊里糊涂牵他走出封闭小圈子,他曾迫不及待要与她结合,他期望能通过合成一体来融出人生新天地,他抱得那么紧,以致她总想挣脱。她站开来,看着他,眼光有点冷清,让他心中有撕裂的痛感。这生活的一重重，仿佛压得早了。他们各有生活的习惯，无法因合体所融合。而婚后，他发现他在大学中独立生活时，所能做的生意，所能拓展的事业，许多都是她的力量在起作用。毕业时他离开了大学所在的城市，对那个城市，他并没有多少留恋，但与结婚一样，也是匆忙做的决定，决定时似乎非得如此。后来回想时，也只是不成熟的延续，而一步步把生活撕裂，后果也是无可挽回。虽然说起来他们是好合好散，但妻子，现在要称作"前妻"的她，也许对他恨在心里，离了后，再没有给过他一点信息。

她去了哪儿？听说她是出国去了？她换一个国度，满目新的色彩与满耳新的声音，也许旧的一切就都丢弃了。他换的城市不远，似乎还是旧的样子，还是那般有着压在心头的力量。他无法做到掸掸身子，一切旧尘也就没有了。到他再回视时，发现那种力量都堆积在了心里，在念头中有了分量。

共同生活的日子里，多是埋怨。年轻身体上需要的满足，所带的快乐，却也有着难叙的不协调，明明就在眼前，却也有无可奈何，却也含着求不得苦。

有时望着天空，童年阁楼上恍若飞翔的感觉，时间久了，会觉得曾经在念头里的事，仿佛是真实的了。这也妨碍夫妻合体时的感觉。究竟还能不能有飞的感觉？他是学电子学的，清楚电视的显影，眼前电脑的应用，早一代的人根本无法感受。到下一世纪，还会有多大的变化？还有多少不可能的变成了可能？

他在街头与执法队冲突被关进派出所的事，在单位里传开来，他不去解释。他单位的性质是事业编制，干的似乎是不为外人所道的工作，名称为八四七防治队，应该多是有文化的人，却似乎比社会还婆婆妈妈。而队长，一个芝麻小官，却把规章弄得像网一样，罩着大家透不过气来。

只有对着雪球的时候，他才注意力集中。它咧嘴笑嘻嘻的模样，让他想到与人交往还不如与狗交往来得安静，有生之气。

晚春，江岸边的芦苇尖尖的叶，从嫩绿到青绿，风起处，绿波共水色微漾。那天，她突然敲了他的门，进来便说，她快饿死了。她穿着一件紫色的旧衣服，薄薄地裹在身上，让人感觉有点凉意。她拿着他自做的煎饼包酸菜卷，狼吞虎咽的。他会做煎饼包酸菜卷也是妻子的指点，原来总是妻子在做，妻子不在了，而他却延续了做煎饼的习惯。人离了，习惯却长久地留着了。

她大口大口吃东西，旁无顾及。是不是四处流浪表演形成的习惯？张晋中想到自己也是个流浪者，当然还不像她居无定所。把整个煎饼都吞咽下肚后，她这才注意到小狗。雪球见她，不像路上遇到人会迎着，一旦有人停下讲话，会扑上去亲热。它似乎不认识她了，但见她在招呼，它跑过来，低着头在她面前转了一圈，在她前面趴下来，斜着眼看她。

她说:"这就是我牵来的狗吧,一下子长这么多?它还会长。会掉毛,掉得你一屋子的毛。"

她说话习惯乱七八糟的。

她说:"我在网上发了一个启事,问谁丢了狗,早先没人应。眼下养狗热了,一下子好多人来领,听说一条狗要好多钱。"

张晋中想到她是来要狗的。早先他一直想着什么时候她来领狗去。但这段时间下来,他与雪球有了感情,一下子要是没有了狗,他会想它。他也没想到自己会舍不得一条狗。

明明她说它是她捡来的,可他却感觉她就是它的主人,它像她,甚至她与它是一体的,他也不知道自己如何会有这样的感觉。她把它说成一条无主的狗,说得那么破绽重重。

他就问她:"你要多少钱吧?"

她看了他一会儿,说:"没想到你会是个爱狗的人。看来我的判断没有错,你内心中有一种与动物共同的本性。"

听她的意思,仿佛说他有动物性。他也能理解,并没觉得冒犯,人本来是一种高等动物嘛。他对她的说话渐渐摸着了一些规律,所以笑看着她。

"你的笑里面有一种邪恶的东西。"她仿佛又说到了动物性。

"我叫封丽君。我知道你的名字,你也没问过我的名字,想来就是把我当陌生人,一直当陌生人的那种。"

她很快说到她并非是表演队的人,那次表演是她临时起意，觉得好玩。大家都求好玩嘛。她进了派出所就申明了。那个俞队说她不该当街表演，街是人民的街，不是个人自由的地方。自由，你才会说那个词。

她说，听到他说到这个词时，她就觉得要坏了。自由有一层光晕，不是随便说的。她只是好玩，想着了玩。自由只是关起门在家里说，在外面说，让人觉得层次高分量重。往往层次高分量重的，倒起霉来也不得了。

他觉得有点莫名其妙。她对自由这个词的理解，也是乱七八糟。不过他有时也会有这种感觉，细想想，自由这个词在那个场合说确实不适宜，说得好像不自由似的，让人觉得别扭。他本无什么不自由。他要什么自由？他有工作的自由，也有不工作的自由。他有买什么的自由，也有不买什么的自由。他有请人吃东西的自由，也有不请人吃东西的自由。而凡事本来就是相对的，自由也一样，他没有杀人放火的自由。那么，他是自由的吗？他又觉得他自由了吗？他也不知道自由在哪里。应该在哪里。

"我是最自由的。"她说，"在这个世界上，跑来跑去，跳来跳去，什么地方都去。我知道你从大城市来，我才对你说。你出生的那个城市，我嗅得到城中河的水臭。和你一样，我喜欢个大的城市，这里有清静。不过这里的俞队，大城市里少有，那里更多地讲规矩。只有不开明的地方，才有要压在人头上的威风，必须我让你有才有，我让你能才能。"

张晋中听她说话，越有疑问，却越不想问。她应该是到过许多的地方,她是从哪里来的?她怎么知道自己的来路?而此时,他听她说到城市间的相比,也是比得一塌糊涂,七里八怪。

开始,他对她有点不喜欢。他确实不喜欢这样的女人,要在原来的学校或者在现时的单位,他不会接近她,会觉得这样的女人是个三八,是个人来疯的女人,缺少了女人味的矜持。只是离了婚后,他与女性独处一室的时间总是嫌少。她是个女孩,一个自由自在的女性,她身上充满着自由的气息,让他作为男人的感觉得到慰藉。他用不着拒绝她的到来,且她还是善言的,替他排去了一些寂寞,度过那无可奈何的春光时分。

他想到他是孤寂的日子长了,也就不在意对方是怎样的女性了。她靠近他的时候,他的内里还会生出些想要亲近的渴望。她说话时,会毫不在意地用手来推推他。她的手生得团团的,近里看却显细长,色泽白净,让他心生快感。

她来了,他什么也不做,只是看着她说话。

雪球仿佛原来怕她带走它,离她远远的。后来好像听懂了他们的话,不会将它给人,她叫它,它就过来了。她和它很快就混在了一起,她举左手,它便举右前爪,她换了右手,它也就举左前爪,她把手伸过去,它也伸过爪来。

像是她在照镜子,而镜子里的是一只狗。

多少年以后回看,她是奇怪的神秘的。当时认为她就是一个街上认识的流浪女,是世纪末飘来的怪物。让他觉得社会是发展了,这个中小城市也有了变化,这让他有遗憾,也有兴奋。

那时他的心躁动不安。他怀疑是把她在记忆中神秘化了。她有着巫女的色彩,仿佛是远古穿越而来。

或者在想象中,她穿着一条斜边的裙子光着脚。一直是赤着脚的模样。

那些天,她常来,总是在晚上出现。她的话题围绕着他,像是给他算命,也不叫算命。他不可能相信她,报什么生辰八字之类的让她算。她也不需要他任何提示,也不需要他说什么话。她也不靠任何数字和工具。她只是眼盯着他,一时眼光如清澈凉冽的水,直透他的皮肤,透到他的肌体里,恍若他的内里有什么画面在她眼前展开。她便说着他的过去,说着他的性格,说着他的遭遇,说不准她是在估计,是在判断,抑或是在做预言。她的话绕来绕去的,简化了看,是有说准了的。她那语调又像是某个电影里看到过的吉卜赛女郎。

她那像是自成一体的封氏理论,说到底还是那种旧时代的陈词俗辞,集合了世纪末众多颓伤的预测,又掺着了一点所谓科学的调调。那段时间,街头摊子上,互联网的网页中,正有着肆无忌惮的表现。

张晋中听得多的是权啊钱啊还有女人啊。是不是她的脑子里有着的就是这个。他并不信,但由着她说。她说得那么理直气壮。

她说到他的童年根本没有享受,痛苦不少。说着的时候,仿佛想要抬起手来抚抚他。张晋中木木然然的心中有所触动,不由不信她一分半分的。

她说一个人活着,享受多少自有前定。把享受划作一百分的话,其中女人占着不小的分数。当然人有福厚福薄,每个人盛享受物的体积不一样,就像狗的块头大,猫的块头小。但他们都有一百分的享受。前面的享受太多了,后来的享受就少了。所以,有的人享受在前面,有的人享受在后面。享受在后面的,小的时候都是苦。享受在前面的,晚年都是难。相比起来,还是后面享受的好,先苦后甜。有的人苦吃多了,越发觉得甜,甜上加甜。从小就在甜里泡,人也不上进了,到后来所托靠的消失了,没有了,也就只有了苦,苦上加苦。

"无伤不奇,有病为贵。"她嘴里喃喃地说着。她还是会说到钱,钱是福所托。街头女大概都是用钱来衡量贵贱的。有的人少时苦没有享受到分,晚年的时候,权有了,钱有了,享受的分花不了,自然享受女人。女人的享受比钱还重,有的人钱多了,都存了银行,还享受不到。只有女人是实实在在地享受。享受的女人也有分少的分多的,享受一个漂亮女人,享受一个好女人肯定要花不少分的。特别是老婆,因为老婆日日生活在身边,享受时时获得,享受一辈子。一个真正的好老婆就高占五十分。

她说:"你是有女人缘的。享受女人这方面,你是福厚的大块头。后来会享受越来越多。我就看到你这一点。"

他说:"你看上的是这一点?"

她狠狠地瞪他一眼,只顾自己说下去:"你享受女人的福厚,身上就会有那种吸引女人的气息出来。那是你身体里享受的分数在起作用。你有多少享受指标,你就会散发出多少这样的气息出来,热腾腾的呢。"

他还是第一次听到这样的算命词汇。本来同一套迷信的东西,也会有不同的说道。而由她来解释,用她的语言表述,更带着特有的神秘,更具独特性。

比如说皇帝吧,出生就是皇子,住宫殿大厦,花园亭阁,从小就享受,女人有三宫六院,七十二妃。对他来说,他的福底子厚。穷人盛享受的是一个瓦罐,他盛享受的是一个大瓷缸。但他的享受也只有一百分。女人对他来说享受的分数就小了,因为他不可能太多享受女人,女人随他要随他挑,没有追求,也就没有享受。所以皇帝没爱情,倘要是过于享受女人了,也就败了国家,败了他的后半生。皇帝过宠了哪个女人,像杨贵妃啊,妲己什么的,到后来把江山都丢了。就是享受过头了,享受的一百分用完了。

享受不能过,要节省着用。她说到了他:"你是好享受,将来会有钱,但不可能钱太多,要是图钱多,便会有倒霉事。因为你享受最厚的是女人缘。"

"我是有过老婆,但现在却是一个人,冷冷清清的。"张晋中笑着插话。

"你真的已有老婆？"她嘴里喷喷着，不知是不是她没算到。抑或是老婆是一个异数。她说到老婆时语调总带羡慕。也许在她的深层意识中，她一生闯荡社会，做老婆是她可望不可即的？

"离了。"他说。

她朝他望了一会儿。后来说："一个老婆要费掉好多享受的，你有老婆的时间不长，所以还有大把享受女人的分数。"她的口气中似乎带着安慰。

"我看你还年轻嘛，还幼小嘛。你竟然有过老婆了……"

她也承认了她有看不出来的。但她还是继续说下去，依然说得理直气壮。

后来，她与他接触就不带矜持。也许是因为他有过老婆了。在她的语境中，享受老婆的分是高厚的，相比之下，享受一般女人的分就不算什么了。

她有许多不同常态的话语。

也许是荒诞的，也许有着至理。

女人不矜持，便是心许了，男女的结合也就自然了，许给了男人使用享受的分。

与她交合，张晋中有如同听她说话的感觉，俗到极处的痛快。奇怪的是她不让他亲吻，就是他使劲将嘴压到了她嘴上，她的嘴始终也不张开一丝一毫。偏偏她的下面由着他自由放肆，所触之处，柔软。所纵之处，温润。柔软之至。温润之至。她腿高举，脚悬在空中，串串滚圆在旋动，在跳跃。他很想细细抚摸一下。他转头看脚的时候，她便有点警觉，他伸手过去，还没触及，她却像怕痒似的，脚飞快地缩了回去。他回手改成抚摸脸，她懒洋洋地惬意地睁眼看着他。她的眼眸黑亮亮的，就像他吃饭时，蹲坐在他前面睁眼微笑地看着他的雪球。于是他给她总结为：下面可以进，上面不可以进；上面可以摸，下面不可以摸。

事毕，他问她："如此享受，我花去了几分？"

"就那一刻，你心里还是端着，还是杂着，还是放不开，你还不会使用享受。"

"你教我啊。"

"各有各的缘法，无法教的。我教你，那一刻把心放空了。你也做不到。"

"就在那一刻，你还立了禁区，你叫我如何心放空。"

"没有了禁区，你就能心放空了？你要是心放空了，哪管何处来，何处去。禁区也就不在了。"

"你到底从哪里来？"

"迈茵德星球。"

他身心轻快，顺着胡扯开去．"迈茵德星球在哪里？"

"在太阳系外，在银河系外……一直远到你内心深处。"

扯够了，她起身来，也不穿衣服，光着身子往卫生间去。她光身凸胸凸臀的样子让他的心有一点刺痛感。他就跟着她去。卫生间在向上几节楼梯的阁楼上。这阁楼改造成的卫生间，很有特点，是当初张晋中定此房子居住的重要原因。

她站在镜子前，看着镜子里的形象说："这就是你看到的我的模样？"

她的声音里似乎有点失望怅然。她光身的模样有着别致的让人动心的味道。张晋中过去接触的女人，妻子与其他情人都不差。但她还是有她独特的、与众不同的味道，他也说不清那种味道从哪里来。他并不觉得她怎么漂亮，日后，他想起来的时候，对她那凸胸凸臀的模样，和镜子里的形象，却还是那么鲜明。还有她在性爱中的禁区，特别是她不给接触到脚与踝，让她舞蹈时那盘旋着滚圆白皙的色彩越发鲜亮。

那段时间，张晋中的生活开始有了转机。前段时间他做什么都不顺，她给他带来了旺运。他觉得自身内在的火都成了旺火。

以前他曾想过要离开这里，但现在他不会。他有了一条狗，雪球有时会跑到他跟前仰着头，小鼻子微微抽动一下，可爱之至。其实对一条狗的态度，是他在这三十岁的生日来临时的一次震动。他进入三十了，这个世界快进入新世纪了，两重本来没有关系的事拧在了一起。隐隐地撼动着内在根处。

恍惚一下，许多正常的东西都变得不正常了，而许多不正常的东西变得正常了。

他业余时间做的生意,这段时间也有了起色。这是单位里不知道的。除了上班,他不与单位的人有联系,不想引起他们注意。改制的说法开始有,但什么时候还不知。他的工作是在公有体制中,但他做的生意在体制外,纯属私有。做生意辛苦,有时几个月没赚到一点钱,有时又会赚上一大笔。赚钱的数目,要是让单位的人知道的话,让那些谈一点奖金小数目而津津有味的人,自然会心生妒忌。张晋中心里想着,自己快乐。他是白天社会主义,晚上资本主义。事业单位属铁饭碗,但张晋中端在手里,总觉得端得有点摇晃,他还年轻,一切都在定与不定之中。且不管这些,一天天过下去。在单位他不声不响,但出去谈生意,他谈笑风生,很有风度。

虽然张晋中生活在中等城市里,但他的眼界完全是大城市的,他学的电子,在这座城市里,他是最早用电脑的那一批人,也是最早上互联网的那一批人。

南街上有一个小吃铺子,就在江边道旁,上十几级台阶。石阶总有点湿漉漉的,像是倒了面汤泔水。张晋中遛狗的时候总从那里走,走到店铺门口,也就会进去吃一碗云吞面。那是童年在大城市时最喜欢吃的,这家店铺的牌子上,就写着他故城的风味。其实所谓故城风味,只是招牌而已,他知道女店主与故城一点关系都没有的。张晋中有时会想到,没有关系的地方都挂他故城的名号,用以招人。而他生于故城,长于故城,又何必从那城市里出来?

店铺女主人三十多岁,并不因为挂故城风味的牌子,而让自己作大城市装扮,但她解了那带点油腻的围裙后,容貌穿着还显得整齐。所谓云吞面,是面条里掺着了馄饨。其实正宗的云吞面还是南方城市传来的。挂故城风味的牌子,是因为张晋中的故城在周围城市的影响大。不管怎么说,张晋中吃着云吞面,自然会想到,他童年时在家所在的弄堂口街边的小吃店,那里的云吞面真好吃,他难得积攒了零用钱才能吃上一碗。碗上面漂着黄黄的油圈与绿绿的葱花,这与他正吃着的云吞面是相近的。

小吃店名号为"开一天",听女老板说,取这个店名原想开一天的小吃店试试,这么一试,就开下来了。张晋中却以为,这俗实的店名,其实是很有雅意的。

张晋中常来"开一天"小吃店,另一原因是女老板喜欢狗。当张晋中牵了狗来,她便与他多有搭话。女老板说她也曾养过狗,说那条也是白狗,脱毛季节,店里地上落着白毛,顾客嫌弃,怕毛落到碗里,其实狗毛岂能飞飘到碗里呢?她还是把它送乡下去了。女老板说到狗的时候,那对狗的感觉,让张晋中非常熟悉。

要说女老板也是不易,她没伙计,什么都是她一个人忙碌。张晋中觉得那里清静,也是出去散步时在河边必走的路,有了狗,雪球喜欢走这一条路,顺河道,一到小吃店铺下面,就往台上爬,开始嗅那湿湿的石上水渍。这狗,就是有些讨厌处,一旦出了门,东闻闻西嗅嗅的,有时会在某一处很脏的地方,转着圈子不停地嗅,一准便是哪条公狗尿之处。张晋中认为他的狗应该是高贵的。它有时确实显得很神气,吃过了鸡脯肉,吃过了蛋黄,吃过了蔬菜,一般的饭食也就不再光顾,味道差一点的饼干,放进它嘴里都会吐出来。但它有时却会显出贱样,特别是出门在外,什么骨头渣子,什么烂花叶子,它都会用舌头舔了往嘴里嚼。张晋中想把那些破东西从它嘴里拉出来,他越抢,它吞咽得越快。它吃食的时候,有护食的习惯,都不允许他抚摸它,嘴里会发出低低的犬吠音。

每到此时,张晋中觉得它毕竟是狗,再想,它也是可怜,他吐出来的骨头,它却啃得起劲。再想,他以为的骨头是无味的硬物,但它也许觉得滋味丰厚,甘之如饴。并没有感觉可怜,相反是享受的。人意识中的可怜是相对的,他从生意上赚的那点钱,也许从大老板眼里看来,赚得辛苦也赚得可怜吧。

到了小吃店里,雪球欢喜起来,在女老板脚边转来转去。女老板会给它丢一个碗,放着有滋味的残肴。在家里,他一吃饭的时候,它便蹲坐在他的身边,两只眼睛乌亮亮地望着他,还伸着舌头张着嘴。

它度过了一个发情期,倒不见它往公狗身边跑,多少显着矜持,却是公狗见了它,像是嗅到了特殊的气息,不管老小都会远远地跑过来,围着它腚后转。他有一次发现它后腿肚的毛上有点鲜红。没见它在家里的地方滴过经血。它是爱干净的，大概连同着大小便，都在外面草地上解决了。

在那一年的那段时间，张晋中感觉自己对女人，也似乎散发着特别的气息。且不说封丽君的到来，有一次他去小吃店想吃一碗夜宵，店外面没人，他叫了一声，没回音，见里面有点动静，掀门帘里去，就见女老板正对着里面在整衣。掀门帘时他哎了一声，她就转过身来，用书上的话说，露着了半边的酥胸，笑吟吟的，也没见她匆促地掩盖。那一处白亮一闪。张晋中也不是毛头小伙子了，只是低了眼说，想吃一碗云吞面。慢慢地退下身去。女老板出来时又围了围裙，用抹布擦他面前的桌子，与他搭话，像没有过刚才一回事。

那一眼花去了多少享受的分，张晋中不知道。但他知道那意味是什么。他还年轻，要比她小好几岁，他有姑娘来往。这个时期男女还不如后来那么开放，但传统的观念，男女在一起，总是男人赚便宜，往往是不赚白不赚。但张晋中还是有所顾忌，女老板到底有没有男人，有没有孩子，是不是在乡下有个家。他并没有嫌弃的意思，他也明白，他与她就算有欢好，也是一时，用不着他考虑很多，但那些念头还会让他有负重感，欲望与意念相连，他喜欢很纯的肉体感觉。他对女老板在心理上有了另一层的尊重与亲近。同时，他也意识到了自己与雪球一样，散发着某种气息，走在路上，总有女人会多看他一眼，特别是那种年龄适中的女性，眼光中意味会长一点。

有一天，张晋中在"开一天"小吃店，看到一个端坐着的姑娘，她身板挺直，神情端庄。张晋中在这座城市里，难得见到如此仪态的姑娘，他是不是喜欢类似的姑娘？不是。他是不是讨厌类似的姑娘？也不是。

用封丽君的话说，女人端庄的样子就是假模假式，男人会娶来做老婆。想起来，他的前妻人前也显端庄，有时对着他，也是端庄模样。他确实把她娶做老婆了，只是他也渴望面对他一个人时，会是另一个模样，特别是在床上。他的渴望没有满足，是不是他们离婚的原因？

封丽君什么时候都不是端庄的样子，所以她不可能成为妻子。封丽君在床上说过这样的话。封丽君与他在床上讨论各种男女之事，比如男人碰女人，就是占便宜。本来都是两个肉体，有什么便宜不便宜？女人端着一个架子，被男人一碰，便是吃了亏，男人是好意，为什么要愤怒呢？哪一天放下了架子，却一下子什么都可行了，是不是只可吃大亏而不可吃小亏？比如在什么状态下，什么部位最能让女人兴奋，女人怎么样的叫声表现最为酣畅，这是张晋中接触到的女人中，独一无二的。

封丽君漂泊不定，有一段时间不见人影了，离开时也没有打一个招呼。

在小吃店端庄坐着的她与女老板同宗，隔代隔得远了，算来还是同姓姐妹。女老板姓宋，姑娘名叫宋明清。

张晋中与宋明清由女老板介绍认识，后来又在小吃店见过几次。宋明清给张晋中留下的一个鲜明印象是：她一时不知说什么话，便会额头上沁出汗来。他们在一起谈的是文艺书，姑娘看书，中国古代四大名著她都读了，这合着张晋中的爱好。有两天他们谈的是《水浒传》，宋明清对宋江颇有见解，谈到宋江的招安投降，也是身份使然。这是女性很少谈及的，是不是因为他们都姓宋？她不愿意谈武松，更不愿意谈西门庆，张晋中提到那本以西门庆为主角的《金瓶梅》，她听到便是一副鄙夷的神情。他问她看过没有，她顿了一下，随后摇着头。张晋中便给她谈书中表现的古代市井生活，男女的依附关系，几房妻妾的相处逻辑……显然，她欣赏他的博学，能从一本书中谈及那么多方面。偶尔张晋中的话题也会触及多妻的性爱，此话题即点即止，她不声不响地听着，越发显出端庄来。

夏天的一次雨后，张晋中去宋明清的单位看她，说有什么事，其实就想看看她不坐在"开一天"小吃店里会是什么模样。宋明清在市里最大的一家国企当团委书记，他看到在一个大操场上，她正指挥着一群女工排练群体节目。他从她的身边走过去，带着有点故作的笑意。她扭脸蓦然看到他，一下子整个的脸红起来，仿佛燃着了火烧云。他还是第一次看到女人那样地红脸，而是为了他。那一刻他很想把她带回他的房子里，与她议定终身。

后来，在小吃店聊天时，他故意逗问她为什么脸红。她轻轻地说了一声："你的味道真好闻噢。"

张晋中知道有男女互闻味道来定对象，往往美女甘心找丑男，乃是味道更胜于模样。张晋中慢慢从女人那里懂得自己，他一直对自己没有什么自信，特别是在异性面前。他与宋明清交往几个月，就因为她的那一句话，让他觉得她内心是率真的，哪怕她表情显得有点假，她也是假得很率真，她天生以为女人的那种假才是最好的。

他明白了为什么她会一次次地跑过来，坐在小吃店里等他。她不与他电话聊天，就是想见着他，闻到他。虽然他没有拒绝她，但他对她并没有上心，他习惯对所有于他有好感的女人都抱有谢意，总是来者不拒。他也想过如果找了这个姑娘，他的生活会变得平静。他知道她有着背景，有着依靠，有着当地人脉很宽的家庭。听说小吃店女老板开业的事，就是经她亲属帮忙的。小吃店女老板常会提到社会上要有人，有关系才能办事。就此女老板很想撮合他们，而成为一个媒人。媒人在这个城市里，也是植入在社会关系网中的。

张晋中也就把话题转到现实生活中来。宋明清说到，她会被培养成为一个女干部。这合着张晋中的想象。成为女干部的她，需要有一个丈夫，一个有文化知识的丈夫，一个有生活情趣的丈夫，但不能有花心，以影响她的生活。她对他有所选择的：他读了不少书，他一直是孤身生活，也许他是有过老婆，但他的年龄适合，对女人反而是懂得的。她倒不是单纯凭选择找男人，更重要的是他的气息使她有所迷惑。

而她也到了该有男人的年龄了,她该有一个家,一个能让她红脸的丈夫。

那段时间宋明清确实有意于他。张晋中却无意确定。他接触的女人不少,并非见一个扑一个,因为接触女人多了,他对女人有着冷静的观察,对方的长处与短处都看得清楚,所以,往往有喜欢但不迷恋,毕竟他已有过一次婚史了。因为张晋中接触女性都不深入,也不同出同进,所以,人家都不知他有那么多的女友,假如宋明清知道的话,会是怎么样的想法呢?会不会认为他是一个浪荡子?更认为他是一个西门庆呢?

张晋中从单位回来的时候,不乘公交车辆,沿着河边道走,走到"开一天"小吃店下面,拾级向上,到小吃店要一碗云吞面。有时会看到宋明清坐在那里,他邀她一起吃面,她说吃过了。张晋中想到,他与她在小吃店见那么多次了,还没有一次一起吃过东西。她是不是不想让他看到她的吃相,还是她感觉还没到让他请客的程度?张晋中能意识到,男女之间一起吃吃喝喝,并不说明什么,但男女之间连一般的吃喝都没有,所维系的便很薄弱了。

张晋中吃面时,宋明清便与歇下来的女老板说一会儿话。张晋中也会参与一两句,熟了,他的话中会带着了玩笑。宋明清只是听他说,有时会皱皱眉,并不应他。

这一天,小吃店里有两个顾客聊天时,争论了起来,无非是一个对社会的不公平有所不满,一个认为相比二十年前，日子好多了，社会在发展，有问题是正常的，不要要求太高。张晋中不由插了一句嘴说，"社会发展自然让人要求高了，如果社会发展了，人们对社会的要求还留在原地，那么这个社会发展又有什么意义？"

张晋中并不喜欢评议社会，互联网上有关左、右的争论，皆是匿名，他都不参加。但对现实的看法，在他内心积累久了，一时忍不住，也就冒了出来。他的话也不尽然是他完全的想法。另外，那个说问题正常不能要求过高的年长者，尽占道德高地的口气，也让张晋中听得不舒服。

那年长者看他一眼，不想与他说话，只当没听到。宋明清却说："别说了，在宋姐店里争论，多不好。"

张晋中一旦说话，意犹未尽，年轻人的火正欲发出，却被宋明清泼了一盆水，心里不快，想说什么没说。

后来想想，宋明清是因为与他关系近了，才会开口制止他，如果是刚认识的话，不可能如此表现。只是张晋中感觉女人指责的口气总是相近，如果将来他与她处于一个家庭中，那么童年时后母给他的感受，还有结婚后前妻给他的感受，是不是又回来了。

张晋中突然想到了狗，雪球是从不会对他的做法提出异议的。与宋明清会面，雪球一次还没在场过。它也是他的一个家庭成员，宋明清看到它时会有怎样的反应？

张晋中对收拾桌子的女老板说："宋姐你案桌上的残骨别倒，我带回去，洗洗，给它填个肚子。"

宋明清果然张了嘴:"你养狗?"

张晋中说:"一条舶来的萨摩耶,你是不是怕狗?"

他说出口了,期待着她的回答。有时候,对女人最好的了解,便在看她面对事件的反应。如果她说,我喜欢狗,你带我去看看你的狗。那么张晋中也许无法拒绝,而提前把她带进家门。那样他与她的关系自然前进了一步。

她说:"我不怕狗。只是不喜欢狗。"

他说:"养养就有感情了。我本来也不喜欢。"

"养的人会喜欢,只是狗会弄脏环境,养狗的人往往顾不上周围的环境。"

张晋中张了张嘴,没再说。她说得没错。他也揣度过别人的心理,一个不喜欢狗的人,却不得不面对一条狗的时候,要让他接受现实,他有可能勉强,也可能拒绝,这都是正常的。出于宋明清的角度,她大概根本没有想到,他会有一条狗。那么张晋中自然要考虑,他假如与她一起生活,那条狗怎么办?养狗本来只是一件小事,张晋中突然发现,有时候一件小事也会变得很大,大到穿越到银河系之外更远的地方去。

江城之秋,道上有飘飘的落叶,被风刮到脚边来,发着壳壳的声息。清秋之季,水光映着天光,明亮亮的,街面上也给人清清明明的感觉。

这天,张晋中到小吃店来吃云吞面。单位里有了食堂,他已经很少下班往这里来。单位的食堂有补贴，也方便，只是食堂的厨师对人有亲疏，张晋中总觉得厨师的口气有点冷，似乎装给他的碗里比别人少了些，张晋中并不在意吃多吃少，只是感觉与单位整个的氛围是相同的，让他气闷。单位的时间表越发紧起来，出进要登记。而他工作所做的事越发虚浮。他想着该离开那里了，他生意上所赚，早已越过单位的收入，他在单位里为了一点工资而干熬。只是社会上看重人有固定工作，要不就成了无业游民。生活需要稳定，稳定便形成习惯。

女老板并不计较他来多来少，难得见到他更热情些，她告诉他："宋明清居然当了官，还是个大官，虽是个副职，要放在以前，是个县老爷了。"

她终于当官了，张晋中还记得她说到可能会当官的事。她大概也好久不来了，也许她来过几次没见到他，是灰心了。也许她有了那么高的位置，自然眼光也抬高了。她在另一个层次，会青睐另一层人，一点好闻的味道又算得上什么。

他并没有什么遗憾的。或许哪一天，她视察到他的单位里去，会笑着与他打一下招呼。她不会再脸红了吧。

张晋中身体里有火，这火让牙疼起来，进一步感觉到上面有闷气的网罩着，他进入了一个低潮，所有的人都往上升，而只有他在往下落。

女人不只是与享受的分连着，有的时候，也会与痛苦连在一起。享受以后接着痛苦。那么，痛苦的容量也是一百分吧，可能痛苦的容量要比享受大，因为人生的痛苦总是大于享受。他总在消耗着痛苦的分。总也消耗个没完。

这种念头，让他在享受的时候，有着一种警觉，让他在痛苦的时候，又有着一点宽解。

单位的队长把张晋中找到办公室去，说是单位要创收，成立了一个下属经营部门，调他去这个部门搞营销。队长笑着对他说，"知道你原来没什么事做，在单位里也闷得慌，现在就让你发挥所长了。"

要说张晋中没什么事做，也对，要说张晋中在单位气闷，也对。只是张晋中想干的事，单位并不给他做，而单位中绝大部分的人都人浮于事，又如何单单把他发配到下面去？张晋中听明白了队长的话意，单位是知道了他外面做生意的事。事业单位本来就不允许搞经营，他是做一件不是正大光明的事，如果赚到了钱，需要进贡给他本来的部门发福利，如果赚不到呢？张晋中本来在这个单位便窝着火，一天天地忍着，也许是他忍得太多了，才会有如此往低层发配的决定。张晋中忍不住了，起身说了三个字："我辞职。"转身便出了防治所。

张晋中胸中的火燃烧着，一种麻麻的苦味在嘴里。一时眼前的天地都灰暗了，是那把火烧毁的。

多少年，他一直自以为立着，一下子破了。而立之年，他却没立着，让自己摇晃起来。不过不破不立，他是在破，他还是要尽快立。

他决定办一家自己的公司，做完各种准备，执照却一直拿不下来。他跑一座座大楼，候着一个个窗口。这才发现，他原来在单位属底层，但好歹是在体制内，人须高看一眼，而现在他是个体户，不再享受干部待遇。

从大楼的第一个窗口看进去，只见几个人在聊天，过些时间，有人来把表拿去给坐办公桌前的头儿看，那头儿扭过脸来，张晋中看到的像是俞队的面孔，赶快缩了身子。

结果是表退了回来，发到另一处大楼的另一个窗口，他便接着一张张填表，去一个个的窗口。十几个窗口下来，他不敢再朝里望，怕见着坐办公桌的还会是俞队的模样。到最后一个窗口的时候，他鼓着劲把头从窗口伸进去，看到坐办公桌的正是俞队的模样，还是那张脸上带着了一块暗红斑迹。他很严肃地看着张晋中，微微地皱着眉，仿佛看到了一个故意捣蛋的人。

他不想再去另一个大楼的另一个窗口了。女老板说需要找一找人，也许找一下宋明清就行。张晋中当然不可能去找她，在他的感觉中，宋明清的脸和俞队的脸融在了一块。后来，女老板告诉他，她曾对宋明清说了一下他的事。宋明清说知道了。

就这么过了一段时间，这段时间似乎过得很慢。特别是他不上班了，很多的时候是陪着雪球叫闹。后来，他找到了直接与钱打交道的事，进入了股市。他只需要坐在电脑前，把钱投进买卖中去，接着看Ｋ线慢慢地动，高一天低一天地震荡，也牵着了他的心荡啊荡。一时也不升多少也不降多少，他只是找了一点事做。

那一天，Ｋ线绿了一截，张晋中算一算，所损失比他一笔生意还要多。他以往做生意，投进去总有收获，而往电脑的曲线中投进去，就由他人做主了，由谁做主？他不知道。

他牵着雪球出去吃一碗云吞面，女老板不像以前那样对待他和狗了，没给雪球残肴的碗，也不怎么过来与他闲话。也难怪，随着城市发展，这片地方热闹了一些，旁边开了几家店，来小吃店的顾客多了，桌上有喝酒的人。女老板不再单纯做小吃，还会切些熟卤菜，做点热小炒。喝酒的多是二十岁出头的年轻人，相比之下，张晋中显得老了，有人仿着韩流，称他为大叔。

他扣着雪球，在小吃店的一个角落的空桌候面。女老板端面过来时对他说，他的事，她又问过宋明清了。宋明清说要按章程来办，她也是不能越过章程的。

他的事，张晋中并不希望女老板找宋明清，女老板是一番好意，他自然不好说什么。张晋中清楚，宋明清与他都没确定过恋爱关系，两人连手都没拉过，这样的交往，什么也算不上，托她办事，也许会让她觉得厌恶。在他的意识中，她的形象正退远去，已经记不清她的脸，过去觉得她的下巴有点方，如男人的国字脸。现在的记忆中，她的脸越发显得方正。

公司迟迟没有批下来，也许他们清楚不过是个皮包公司。不过眼下社会，一下子所添的公司，又有多少不是皮包公司？都传说，扔一块砖头，会砸倒几个公司经理。

感受痛苦慢慢地钝刀似的割。人生是苦。人生承受着的苦总也有量，一百分的痛苦盘子，以分为算，大无可计。只能以厘、毫为算，他每天会消耗多少毫？也许只是零点零零多毫吧。他承载苦的盘子到底有多大？封丽君说过他一生自刑，也许这些苦的感受，只是他心之念，不断刑自己吧。

祸福相依，苦乐轮回。几日绵绵秋雨一过，天青云淡，秋高气爽。以前他买的股票经过一段时间的低位盘整，突然K线向上蹿冒，他一下子挣了不少。不但原来失落的回来了，还开始有收入了。别的股票还显一般，偏偏他买的那几只都发力抬高了。仿佛时来运转。他不再在意报公司送上去的表，那做生意的钱都该把握时机进股市。有几天他仿佛能摸到股线伸动的脉搏，隔天预估，哪只股票会涨，会涨到哪个价位，第二天，果然那股票就升到那一处。

出门去，在江边道上，遇上个脸熟的穿着税务制服的人。张晋中去税务局时并没见过他，却见他迎上来招呼，突然想起来，他姓林，是原来他大学所在城市税务局的，他的前妻带他去税务局时，介绍过这位林税务官。林税务官告诉张晋中，他娶了这座城市的女人做老婆，好些年两地分居，最近经过努力，终于调到这座城市的税务局了。林税务官还告诉张晋中，他的公司办下来了。税务局下个月就会来与他谈收税免税的事。

张晋中觉得所压着的一下子塌了一大块,身子顿时轻松了不少,周围的空气也清新了不少。

后来林税务官对他说:"你上面有人吧?路子很宽呢。"

张晋中也懂世故,笑笑。一个念头浮过:是谁呢?

不可能是宋明清吧。听说她已经是市领导的儿媳妇了。在这座城市里,他也就认识这么个人物。

这天张晋中来到"开一天"小吃店,女老板也对他说:"听说你上面有人。"

张晋中说:"我认识的官,真的只有宋明清。"

"她不算什么,听说为你说话的是从京城里来的。是个京中高官的子女。还是个女的。"

那几天雪球顽皮得厉害,平时不声不响的,那几天叫了好几次,还跳起来,像是要在他的碗里抢肉排骨。张晋中想到,这可不是什么好习惯,吼了它几声,要在以往它就老实了。可张晋中吃完饭收桌子时,它咬住了抹布就是不松口,还用眼朝他斜着,能看到它黑眼眸边的一片眼白,其中似乎还带着调皮的笑。

"它知道我来了。"封丽君进门来就说。

张晋中似乎也知道她到了市里。这一天他特别迷信,闭着眼在念头里想了几只股票,把可用资金都投到这几只股票上去,果然几只股票都大涨了。他觉得,他不用做任何事,也不用开什么公司,只需把钱堆到股上,只要那K线往上直升一段，所赚到的，便是开什么公司、做什么生意都难达到的。

封丽君只顾在逗狗玩，玩那个很简单的照镜子游戏。只有她与它会玩得这么投入与高兴。雪球一边照她的口令做着，一边摇着尾巴。她也在晃着身子，似乎有一条隐形的尾巴在摇动。

张晋中看到她，便有念头蹿出来：他们所说的京城里大官的子女便是她？她是不是高官的子女他不清楚，但他们指的那个女人一准是她。如果是她的话，她在做什么大生意呢。做生意的都知道，高干子弟做生意，哪条路子都是通的，一张条子过去，拿地拿贷拿项目，都不在话下。最赚钱的便是这戴白手套的一类人。

张晋中不由心中在想：京城的高官中有姓封的吗？

"你是高官的子女？"他也不像是在问。因为她回答什么，他都不会吃惊。

她却没应他这个问题，只是说，"既然他们问我在市里有什么亲戚朋友，我也就为你说了点话。"

她知道他想做公司？他当面并没有告诉过她，她离开的这段日子，他们也没通过电话。他脱离了单位，她知道了？他办公司上表没批，她也知道了？

"不过用不着我说的，这个市里的领导一直在抓扩大公司数量的大事，每次开会都提要给投资放宽路，要开路不要堵路。"封丽君说着官家文件上的话，说得也很顺溜的。想来在那里面转了一圈子了。

她留下来过夜，说不想去安排好的宾馆了，还是这里自由。她说到了自由，还笑。她南腔北调的，看来是走了不少地方。

她蹲靠在床沿上对他大谈特谈，她不再与他说命运，她知道办公司他做生意，便谈的是从商之经。她天方夜谭似的说到了一条快速致富之道："你有一万元，于是立一个公司名目，像你报的朝阳公司一样……你用九千元去投到一个管钱放钱的官家手里，就能借来十万元。你再用九万元投到高一级管钱放钱的官家手里，自然就能拿到一百万的钱，管它是不是贷款。你再把九十万投出去，投到你需要打通的官家手里，就能撑出一千万的资金，这其中可能是批的商业用地，可能是批的紧俏物资。到你能动用一个亿的资金再投出去的话，你就不用再计较赚多赚少了，你就不用再在意说好说坏了。你就是高高在上的大款巨富，你做什么都会有人帮你疏通，你不用怕会破产，因为许多的人都不让你破产。他们会保护你，他们会给你开绿灯，你只需坐好车，住别墅，在大饭店里请客。"

多少年后，网络上曝出一个个贪官家中被搜出成亿现金的镜头，张晋中才想到她曾说的贿赂经，也许是真实的，是一条可行的路。只是她说的时候，他听来如同她先前说的算命经，听之由之，只觉她说的话总有点怪诞的意味，像他有时内心中蹿出来的一点荒唐的念头。

她依然不让他亲上面摸下面,用手抚摸着他的身子,像是找着什么感觉。到后来,她也就野起来,他本还以为她在外是淑女,是高官子女。其实她还是一条自由的流浪狗。而他却是不自由的,就算是解脱了单位,办一个公司还受着束缚,就算在股票上可以自由收投,但他只是在K线上做点可怜的运动,深受着K线的影响。

"你梦到过我的吧?"

事后,她望着身下的他,她的眼光清澈如水。

张晋中不记得自己的梦,恍惚间似乎有梦见过白狗,睁开眼来,发现是雪球爬上了床,正瞪着晶亮的眼眸咧嘴对着他。

她说要在市里住些日子。她为什么来?这里是不是只有他与她有关系?张晋中不想问她,仿佛一问就确定了她存在的局限。张晋中在许多年后的量子理论中,看到了薛定谔的猫的理论才清楚,他当时没有询问她是对的。她是自由的,那自由之界一旦确定就塌陷固定了。她就存在于她出现的那一刻,在此之外,她的自由有无限可能。他的内心中也不希望确定她,他毫无理由地认为,他的念头与她的存在一样,不应有确定的界限。

张晋中去税务局找林税务官问公司营业税之事。这段时期,他的股票越发做得好。他根本不用做什么生意,用当地的话说,不用去苦钱。但他还是想行虚时,抓着点实在的东西。往往他觉得自由的同时,便失去了一点实在感。他还是一个实在的躯体,只有在具体消耗痛苦的实事中,他才觉得踏实。他在股票的交易中,一分钟能赚几百元,但他到商店里去,买完了东西,还会静静地等着店主慢吞吞地找零一元钱。

林税务官见了他,便拉他到一个空间去说话,谈的是封丽君,仿佛这个名字是他们联系的重点。林税务官说,这个高官的子女,真放得开。他说了一些她的琐事,好像这些日子里,她在本地有了很大的影响,她身上的琐事都成了话题。林税务官说她不把任何官员放在眼里,她似乎根本不懂得一个人阶层的高低。官员约她见面都见不上,约定的时间老会迟到,见了面也都是她在信口说话。然而,她却会让那个给她开车的司机睡上一次。那个司机出来后,到处说得很得意。而她也毫不隐讳,回答别人所问时,说那个司机很尽职的。男女之间的事没什么负担的,司机也清楚。在别人眼里,她实在是一个奇葩。

林税务官说得随便,是不是也清楚张晋中与封丽君之间的事。张晋中听来没有怀疑,他看的名人传记中,此类的事不足为奇。她是自由的。也许她确实没有当回事。不过,他与她呢?多少时候,他会想到她,虽然他有过妻子与其他女人,但她的话语与情态,在他的记忆的念头中,印象深深。但她呢,是不是也只把他当作一个交往尽职的人?

有人传话,市长要招待她,她提到了张晋中。市长说,也是个投资者,请他一起来。张晋中没有去,他独自在家的时候，想到她在招待的场合，不知又会说出什么新鲜的话题，把市长弄得很高兴。她会不会在那个场合举足跳舞呢？

后来的一天，她打电话给他。她的声音在电话里，有点湿漉漉的。他们还是第一次没见着面传听声音。她的声音是熟悉的，又是陌生的，声音里好像有点兴奋。她说她知道他，也是个怪人，比她还怪。她说："你不适合在这里，还不如到大城市去，回去吧。"

他想：她大概是要到大城市里去转悠了。

他问她："你到底是不是高干子女？"

她依然没回答他，只是开心地笑了笑。说："高干子女有什么好的吗，能有你说的自由吗？"

"当然是越到高处越自由。"

"越到高处越不自由，盯着的眼睛多了，有时看起来自由，但总有一天，会不自由的。作为人，都不可能有自由。只是到高处，你赚钱的路就宽了，你在此地可能为赚十万百万努力，到高处，那十万百万你根本看不上眼。你还是回大城市去吧。"

她又笑了笑。她在电话里所说，不同于当着面说的，显得实在客观。让他怀疑是不是她本人在说话。她电话中第一句：我是封丽君……也不像她说话的口气。

正常的讨论让他感觉不正常，而过去她乱七八糟的说话，他却感觉正常。

房外秋风正劲，风把黄叶吹落在窗玻璃上，发着细细的壳壳声。

她最后又关照了他一句："你用你现在的钱回大城市买一套房。"

打开门来，看到房角的栅栏处堆满了落叶。大城市里不会有这样的情景吧。现时的大城市里都是高楼了，他童年生活过的弄堂里，那小阁楼都不在了吧。

他的心境却还是留恋着眼下的城市，说不上是喜欢。总没有大城市的挤与堵。他喜欢有行动的宽松度。

张晋中的生活又恢复了平静，但这平静是他期待的，可一旦在平静之中，他又会觉得心中摇晃。少年在大城市里，他总跑出弄堂到郊外去，一个月会有一次，走很远的路，走到乡间阡陌上。现居的中等城市离开城郊不远，他却去得不多。有时出差乘车，才贪婪地看四野苗草青青。城市也在一天天地拓宽，张晋中有时会想，这座城市会不会有一天也变得像一条条伸展着马路的巨兽，吞没着所到的一切。而互联网的发展，又让人蜷缩到家中。

他心里的那股年轻的火，总是在燃烧着。

在他以后看来，这是很短的一段平静生活，最合乎他想象的生活。他有生意做，有钱赚，是在上升的时期，以前经济与人事给他的压力，轻松了不少。没有那种刻骨铭心的记忆。然而，人的渴望还在。他期待将来赚更多的钱，设想有一个女人会等着他。他有时走遍城市，想看到一个自由自在的女人，文静的，目不斜视的，年轻的，还带点情趣的，面对来人的眼光，抱微微含着的善意，意味深长，明澈的眸子，还有裸露出来的洁白肌肤。

她走在路上，手微微拂动处，仿佛有花绕转，无形的花骨，淡淡的清香，神情中还带有无拘无束的期望。想到这个的时候，他的心中便有针刺般的细疼。人生真是苦，便是这憧憬的感觉也带着疼痛。

他一条条街地走。过去上班时光，他有工作，还要忙家务，现在他大部分时间可以无目的地活动。

在街上，他偶然看到年轻的女孩，他报以微笑，对方却视而不见。他是一位有过婚史的男人，也许女人天生有敏感，他不适宜做她们的男伴了。很多的时候，他看到貌美清秀的女孩身边，却有一个与其相近年龄的俗不可耐的男子。那男子不知体味体音体贴体察为何物，依然能引她笑容嫣然。他突然觉得他快老了，应该缩到他的年龄圈子里，去找一个能持家能慰藉的女子。

他似乎就这么走着，走着，走到岁末，走到天寒地冻。人生也走老了，幻想也走没了。

他回来的时候还会到"开一天"处吃一碗云吞面，感觉滋味不如以前了。他意识到自己的心态有问题，仿佛以前都是好的。女老板在给小吃店门上装挂灯箱，城管新规定，城市里的店铺，都要挂同样式的灯箱。然而女老板并无怨言，喜滋滋地忙碌着，毕竟灯箱敞亮吉祥。她请了市里的一位书法家写了招牌，招牌书法隐在灯箱里失去了雅致，不过一般人并不在意。

女老板告诉张晋中，宋明清已正式结婚，婚庆排了好多桌。那时对官员要求的条款一直都有，但根本没人过问，似乎条款只成了印在纸上的死物。世纪末的感受让人都放开来，特别是官员放开了，除非对上做面子工程，对下不再遮遮掩掩。

出得小吃店，见地上丢了一株黄菊花，花片萎了，却还干净，是新掉下来的。

从小吃店到家中，这段路不长，他走了很长时间，似乎在怀念一个人，在怀念一件事，在怀念一段记忆。

他觉得他苍老了，却还只是而立的年龄。他所经历的，他所承受的，他所获得的，他所失落的，都让他有一种苍老的感觉。这种苍老的感觉从那一刻起，似乎一直跟着他。他有点飘飘浮浮，有点游游荡荡，他也不知道为什么，似乎感觉到有什么要逼近来。

这种感觉影响了他，他做的生意冷清，还不及他在防治所上班时做的多。他在股票上有过的感应没有了，在上上下下震荡中，总是失落了一些。他不知买什么为好，买到的就会跌，而卖了的便会涨。

接下去，股票K线直坠而下。盘面一片绿，上升的曲线成了向下的直线。他清楚地知道他的钱在很快地消失，他明白那是股灾，也是他内在在塌陷。他以前忙碌所赚的都丢失了，像盲目进入了一个黑洞中。只几天，一下子从高楼上跌到底层，似乎能看到底层地板之下，是空空荡荡没有底的空洞。

终于，他恢复了一点神志。他又有着某种感应，能感觉到哪几只股票会跌多少，于是那一天那几只股票便跌到了那儿。他只能开着电脑，听任那一条条绿色的线下坠，似乎麻木着，不知道应不应该把它们割肉卖掉。

他多少年的努力白费了，回到原点上。他发现那只是他做的一个游戏，原来是红线上升的游戏，到后来变成了绿线下坠的游戏。游戏的方向变了。他先前的获得感，本来只是游戏中的虚幻感觉。而在这游戏中，他投进的时间、精力与金钱都化于缥缥缈缈之间了。

他有点迷糊地走出房子，路上遇到了林税务官。林税务官告诉他，他调到办公室去了，当了科长。林税务官笑的时候总有一种苦相，眼眯眉皱，脸上像是一个苦字。林税务官悄悄地对张晋中说："你结交的那个姓封的女人，是个骗子，她的高干子女身份是假的，只有这个小城市，才看不穿简单的骗局。而一旦到大城市，就被揭穿了。有人调查到这里来，听说她根本没说过自己是高干子女。看她简单，却是个高手啊。"

"后来呢？"他问。

林税务官说："好像关了些日子。"

"后来呢？"张晋中再问。

"后来就不知道了。"林税务官想走了，又停下来，看着张晋中，"后来呢，正想问你呢，你和她走得近，她对你说过她的身份了么？听说她是个街头跳舞演杂的。"

她不是高干子女，也不是街边杂舞的，她到底是什么？他不清楚，也不想弄清楚。只听她说过她是从迈茵德星球来的。如果如此说出来，那比高干子女更可笑。他想着她被关在里面的样子，是不是比第一次见她时更让人怜惜。他会如何做？在故城，他是连见面的机会也没有，更轮不到让他说话。

她离开的这段时间，他几乎没有想到过她。张晋中是个客观现实的人，对不为自己的东西，他不作他想。所以在绿线中丢失的数字，他清楚不是自己的了，回想后悔都没用。他不会跳楼或者割腕。所求不得，人生便是苦。享受的一百分，痛苦的一百分，只是不知道自己这个享受的盘子有多大，也不知道自己吃苦的盘子有多大。他一生自刑，既是一生，怕是眼下承受的苦根本算不了多少分。其实用这一套说法来解释与比喻，根本是没有意义的。因为享受与痛苦是计算不来的东西，无法量化。

接下来，对张晋中最现实的消息，便是城市来了一个全城打狗运动。张晋中不在单位里，消息知道得迟，他出去遛狗，发现所有的路人都眼盯着雪球，那眼神是奇怪：居然还有这样的活物。张晋中弄不明白这是民间的运动，还是官方的运动，是自下而上的还是自上而下的。

张晋中把雪球藏在家中，想等风头过去。历史的经验是，凡风头自会过去。这天，在小吃店吃云吞面时，女老板悄悄地问他："你的狗怎么办？弄走了没有？"

张晋中这才听说，这次打狗运动有市里的红头文件下来。听说新来的市长，有一次晚上出去视察，踩到了狗屎上，偏偏这位市长小时候被狗咬过。市长把俞队叫来训了一顿，从城市的卫生，谈到西方资产阶级思潮的表现。于是市里成立了专门的打狗队，见狗就打，打狗运动似有发展到禁狗运动。

女老板说，人家都把狗送到乡下的亲友家去了。张晋中没有任何乡下的熟人。他回到家中，立刻关了房门，看着雪球。它似乎能嗅到门外的危险，这些天都是很乖的，一声不响地伏在地板上。它本来有外出便便的需要时，会在房间里走来走去，有时会用爪子来挠张晋中，还会尖尖地叫上两声。现在它所做的，便是偎到张晋中身边，柔软的身子趴在他的膝上。张晋中坐在椅上，轻轻搂着它，慢慢地抚着它身上松茸茸的毛。有时听到外面的车喇叭声，似乎他与它都有点紧张。它会竖起耳朵来。他的听觉也竖了起来。他只是抚着它，不知他还能和它在一起多久。一种真切的苦叫作爱别离，不只是指人，还有物。他别离的东西太多了，而它是一个生命，形同一个亲人。他不知它的结果是什么，它会到哪儿去，会不会就此死在打狗队的打狗棒下。它浑身是血地伏倒在他的面前，睁着黑而无光的眸子。他没想过它会离他而去，它会不再出现于他的眼前，他无法再触碰到它，无法再听到它的声息。这一苦那么现实，竟比他的那些过世的亲人还要沉重。

由此触及了生死。本来狗的寿命只有十多年，养它的时候就知道，但他没往心里去。它总会早他而去的。无可奈何处，只能想，人也总是要去的。在，是变化的；去，是必然的。

他想到逃离这座城市。然而这里的房子，这里的生意，这里的一切，无法一时离开。况且他又能到哪儿去？他牵着一条狗到一个陌生的城市去，有旅店会接受带狗的人居住吗？会有人相信他丢开一切，只是为了一条狗？

他也无法把它丢弃到乡下去，也许它会嗅着气息找回来，他听过这样的例子。那么它进入城市的道路，也许就会被打狗队发现，于是一命呜呼。

雪球似乎感受到他的想法，伸出它的前爪来要和他"握手"。他握着它的前爪轻轻地摇着，嘴里轻轻说："你好你好你好！"它皱着的眉头松开了，微微张了嘴像是在微笑。都称萨摩耶是微笑的天使，它张嘴的微笑是那么地与人亲近。他放下前爪，去握它下面的后爪，它一蹬腿避开了。

张晋中很少出门，和它在一起时，看着它的眼睛。非得办事买东西时，看它跟到门边，像是和他告别，便有点悲哀地出门。终于有一天，他开了门回家，看到屋里的空间似乎膨胀开来，空荡荡的一片。它不在了。他推开卫生间门与卧室门，它依然不在。它肯定不在了，他每次回家的时候，一听到门的声息，不管是多么轻，它都听得到，都会在门口迎着。似乎它在他离开的时间里，一直守着门口。

他想或许是它自己开了门出去，英雄就义般迎着打狗队去了，不再让他烦恼。接着他想到是打狗队闯进门来，带走了它。他知道，这一切只是他的幻想，它不可能开门出去，打狗队也无法开锁进门。

桌上放着一把门钥匙。突然有个念头钻到他脑中来，他是给过封丽君一把钥匙的。什么时候给封丽君钥匙的，他一点都记不得了。反正给钥匙的印象，仿佛是一下子进入脑中，给雪球的离开提供了合理性。她来过，她带着狗狗离开了。这当然是最好的结果。她带走了它，她把她的影子带走了。

恍惚她和它的出现，都只是他一时的幻想，并不曾真正存在过。

而后几十年过去了。他近老的时候，用了他折腾二三十年赚的钱，回到他的故城，回到那座大城市，买了高楼上的一套住房。他的人生仿佛走了一个圈，走回到起点。中间过程丰富，开过公司办过厂，也曾被小城称作是模范实业家。那些都仿佛是虚的。一切为了什么？如有以钱为目标的话，以故城的一套房为结果，他早二三十年回来便能买上。结果没什么不同，不过是延期了，无谓地折腾了。

高楼的周边，生活设施一应俱全，有菜场，有卫生院，有超市，有百货公司。大城市就是方便，不想烧饭可以叫外卖，遇上急事可以找保安。人到老年，过去的许多事都忘了，眼下要记的事也记不住。过去想忘的，不用去记。过去深记的，眼下忆来也不真。年轻时曾有过的勃勃英气，连同做过的荒唐的事，痛苦的事，享受的事，都在恍恍惚惚间。不管是享受的一百分，还是痛苦的一百分，也不管盛分的盘再大再小，都快到盘底了。嘴里如果缺少了牙，一碗稀粥也是一种享受了。

大城市的夜晚，他习惯坐在阳台上，从落地玻璃窗中，看下面城市到处跳闪的霓虹灯，彩色成片。偶尔会想到女人，他一生中有过不少女人，他都记不清她们的名字了，只有生动的形象依稀随着念头浮现，有时会记起她们的姓，就按自己的年龄来记女人，他在哪一个年龄上接触哪一个女人。虽然他一生中女人不少，但他在一个时间中只专注一个女人。肉体交往从不脚踩两条船，相对一心一意的。三十岁的那一年，他的女人姓封，他在记忆中便称她为封三十。封三十留给他的记忆不少。因为还连着一条狗。那条雪白毛乌亮眸的狗狗。他的觉睡得少了，梦也是稀薄的。有一天后半夜，他在梦中看到了它，狗狗雪球形象鲜明地在他身前跑来跑去，又在他面前停住，坐下，用乌亮亮的眼眸看着他，咧嘴微笑着伸出前爪来要与他"握手"。虽然在梦中，却比真实还要真实。也就一恍惚，它消失了，同时一个声音出现了，是她的声音，如一个念头钻进他的脑中来。在一片黑暗中，她的声音那么清晰："你到镜子里来看我！"

他翻身起床，也不让自己思考，去卫生间，推开门，亮了灯，他看到梳妆台上一面宽到整片墙的镜子里，是一张头发稀疏胡楂花白额纹如刻的面孔。

第八章 艺 观

陈济清骑着一匹红鬃大马进莲园来。马见了莲池边的绿草，伸头要嚼，陈济清拉缰绳，拉不住，马仰头长嘶一声。阿莲赶紧过来，拦在马头前，又往后退着，怕被马蹄踩了，不住地说："怎么弄一匹马进来了？"

陈济清使劲往上拉缰绳，说："这马见了莲花也发情，就不听人的。"

李寻常从楼里出来。他穿着一件文化衫，衫上黑白线条画着一条象形的龙。他笑嘻嘻的，伸手接过缰绳，嘴里说着："有朋友马上来，不亦乐乎。"

"马上来就是还没来。陈济清下马来，马身高，一只脚下了地，还有一只脚卡在镫子里，险些歪倒了。李寻常拉住了马，马已经安静了。

李寻常说："那你不是马上来，是车上来，驴上来？"

陈济清看着马说："入鬼呢，它怎么就听你的了？"

李寻常说："我在农村时养过几年牛，牲口一个气味，从此它们都听我的。"

李寻常把马牵到园角，拴在一棵玉兰树下，让阿莲割一些嫩草来喂它。那马头一仰一仰的,像是不服地仰着高傲的头。

树上大片大片青青的叶,无花。

张晋中微笑地看着他们斗嘴。这两天,梁同德来莲园了,故城及周边的几位艺术家说着要聚一聚,李寻常便出面邀请,以莲花为媒,请大家在莲园一聚。张晋中多年任陶厂的董事长,和陶艺家们有过接触,不认识的也久闻其名。

李寻常的莲花因网上热销,莲园的业务需要开发拓展,张晋中看好他的莲花事业,便投资了一部分钱,作为股东,李寻常安排了莲园一角给张晋中做工作室。那里原有一处放花盆的房,装修了,张晋中弄来了泥凳陶柜陶泥等器具,像个小陶坊,他在那里做陶具,取名"练手斋"。陶艺家都有书法及国画的基本功,练手斋里也放了一张大画桌,搁着笔墨画纸,李寻常也喜欢书法,常过来握着毛笔在宣纸上写几个大字。

陈济清是个艺术评论家,虽然发表的评论文章不多,但对艺术作品的批评很是尖锐。他批评过的都是走红的画家与书法家。现在的评论文章多属"捧"的,其间牵着艺术家与评论家的关系,这种关系是多层面的。捧的文章多了,也就被湮没了。批评的文章却是"物稀而贵",于是陈济清在艺术界颇有名气。当然,他也写过"捧"的文章,说哪一位艺术家作品好,便说十个走红艺术家都不如他一个,不过被捧的艺术家也并没有红起来。时尚的还是时尚,人们有着时尚的需要，陈济清也没有办法。到莲园来的艺术家，遇上了陈济清，都是很客气的，陈济清讲话的时候，他们都笑看着他。

李寻常喜欢文化人，莲园里不时会有文化人光临。有画画的，有写书法的，也有作家。莲园间临水的长亭壁上都挂着字画。李寻常有间客厅里，一面墙都是涂鸦，是一个画家喝醉了，拿着毛笔狂写狂画的，该画家酒醒以后，对着墙说，这是他这一生中写得最好的字，也是画得最好的画。平时该画家自称作品是有价码的，收了几千元也只给画上一二尺见方的画。以后该画家来时，都会来看看这面墙，同来的艺术家便对李寻常说："那日招待该画家的酒是仙酒，一面墙的字画呀，该值多少钱啊。"只是有一次陈济清见了墙说："白粉一桶，早刷早干净。"

李寻常喜欢和陈济清聊天，他小时候的志向就是艺术家，他理解艺术家都是很狂的，就是当面夸别人，心里的镜子却另有图像。到莲园来的艺术家，会给李寻常留下一些墨宝，他都存着。他把这些字画拿给陈济清看，陈济清挥手说："烧掉烧掉都烧掉。"李寻常说："这些字画可是值钱的呀。"陈济清就说："那你赶快把它们变了钱，这些字画的主人，本来就是与钱连气的。"

到李寻常莲园来的文化人，有说个不停的，也有少言寡语的，各有性格，各有癖好，却又都是别人看不上的，比如有喜欢下棋的，但棋下得很臭；有喜欢玩电子游戏的，但玩的是"连连看"之类智力很浅的游戏。

此次来的是陶艺家,陶艺家整日与陶泥打交道,如梁同德有土性,实实在在,宽宽厚厚。

九月初时,天气还热,莲花开到尾声了,满池多是谢了花的莲秆,撑着莲蓬,还能欣赏到一些开到最后的莲花。

曾有艺术家提议,应该在莲园搞一个艺莲沙龙。李寻常也有这样的打算,但是做不了或做不成的事,他都不应。他喜欢听他们海阔天空地漫谈,他们也听他谈莲花,一旦他谈起莲花来,头头是道,他们形容有口吐莲花之感。

一旦莲园有文化人聚会,少不了莲园常客俞青峰。说不清俞青峰是干什么的,见了画家自称作家,见了作家自称画家,也能题一句诗,也能画几杆竹,他六十岁左右,总说睹莲添寿。前楼的接待室在二楼,俞青峰进门就说:"下面有一匹马,莲园里养了马?"

有人告诉他:"是陈济清骑来的。"

俞青峰对陈济清说:"你又不养马?哪来的马?"

陈济清倚在沙发上,用夹着烟的手指点点说:"是一个养马的朋友借的。"

俞青峰说:"那还不如租马,租一匹马不用多少钱吧。"

陈济清说:"你只懂钱,哪懂交情。"

俞青峰脸色变了一变,又笑着说:"什么交情,面子而已,中国人没有经济头脑,只讲关系,其实关系要花许多的心思去结交，还欠了人情。"

陈济清说："这种论调乃崇洋不化，以为时尚得很，骨子里还是有钱可无情。其实外国人有钱多做慈善，中国人有钱，就爱讲排场。"

张晋中感觉文化人对话，表面带笑，暗藏机锋，和生意人不同。生意人言谈时也有褒贬，暗藏的是生意经。

李寻常的莲聚颇有号召力，梁同德的陶坊在行内也有声名，邀的人大致到了，梁同德起身给大家作揖，说他是来看朋友张晋中的，他简单介绍张晋中原是陶厂老板，现在来莲园休养，也开始进行陶艺创作，请大家关照。

梁同德难得介绍朋友，同行都点头微笑，俞青峰说："我听过陶厂的声名，陶坊的陶器多是厂里烧制的吧，我看张董就是儒商，现在有心从事陶艺创作，了不起啊。"

张晋中摇手说："我算什么创作，只是跟同德兄学徒罢了。"

陈济清哈哈笑一声，意思是请了大家来，就为了介绍一个学徒？还不是因为这个学徒是个董事长，他似乎对有钱人联系艺术而不屑。

梁同德把那件"镜花"陶艺品拿出来，张晋中有了"练手斋"，梁同德把他的处女作拿来充实陶柜。

这件作品在陶艺展上展出时，在座的陶艺家都参观过，陈济清当时也心中赞许，眼前的张晋中竟是原作者，他又哈哈了一声，朝张晋中摆摆手，算是招呼了。

俞青峰瞥了陈济清一眼，嘴里说："好好，想象丰富，艺术出新。张董常年与陶器接触，心有陶艺，出手不凡啊。"

张晋中本想说那是随手做的，又发现如此说了，反让人有取宠之感，他是社会上行走久了的人，清楚这些文化人不同于梁同德，还是小心说话为好。

这时，从门外走进一个偏高偏瘦的人来，就在门口的椅子上坐下，把提着的包放在椅子边，他看上去不像文化人，却也不像来谈生意的人。

遇上客人，李寻常少不了要前去握手。那人并不伸出手来。梁同德也起身，带着张晋中过去迎接，张晋中与来人的眼光触碰一下，只觉得对方眼光中有着一种沉静得让人沉下去的感觉，一瞬间，张晋中的心像浸在水里一样，恍如水中的莲花浮了一浮。

陈济清大声介绍说："我来向你们介绍一位真正的艺术家，我不是说这里没有艺术家，但真正的艺术家，我一直认为是贴近人生的，又是真正具有艺术性的。他就是一个……祁永初。"

祁永初？在座的谁都不知道这个名字。李寻常与文化人接触多了，画界书界等，大大小小的艺术家，很多人没机会结交，但名字都听过。陶艺界的名人，李寻常也有所耳闻，要说陈济清捧一个新人，把这个新人吹到齐白石之上都有可能的，但眼前这位祁永初早已不年轻了。

俞青峰开口问话："请问你从事哪方面艺术？"

无非是一句话,你是创作什么的,能不能拿出来看一看,不怕不识货,就怕货比货。许多作品的声名有浮夸,但创作的人都心里有个底,高下总有底的。

大家的眼光移向祁永初带来的包上,那里面也许有什么作品,会拿出来给大家鉴赏。但见祁永初的手动了一动,又停下了。他的手指粗粗的,与他的身型不怎么相配。

梁同德和祁永初握了握手,大家发现他们认识,也就想到了祁永初从事的是陶艺,但在座的几个陶艺家并不知道祁永初。

陈济清过来,拿过祁永初带来的包。大家都看着那包里会是怎样的一件工艺品。陈济清捧着那个包,神色肃穆:"这是骨灰坛。是祁永初应我代一位有佛缘的朋友遗孀所求而做。"

一时沉默。大家似乎有听到玩笑话的神情,但看着祁永初的神情,又都凝住了笑意。

陈济清从包里拿出陶坛来,那是一个造型如莲花的陶坛,坛上塑有人物形象。莲花陶艺,正合着这次的活动,但还是让人觉得有点寒寒的。陈济清把那只陶坛放到了"镜花"陶瓶旁边,一下子陶坛显着默默向下的沉静,而陶瓶显着勃勃向上的怪诞,都表现着不拘一格。

陈济清开始介绍祁永初:有一次他去参加一个远亲的葬礼,追悼会后,他陪着远亲的家人等火化过程结束,那个远亲的妻子一直在哭,旁边有人跟着啜泣。一旦听说骨灰盒出来了，更是哭声大起。就见祁永初双手托着骨灰坛，那骨灰坛的四面图案，仿佛是一组死者活动着的情景，喜怒哀乐，悲欢离合，所有的都组成了一个感觉，是那种说不清道不明的感觉，一时，谁都停下了哭。

陈济清只感觉他的远亲似乎在那个坛上复活了，似乎在一种他熟悉的梦境中存在着。多少日子过去了，他记不清那具体的图案了，但一种感觉还很清晰。那是一种艺术的感觉，他在其他艺术品中很难感觉到的艺术感觉。他认定了这个骨灰坛的创作者，是一个真正的艺术家。

欣赏祁永初作品的，会介绍给有需要的亲戚朋友。须在死者火化前几天找到祁永初订购。这几天中，祁永初有许多工作要做，去看遗像并进行采访，完成资料的搜集，再进行创作。从遗体进殡仪馆到追悼会后火化，最多也只有一周。祁永初似乎没有休息的时间，一直在他的想象中工作。火化之后死者入土为安，骨灰坛很快会进入坟墓里，密封起来，再也不见天日，而他的作品给死者的亲友们一种特别的感觉，便是那里面，并非完全是冰冷与黑暗的感觉。

陈济清说到，他过去一直认为艺术是长久供人欣赏的，并且是超越时空的，也就是说换了一个时间换了一个空间，同样会给人以艺术感染力。那么，祁永初的作品算不算艺术品，当然应该算，虽然这种作品只给人以很短的欣赏时间，但给人对死者的记忆，却是长久地留在了人们的内心中。这就是真正的艺术，独特的艺术。

陈济清曾想知道祁永初过去是怎样学会塑像的，他为什么不去塑其他的物品，凭他的功力绝对是可以赚大钱的。他找到祁永初，但他看不到祁永初创作的初稿，也看不到他过去的作品，因为祁永初制作的骨灰坛都是应约而做，一次做一个，没有多余的，他也根本没有想到要塑其他的东西。但他的过去肯定有过长长的技艺上的磨炼，什么时候达到了真正艺术的表现，谁也不知道，因为他的作品都到了地下。艺术品要感动人，肯定有着创作者的灵感，这种灵感祁永初是如何掌握的，怎么样才能掌握的？陈济清在祁永初那里，无法得到答案，也是他陈济清今后要思考的。骨灰坛上的那些图案，究竟有什么特别的地方？也许正是祁永初对着死者遗体时，那灵感才会产生与飞翔，而产生出的人物形象与图案表现才具有那样的震撼力。

大家听着陈济清对祁永初的介绍，一时忘了祁永初本人。待再看时，门口的椅子空了，不知祁永初什么时候像来时一样静静地走了，也不知去了哪儿了。过了一会儿，他们开始讨论起有关艺术的定义，讨论得十分热烈。

张晋中在莲池边找到了祁永初。祁永初正低头看着池里的一朵白莲花，看得那么入神。这是一朵李寻常移植的莲花，原来是美洲黄莲，浅黄色彩，通过李寻常的远缘杂交成了纯白色。已经到了莲花最后的花期，不是赏莲的季节了，很多花都败了，池里只有几朵莲花。祁永初盯着看的这朵莲花,已经是第四开,最后一开的莲花多少显着无力,花瓣向水面下垂,张晋中知道它会慢慢地脱落,随水漂去,显出莲秆上光光的莲蓬。张晋中觉得祁永初与这朵花在交流着,莲花瓣边上微微地扬起来,仿佛还想努力地收拢,于是带着了一点颤动,花颤动的美态,只有在似有似无的风中,才会呈现。

这种现象张晋中相对花时也有过,张晋中还以为是他独特的感受呢。

张晋中走近的时候,祁永初移眼看他。祁永初看人的眼光有一种深深的感觉,仿佛透视到对方的内在。

"你喜欢莲花?"

"是。"

"莲花美,美在水的天地里,根在污泥中,但花却怕脏,只要碰上一点点脏物,花就谢了。"

"莲花安静。"

祁永初应得简单。他似乎不是个能与人交谈的人。但通过简单的对话,张晋中多少了解了他的人生:他几十年一直在殡仪馆工作,曾经喜欢过画,同时也喜欢泥塑,他也曾做过陶器,也许他的陶器都显得有点阴沉,没有人看得上。他没有进行过什么艺术学习,也并不觉得自己是什么艺术创造。他只是做出坛子来给请他做坛子的人。他并不在意价钱,有人给他高价他也收。刚才陈济清介绍过:许多的人只需要那种统一式的盒子,觉得放放骨灰并且立刻埋进了墓里。也许只有那些有钱人，才有特殊的需要，他们在墓地上一花就是几十万呢。现在有钱人多了，他才得以介绍与流传。然而祁永初的坛子并没有固定的价格，有的人家经济并不宽裕，也会来找祁永初，只拿机制的盒子价格做比较，祁永初也不计较。

张晋中告诉祁永初现在不是莲花的季节。不过祁永初没有这样的感觉，也许这个季节正有他需要看的情景吧。

莲池边拴着陈济清骑来的马，张晋中就手抓了一把绿草丢给它。马往后退着，它的眼中仿佛只有祁永初。张晋中觉得是自己的感觉出了问题，马怎么可能会害怕呢？是因为祁永初身上的气息吗？牲口有这样感受气味的能力？还是因为祁永初的眼光？祁永初确实深深地看了一眼马，那正是艺术家特有的眼光，仿佛能透视到马的骨骼里。

"我看你的作品，心就安静，真的喜欢。希望拜你为师，请你指导。"

"你的镜花瓶就不一般，何须我指导。再说你身边就有从事了陶艺几十年的专家。"

"真的，我就是觉得你的作品好。"

祁永初深深看了张晋中一眼："喔，你是从死那里转了一下，所以感觉我的陶坛有亲近感。不过，你已面向了生，你的镜花瓶是面对生的艺术，繁杂且光明，而我的莲坛是面对死的艺术，简单且阴沉。待你慢慢恢复了生气，不一定再会喜欢我的东西。当然，我们都不是陶艺创作专业的，可以相互切磋。"

张晋中刚刚听到陈济清介绍,祁永初不怎么与人交谈,但他与祁永初谈起来,他一点没有拒人千里之外的感觉,他说到"死"这个词,很自然的,莫非就因为自己是从死那里转过一下的?

"镜花瓶显虚,莲坛是实。我喜欢莲坛的静气。"

"只要你静下来,制陶也是一种修行。"

祁永初说到修行,张晋中有所触动,长久与死靠近着,有宗教感是自然的吧。他记得几十年前与姚定星谈到过修行,姚定星说要是他修行,一定是修枯骨观。张晋中说要是他修行,一定是修莲花观。姚定星坚持说要看枯,张晋中坚持说要看美,他们经常辩论。那时张晋中看了一点佛教的小册子,认为就是修行还是修莲花,何必去修枯骨?佛家讲因果,看花看美,循因果往生将去花美之地,而看枯骨,循因果往生会去哪里?姚定星哈哈一笑,说修行本就是现世的事,至于会去哪里,一切皆空,何来枯美之分!

张晋中从没对任何人谈到这类辩论,但对祁永初说出来,觉得很正常。

修行悟空。修枯修美,各人根基不同,方便而行。要说修枯易见空,而花美总有落时,也见是空。

他们不再说什么,只是看着花池。满池看过去,只有几朵花开着,相比花盛期时,一朵朵莲花比肩而开的模样,眼下有着一种荒凉之感。许多的枯秆立着,黄色的,黄红色的，赭黄色的，枯黄色的……原来张晋中似乎没有这么多的感受。

这天，张晋中在练手斋的陶案前，对着一团陶泥，构思着要做一把莲壶。与祁永初的交谈，让他的内心安静了不少，特别是坐下来独自对着陶案时，构思就是构思，制作就是制作，不再有那么多的念头浮动。

脑中正有朦胧的图像，李寻常进门来，笑嘻嘻地说："有女人找你。"张晋中抬头看时，见一个身材修长的女人站在门口。这幢改建的村郊房子纵深较长，里面有点阴阴的，门外显得特别亮，站门口女人的身影长长伸到房间中来，待她走近了，张晋中才看清，她是冯经理。

张晋中看到女人，立刻想到的是，她是售楼小姐，而他们曾有过的亲近关系仿佛隔在了前世之中。果然冯经理开口就说，她来找张晋中，是有一套房子特别适合他。

这套房的高楼离莲园不远，就在江那一边，属江景房。好处是精装修的现房，因为开发商一直捂盘，捂到眼下被查被点名，才开盘，可以拎包入住。冯经理说她用了她的征信，预交了认筹费，给他留了一套。她知道只有他能用全款，开发商想要现钱。

张晋中随即跟她去看房。车开出了莲园，张晋中嗅着了身边的香气，那原来的感觉浮在了念头中：冯经理……

冯媛拍一下他的臂膀，说："你不会连我的名字都忘了吧。"

"喔，冯媛……"

张晋中本来一时记不起她的名字了，在她手触到他的身上时，那种旧时与女人交往养就的机智被触动，一个念头流过来，他就道出了她的名字，多少还有点疑惑，但他的声调中带着婉转的魅力。

他感觉这方面的功能很容易就恢复了，看来医生说得对，他还是需要多接触熟悉的事物。他以为自己病了，怕与女人交往，恰恰这是他原来十分熟悉的。他静静地看着她，他的眼光中还有着旧日的魅力。

"看到我创作的艺术作品了没有？我现在的生活层次提高了，从物质生活走进了文化生活，从事艺术，多好！"

"我不懂艺术，但我觉得你创作的陶瓷东西，真的与我以前看到的不同，厉害！有力量！"

"和你说笑的啦，我还刚入门。你才有艺术天才，一出手画画，深深造诣。"

张晋中说到的便是那幅"生死龟"，话语中还含着了某点意味。张晋中发现自己的记忆一下子恢复得很好。冯媛微微嘟了嘟嘴，一时两人都含着情致，不再说话。

一过隧道，就到冯媛推销的楼盘了，眼下的新楼盘越发显现代化了，高楼临江，且小区内有花树还有健身与各种配套设施。精装修的样板房里，地上铺的，墙上贴的，还有厨房与卫生间的材料，张晋中一眼就能看清楚它们的质地。

要是在过去，张晋中要花费一大笔钱时，一定会做预算与预估，他知道这一段时间房价涨到翻番，多少年赚钱的思维，让他清楚房价已经迅速顶在天花板下，上面的政策限购与限售一个接着一个，房价走下坡路的可能大于了上涨，眼前这个豪华楼盘略显冷清的场面，已显征兆。做生意的人，钱景是亮还是黯，是投还是收，是最敏感的。

几个月中，张晋中在陶坊在莲园，与陶器与莲花做伴，一直想避开社会热点的影响，让念头安静。但社会最大的热点，房价的暴动，甚至能让为买房而离婚的人，在民政办事处前排起了长队。张晋中自然也知道，他并非是被隔绝者。

张晋中当下就签了合同，划卡交费，买下了这套房。这是他最大的一次交易，却也是最快捷的一次交易，他存于银行里的钱总算有流动了。而这么多钱投出去，习惯是要有高回报率的，这一次可能是负回报率。他想到的是：这里确实离莲园不远，房子也不错，还有就是一个残留的记忆，他要回到故城来买房子。再说，感觉上他似乎欠着了冯媛，总得要还的。

与过去的决定相比，他似乎根本不是生意的头脑，转换成一个艺术家生活中简单的头脑。

张晋中有了一种新的生活方式，他不再是寄居莲园，他重新成了故城人，在故城有了住房，去莲园是进行艺术创作，他实在不好意思说是创作，只是练手。他退休了，从生意场上退下来，做一点晚年有兴趣的事。

他去医院做了复查。在医院，他没对医生做自述，医生就开了一大沓的单子让他去做全身检查，检查的结果是，他很健康，一般人到他这个年龄都会有些亚健康状况，身体各方面会出点小问题，而他一点不比年轻小伙子差。

张晋中自己清楚，一旦他与人接触多了，特别是经历大场合后，思绪一乱，念头便会流动得快，但是一个人独处时间长了，念头便流动得慢，与人对话会断断续续的。只有对着莲花，对着陶器，他的心会沉静下来，慢慢地做的每一件陶器，都很像样了，奇幻的作品却再也没出来，那是他不敢过于想象，他怕幻象趁机冒出来。

他还是对祁永初的作品感兴趣，似乎有着一种亲近的味道。他想到祁永初的莲坛为什么会让人动容，并非是与"死"的接近，而是表现了灵魂，也许人死之初，正是灵魂脱离肉体，脱离俗世，那是纯粹之境，他多少是感受过的。祁永初与他的对话不多，他也没有教他什么，但他的话中有着自然的禅机，那禅机并非在语言，并不一定有文化的表现，而是在生活中，贴近着生与死，让张晋中有安妥的感觉。

物质生活之上是文化生活，张晋中对冯媛说起时，他清楚自己根本算不上文化生活，做的东西也不能算是艺术品，在文化生活之上是灵魂生活，祁永初过的是灵魂生活吗？

张晋中托李寻常给陈济清打电话，看看如何见祁永初。陈济清说他还在床上躺着呢。那次骑马回头时，在街道上，马被一辆车惊了,把他掀翻在水泥路上,身上有好几处骨折,幸好没有伤着内在,要不也许就去找祁永初了。

李寻常放下电话,心里怀有歉意,陈济清是骑马到莲园来才受的伤嘛。刚才他问陈济清怎么早没告诉他。陈济清说告诉你有用吗?当然,这确实与李寻常没什么关系。人生旦夕祸福,谁也说不准的。

张晋中给祁永初打电话,电话通了,那头只是一片沉静,带着一点凉意的沉静。张晋中大声地对着话筒说话,他说到那次的莲园见面,说到陈济清,说到陈济清介绍他的艺术品,说到陈济清从马上摔了。张晋中感觉自己说话那么吃力,一点逻辑都没有。而那头还是没有一点声息,让他怀疑对方是不是在听,电话是不是还通着。

张晋中大声地对着话筒说:"你……在吗?我想去看你和你的……作品。"

有这么一会儿,那头还是没有声息,张晋中喂了几声,才听到祁永初的声音:"人什么时候来?"

"没有人来……我来……"

张晋中赶紧地说。他悟到祁永初说的人,便是遗体,遗体还是人么?张晋中又意识到自己的语病,把"我"与"人"隔开了。对方又没声息了,也许是认为,还没有"人"来,并无需要又为什么打这么一个电话?张晋中突然笑了,于是,他安静下来,与祁永初说起了莲园,说起了莲池,说起了莲花。

张晋中不知祁永初是不是已经忘了他，他去看祁永初，是想看祁永初的陶坛，祁永初的坛子都是要看过"人"的遗像做的，没有"人"来，祁永初又会拿出什么样的陶坛给他看呢？他与那正做着坛子的"人"并无瓜葛，又能感觉到什么呢？是单纯的艺术欣赏吗？他真正懂艺术吗？

"莲花真艺术。"祁永初说了这么一句。

给祁永初打过电话后，张晋中总想着祁永初的这句话，他想表现艺术，仔细想想，所有的艺术品都不会达到一朵朵真切的莲花的美，那么李寻常选择了种莲花，进行移植与接种，培育出许多新的莲花品种，这也是在进行艺术创作吗？莲花是自然的产物，艺术是人的创造，如大自然的创造也是艺术，人怎么能比呢。

张晋中再坐到陶案前，他的构思有了明晰的造型，现实的莲花是那造型的基础，后来，他制出了一个个莲瓶莲壶莲罐，把陶泥制品烧成陶器，梁同德再来时，赞许地看着他的作品，认为他的莲系列陶器，虽没有让人惊讶的奇思，但都达到了一定的艺术层次，可以加入陶艺协会当会员了。

当个陶艺家并非张晋中所愿。他的练手斋的壁柜里放了一个个莲花造型的陶器，张晋中一眼看去，有着很奇异的感觉。一恍惚间，他的莲陶器与祁永初的莲陶坛，在幻影中摇晃。祁永初的莲陶坛，伴着了永恒的沉寂；而他的莲陶器，伸展着生命的色彩。

张晋中骑着一匹马，在一条宽阔的路上奔跑，马一直在跑着，待他适应了马的奔跑，发现身下的路洁净又给人以柔软的感觉。仔细看时，路居然是蓝色的，同时他看清了，他和马是在一朵莲花瓣上奔跑。花瓣被风吹拂起来，扬成了一个弯曲的九十度的直角。马依然自由自在地跑着，跑过弯曲处，便往上跑，一直一直地往上跑……

第九章 土　缘

张晋中走到中城的迈高饭店门口，女朋友黄群正从出租车上下来，张晋中喜欢黄群的这一点：准时。女人往往是要人等的，只是男人等待的时间，也在耗着好感。

他朝她而去，她迎着他的眼神却带着一点嗔怨。黄群的眼睛会说话，她眯眼看他的时候，便是要发表什么高见了；她的眼睛直盯着他看的时候，表示被他的语言打动；而她的眼光往下滑，就是她忍着要生气了。开始张晋中觉得有点新鲜，认为是一种女性的特点，也是喜欢的一部分。但时间长了，那眼神所表现的与她本身的习性混合，便让张晋中觉得有点做作了。这种女性的高傲并不适合她，因为她本来就不是十分漂亮，最多是一般之上吧。男女能交往，总有动心之处，把握不好的，往往是不知自己应有的分寸。

这也许是他们分手的原因。当然分手是她提出来的，好合好散，今天是最后的聚会。十多年了，张晋中婚姻一直是空窗期，结交女友是常态，而分手也自然是常态，每次分手都是女方提出来，他似乎把这个权利总交给女方，以显示他的绅士风度。人生是变化的，他顺应变化，喜欢结交，只要感觉有缘；也不讨厌分手，只要感觉缘尽。每次分手，都是好合好散，也许有点暗喜解脱，会给自己一杯酒。他这次约了她，似乎在做最后一点努力，让她带着享受的神情离去。

张晋中到了不惑之年，这天是他的生日，他约着黄群这个日子来分手，喝一杯酒。要是没有她在，他这个生日不知和谁过了，也不知道如何过了。

黄群打定了主意，要来显一下高傲，以往他们的交往，都是他做主的。他们互挽手臂，准备进饭店里。

这时候，张晋中就看到了姚定星，有二十年没见的姚定星。姚定星是他人生中的一个指路者，用赌的方式指引他。而张晋中一下子想起来，他们的一个赌，完成的期限，正是二十年。当初姚定星提出来的时候，张晋中只以为他是一个赌徒，什么都拿来赌。那时的张晋中二十岁，正是凡事认真的年龄，对待赌，也是认真的。现在想这个赌，姚定星仿佛有先见之明，张晋中身边正有一个婚姻之外的女人，也确实是他还没分手的情人。他正好让他来见证一下，完成赌约。张晋中大声地叫着姚定星的名字，希望叫停对方的脚步。

听到张晋中的叫喊，对方可能吃了一惊。姚定星过去只是在学院的一角与张晋中交谈，没想到分开二十年，会在大众场合下见着，大概感觉陌生。而更有一种合理的解释，是姚定星的身边也有一个女人，用张晋中见多女人的眼光，看那个女孩虽然年轻，但品位不高，因为她脸上的妆色有点浓，显得俗了。平心而论，从气质到形象，与自己身边的女人相比，那确实要低不止一个档次。也许姚定星要的只是一个年轻的女人，并不在意其他。姚定星接下去的反应是，拉着女孩就走，像看到了一个催债的。这个生意时代，债主是常见的，情人也是常见的。

姚定星转身走开的样子，还是那么难看。其实，不管姚定星眼下是怎样的一个状况，对于张晋中来说，都是正常的。但对方的举动，却显得怪诞。过去的姚定星，知识丰富，看破一切，预测未来，是一个智者。如何二十年后，反倒怯生，连老熟人都不见了？

姚定星拉着女孩一转就不见了。张晋中自然不可能丢下女友追过去。虽然他们面临分手，这最后一次还是要留一个好印象，也不想让她像以往一样埋怨。回头再往饭店走时，张晋中心里想到，也许那只是一个与姚定星长相相近的人。如果是姚定星，二十年了，他一定会有一些变化的，不会还似当年的形象。

这么一来，张晋中与黄群在饭店的小包厢里坐下来，像是忘了他们来饭店的目的，一个没提挽留，一个也没再提分手。张晋中向身边的女友说到了过去的姚定星，说故事似的说到他们的赌，以及与赌有关的情节。女人表示很有意思，她与他在一起，就因为他总有这样的人生故事，还有那种对人生的理解。

"你应该追上去，把赌债还定。我当然还算你的情人……二十年，这是一个多么浪漫的事。老友叙一叙，都有女友在身边。我也可以认识这位智者的女人……"

"那么好吧，你就做一回我的情人吧。"

"做一回？你是不是想把那个姚智者找回来？"

"是的。"

"你去哪里找？你不是说二十年前就不知道他在哪里？"

"我带你回学院一次，去林间老地方。"

"他会在那里等你？"女人笑起来，心想他也有这么笨的时候。

"他等不等我不知道，我想我应该去一次，带着你。"

女人看着眼前的男人，以往的他给她的感觉是，他到底是那个以精明著称的城市出来的，但他出手又一点都不小气，做事也从不斤斤计较。

"你真的要去……为二十年前一个……可能他根本就……"

"我是认真的。我想去完成。"

女人心里说："你认真，你对我认真过吗？"不过，她毕竟是个聪明的女人，她要是说出来，就显得怨气十足，她本来就是要来表现高傲的。

不过她还是想再当一次他的情人。他们曾经说好了，他们的交往不以结婚为目的，他们之间的关系是一时的，都是对方人生的一个过客，她以为接触多了会有变化，但无论如何变化，结果不会变化。

张晋中一直带着笑。他的心回到母校学院的木叶萋萋之处，连同记忆的开启，许多当时的情景都出来了。他想着姚定星，已在不惑之年，却正好有着许多的人生茫然。那时的姚定星有不少怪诞的想法，随时间变化都很正常了。姚定星不再见他，是不是因为他离了婚的前妻？前妻便是在那个场合下认识的。张晋中曾经疑惑过，她是不是与姚定星有关系，就是姚定星安排了来的。结了婚后，张晋中问过前妻，她只是有点迷惑地笑，似是似非。不过这也是前妻的习惯，她似乎永远弄不清问题，她不喜欢回答问题，觉得那是个烦人的事。问题浅了，她认为何须问又何须答；问题深了，她觉得又何须问来要人答，又何须费心去答。所以她永远是既单纯又高高在上。

过去的一切都如镜中水月，永远没有后悔的，也没有丢失了可以追回的，像念头一样飘浮。昨天即是过去，与眼前的黄群分手，虽是缓期，亦是必然。过去了的那些亲热的场面，肌肤相亲的时分，也只是一连串的感觉，进时深陷于其中，但出来也就化成了一点留存的记忆，享受也只是一种感觉，接受的时候是立体的全面的感觉，下一秒钟就成了过去的感觉。这个时代的人，特别是年轻一点的人，都已经意识到，享受就是享受，过去了就过去了，回头看过去，是没有多少意义的。好合好分，最实在。

分手了，当然还不会是陌路人，见着了还会笑，还会流露着残存的情意，毕竟有感觉的留存。不再有恨，说恨是爱的一种表现，那太文艺了，这个时代的人已经不再有那种可以称之为爱的东西。现实的原因，就是每一个人的感觉与想法都自由了。张晋中喜欢谈的自由，应该是独立的。独立的自由，也就没有了爱。爱是一种依恋的感觉，软弱的感觉。这个新世纪的人，已经很少有那种回头看的感觉。一方面，过去的时代不同，人的生活也不同，眼下的饭店所在换作过去，是一片草木丛生的田野。人的衣食住行都是简单简陋的。另一方面，新世纪的互联网上，什么样的言论都有，现实得很，旧的东西都被自由地打破了。只有不公平的感觉才会死乞白赖。

"把你的手臂伸过来，让我咬一口，这样你就不会忘记我了。"女人这么说，脸上笑着。她是看多了文艺的书，特别是那种浪漫的武侠书、穿越书、玄幻书。一个女人喜欢看那样的书，要不是时代的变化，两性的自由风气，她不可能这么好合好分吧。

不过张晋中还是有点感动。他也看多了那种文艺书。而一般国内的书与杂志上，表现的都是缺了文艺而现实的情节。人是环境生成的动物。张晋中移开看着她的眼，抬眼望去，一桌桌的男女显着年轻的色彩，在他们的周围，辉映着红绿的灯，饭店里外都是跳闪的灯光，亮晶晶的，这是一个色彩斑斓的世界。

那是一个令人烦扰的年代，那是一个惑而不惑，不惑而惑的时期。

张晋中没想到一下子就到了四十了,父亲原来说过,村上人四十就做爷爷了,辈分大一点的,就是老太爷了。

这一年里,张晋中有泥土厚实的感觉。这种感觉很奇怪,从母校学院回来以后,感觉变得清晰。当年与姚定星在学院林间,他就像一棵树,是翠绿的,向上升的,枝盛叶茂,现今枝叶回长,一直往下沉,整个地成了一片土,厚重实在。色彩沉淀成黄色,似乎还在往下沉淀,积得沉重。

有这种感觉,他以为是他的工厂给予他的。三十岁的时候,他辞了公职做起生意,十年间,他开办了陶厂,那座工厂占地面积很大,厂里有数百工人,用当地的话说,那个厂养活了数百人。

看过《资本论》的张晋中,有时会认为荒诞,他现在是资本家了,到底是资本家养活了工人,还是工人滋养了资本家。

他生活在中城,他投资建造的陶厂在小城,小城邻着中城,他开车过去也就不到半小时,在大城市上班的人,半小时路程算是近的。

他从故城的大城市出来,定居在中城,而投资在小城,但越往小,越往下,伸展的空间就越大。小城是个县城,城郊有着大片的乡村土地,陶厂的工人大都是当地的农民。

他受不了大城市的喧嚣,要去小城找清静。但耐不住小城市的无聊,又回中城去寻找享受。

在小城办陶厂,因为那里四围是花木之乡,花木须盆栽，他的陶厂的产品有一半就地供货。

他办厂，生意上精明，管理上到位，工人薪酬比周边厂要高，陶厂在当地口碑不错，这么一年一年已成习惯，他升了李经理为总管，李总是个踏实办事的人，他放了权，自己也就轻松了。营销上，还是他掌控，但不紧不慢中，银行里的数字不停地扩展。有说人是不满足的动物，他并不想成为暴富者，自忖也没有那可能。他清楚地记得，有人告诉过他，人的享受有一个盆，盛的只有一百分。他不想一下子享受完了。

多少年，回头再来看，他办厂的路走对了，他把一个半死不活的厂盘整过来，投资进去，经历复杂，但财富的增添也是可观，算是努力也算是运气。

这一天，张晋中到陶坊的梁同德家去串门。张晋中开的是陶厂，做的是陶器生意，他喜欢陶器的大气。他时常去陶坊看梁同德做陶艺作品，有时候自己也动手做一把陶壶、陶瓶。

张晋中是把梁同德当作真正朋友的，一般他不接受邀请去别人家里吃饭。他独自生活，不习惯在家里招待人，想人家也是一样。他不想别人走进自己的生活，就是女人他一般也不喜欢带到家中来，而在饭店里开房。所以他居住的地方，只有他一个人，弄得很整洁，清清爽爽的。

梁同德的家在梅巷一个小区的六楼上，算是在城中，却又闹中取静。离小区没多远，是城中的一座旧寺庙，曾经在运动中砸毁了所有的佛像，殿堂隔了一块一块，成了俗世人家的行居，室内垒灶，屋外晾衣。近年给住家分了房子，将寺庙要回来重新修整，寺庙一带另有其他的旧式建筑作为居住区，还带有着香火气息。

厅屋里倚墙有张高高的长案，上面搁着一个小金佛，作伏魔式。旁边有陶碗盛养着水仙花，正是水仙花开放期，直直的绿茎之上，支着朵朵白花，细细莹莹，溢着淡淡的清香。花作供奉，各个季节摆不同的花。

下面是矮柜，柜上放着一台电视机，彩色的屏幕上正播着《新闻联播》节目。宛如世界杂事便在佛身下进行。

屋里很清爽，想是有爱整洁的人收拾着。窗开着，望出去，便见寺庙殿楼的暗影。

少时多少长风歌，而今如幻如寂。

张晋中和梁同德坐在厅屋靠窗的饭桌上喝着酒，聊着天。梁同德根本不能喝酒的样子，喝了两盅酒就脸红红的。张晋中在生意场上喝惯酒的，酒量是练出来了，但与梁同德一起喝时，喝得尽兴，声音也就高了。梁同德经营陶坊，有时也说自己是生意人，张晋中认为他就是个从事艺术的文化人，从不和他谈生意上的事，一旦喝酒，谈的就是文艺及人生，刚从东坡提梁壶生发开来，张晋中一时感慨，话语也显文绉绉的。

"你还没有实现梦？多少年轻人以你为梦。大厂长，大老板。"

"赚钱能算梦吗？不就是万恶的资本家嘛。"

"社会总算是发展了，主要靠的还是经济人。"

"经济人眼中只有物质利益，而文化人才具精神追求。"

"老旧观点，老旧观点，你也不看看是什么时代了？"

他们的争执像是君子之争，都在为对方说着话，张晋中知道梁同德是实在人，他的心思都在陶艺创作上，在陶器交易上还靠自己指点与帮助。听着梁同德的话，张晋中晃着酒杯："什么旧观点新时代，俗俗。"

梁同德摇着头说："罢罢，吃饭喝酒，俗不俗？俗到家了……我还是去弄两个菜出来。"

张晋中也清楚，这时代已经不纯了。有一次小城的花木大王乔木请了两个作家吃饭，张晋中很高兴去作陪，听说其中一位作家故事编得奇，他很想和作家谈谈。席上张晋中说到了《聊斋志异》，《聊斋志异》像是真实的笔记，却又想象力那么丰富，文字那么精炼，形象又那么生动。

乔木也翻看过《聊斋志异》，说他看《聊斋志异》中的狐与鬼，比真实的人要有情义，那里面的官也比现实中的官实在。用现实生活来对照看作品，张晋中也理解。随着时代的变化，人们的需求高了，对眼前社会多有不满，而社会的现状也确实让人总接触到负面处。

但那两位作家听着他们谈《聊斋志异》，相视一眼："《聊斋志异》啊，文学啊……"随即呵呵一笑，扭头旁若无人地谈起，哪一回去哪里写了一篇文章，拿了多少稿费，又说到在哪本杂志发表的作品稿费高。

看着两位作家,张晋中觉得有点荒诞,他们的那点稿费根本不值一提,他有钱看重的是作品,而他们写作品,却看重着钱。

多少年中,张晋中的目标是赚钱,他忽视了不少,至今还是单身。与女人的交往倒是没断过,但女人是要花时间陪的。创业初期,他的心思都在厂里,缺的就是时间,到后来成了惯性,女人一个个交往,又一个个分手。他也对女人不抱希望,接近时有新的感觉,接触了一段时间,发现她们和前面的女人差不多,念头里就是一个没缘分。

继续赚钱,继续与女人们交往着。他渐渐能从埋于厂内的状态中解脱出来。经历多了,赚钱也并不在于花时间。有时,预见性更重要,把某种材料买回来,堆在那里过了一个年,材料的钱就涨了几十万。其实就是一个什么都涨的年代,只要看准了,把钱投进去,钱滚钱,数字就垒高了。张晋中想到,这其实是一种赌,在赌之中,心变得很大,他并不是十足的赌棍,总有怕赌输的时候,也许一次赌输,银行里的数字就变空了。

都说色即是空,相比之下,银行里的钱更空,在时就是一些数字,没有了什么都没了。而女人就是分手也有过感情,还有过耳鬓厮磨的记忆。

从厨房里端菜出来的是梁同德的女儿梁青枝,这个尚没满二十的女孩,想必是在大学的假期中。青枝看张晋中时,眼睫毛扑扑颤动两下，眼神清清明明，看着像在大城市里见过世面的，却又显安静。张晋中很难得看到这个年龄的女孩，有这般的文气。这个时代的女孩都对长一辈的人没有兴趣，她们自有自的神气，却又没自尊地追星，难得有这样文静气息的，想来是受父亲的影响。

张晋中偏过脸去，避免眼光与青枝交流。他与梁同德交往有两年多，青枝也是常见的，原来她就是个不起眼的女孩，与父亲一样不怎么说话，身板单薄，唯有眼神晶亮晶亮，引张晋中和她说些话，说电子科学的新潮知识，不免也会夹着些编造的故事。看到女孩认真的神情，不由心里有点好笑自己，逗女人成了惯性，都不分大人少女了。青枝去省城上大学有一年半，张晋中不记得上个暑期是不是见过，只是这个寒假，他见她时，发现她一下子就成了大姑娘了，身材苗条，且显丰满，眼神依旧，让他意识到了性别的感觉。是啊，这个时代的大学生，恋爱成了家常便饭，她大概也有男生追求着，或许也已有恋爱对象了吧。张晋中不再与青枝聊天，他知道自己说出话来，话中会有习惯的逗趣，他正在女人的断档期，与女人接触，会不自觉地表现出对女人的吸引力。

毕竟她是朋友的女儿，一个晚辈女孩。

她站在屋中间，旋过身去，像是空寂中的孤影，她的前方，正是寺庙殿角的轮廓。

张晋中看着她的侧影，突然发现他虽见的女人多了，但似乎并无真正与女人相伴。他的年龄到了这个阶段,在往老里走,原来他一直认为自己正值盛年,可眼下一个念头流过:他快要老了。那是对着一位妙龄少女所反馈的感觉。

她从长案角取下一个竹垫,放在饭桌上,梁同德进厨房去煮汤。

"假期快结束了吧?"

张晋中微笑着,有女人说他低声问话时,身上在散发温柔气息。

"嗯。你吃菜啊。"她低着头。

她的声调,有点女主人的口吻了。这还是张晋中第一次感觉到的,过去,似乎她只是睁着眼,听着他说话。

张晋中想到,刚才端上来的菜是她做的,他即伸筷吃了一口,点头称赞。他后来吃的是什么,不记得了。只记得她的声音,低低但清晰,尾部有着弹性,如他听过京剧演员的小嗓子,婉转而有味道。

梁青枝在大学,学的是艺术。

"你大概一直在忙,我来了,让你做主妇了。"

"就怕我的厨艺不好。"

"好,好。喝了酒,菜的味道被盖了,但我还是感觉好吃。"

青枝眼抬起来,朝着张晋中,又是眼睫毛扑扑颤动两下,随即又垂落了。

梁同德端着一锅汤出来,他的身上围着围裙,只有他们父女在厨房里忙,结识的近三年中,他只见到他们父女。同样,梁同德也从不问他为什么至今单身。

这天,张晋中与梁同德喝了很久,谈了很久。张晋中不知不觉中说到了姚定星。"姚定星?"梁同德念了一下这个名字,摇摇头。张晋中忙问:"你认识他?"梁同德只答一句,"童年时有个表现独特的朋友,不知是不是同一个姚定星。"

表现独特——姚定星。张晋中十年后第一次感觉到,姚定星不是虚无的,他有过去,也有朋友。虽然再问梁同德,他只是摇头,很难说清姚定星的过去,也说不清他的后来。姚定星本来就是神秘的,他的表现独特就是神秘。

就在那一次,梁同德说到,他还有一位独特的朋友,是种莲花的,在故城的城郊,梁同德谈到这位名叫李寻常的,说他是一个痴迷种花的花农,他还研究莲花变异,植出新的莲花花色来,其中一个新品种取名就是纪念一位作家朋友。李寻常种莲需要陶粒,张晋中的陶厂有陶粒,当下他就答应无偿提供陶粒,养花需用的陶粒量也不大。

那次提到李寻常并不多,因他种莲,谈到的主要是莲花。因他从寺庙住持那里拿到莲种,谈到的主要是佛教。莲花和佛教本就是相通的。张晋中说他喜欢莲花,但不信佛教,认为拜泥塑木雕是迷信。梁同德说佛学并非就是寺庙文化,讲究的是清净之心。梁同德端起酒杯来说:"有时感觉你和李寻常有相通处,都是内在纯的。"

张晋中不免有个念头浮起来:我是纯的么?佛教戒女

色,我却是女人不断的。

只要内在是纯的,世间万物凡存在的都不必避讳,道在屎溺。再说,心即佛,所有的人内在也都是纯的,那么所迷惑的到底是什么?

那次,张晋中很少记得他们到底谈了什么,能想到的是莲花与佛教。由莲花记着陶粒的供应,由佛教联想到了对女人的忌讳,四十不惑,他又如何总为女人所惑呢?

独自驾车在城市街道上穿行,灯光流动如河,中城也商业街成片了。突然就想着了多少天前与梁同德的一顿酒,想到了故城城郊的一片莲花,念头流转,也就想到了故城的弄堂。就此时,他听到了电话铃声。将车停到路边,看到手机上是故城的号码,那时手机的屏幕还是窄窄的一条在翻盖之上。打开手机翻盖,接通了电话,听到了久违的"乡音"。

外出二十多年了,听到那故城的乡音,还是有着一点触动,仿佛通着了遥远的记忆,似乎原来都忘怀了,却依然带着一点朦胧的温馨。

"你是阿哥?阿哥……是我。"

张晋中立刻就想到了,那是弟弟尽孝。已经相隔了大概十多年了,也从来没有在电话里通话过。自离开故城到父亲去世,他没有回过故城。与弟弟见面的最后一次,是在父亲的葬礼上,那时他还是一个十多岁的孩子吧,抽长了的身材,不怎么理睬人,混在几个邻居家的孩子中间,他都认不清哪一位是弟弟。只有可能是尽孝。张晋中也弄不清为什么对故城那么排斥，到底是童年的痛苦，还是后母给他的感觉。在别人眼里，会不会说他太决绝了，离开了就完全离开了。他以为没人会在意他，因为从没有来自故城的联系。一旦联系了，他立刻想到，他是不是有点过了。

现在，他也弄不清弟弟怎么会有他的手机号码的。

"你怎么找到的……"

"我怎么会找不到。"尽孝的声音里，有着一点故城下层人的自我得意。"

张尽孝对他说："我要来看侬。"他的语气中，看侬，似乎是他看重的，一种给予的看重，是给予他一种兄弟之情吗？

要见到弟弟了，他会是什么模样？会是什么脾性？张晋中缺乏想象，也不去想象。

然而，没过几天，张晋中刚到小城的厂里，弟弟尽孝又来了电话，说他在故城火车站，已买了火车票，马上就要上车了。张晋中有点发愣，像受到突然袭击，毕竟他做生意久了，习惯了客来客往，他给了尽孝一个地址，让他下了车直接去中城的曙光饭店，那是他联系外地来的客商习惯安排的饭店。他不想他突然的来访干扰了工作进度，他没有提前从厂里出来，待做完了要做的事，才驱车回中城。

弟弟尽孝出现在他面前的时候，他几乎认不出他了。这个实实在在出现在他面前的弟弟张尽孝，显得陌生。他离开故城上大学的时候,他只有八九岁,办父亲丧事的那一次,只对了对面,且心思不在认亲上,长大后的弟弟究竟该是什么样的形象,他也想不真。眼下看长了一点时间,慢慢地才感觉到与童年弟弟相近的熟悉印象。然而,上次他为父亲奔丧时,见弟弟瘦削个子,显得高,但现在他却早早地微胖了,有点中年男子的模样了。

"阿哥。"他叫了一声。

张晋中尽量不去打量他。

"来来来,拿你的身份证,我订了房间的。"

曙光饭店的房间不显太大,但一应俱全,楼层空间高高的,透气,周围没有那种音响的干扰。张尽孝放下包,拿出一盒故城的点心,那是后母常吃的,还有一盒干果,递给张晋中。

"好好。"张晋中接过来,再放下,"我们去吃饭吧。"

张晋中没有在曙光饭店吃饭,开车带张尽孝到一家靠近自己居住地的小饭店去。那家饭店在一个清静的街道上,是张晋中常去的。他一个人生活,经常懒得自己做饭菜,周围的饭店自是吃遍了,认准这家饭店的河虾很鲜,还有白鱼是很好的。饭店门面不大,但里面的包间很雅致,张晋中不想给弟弟有太豪华的招待。这方面,到了不惑之年且常与人打交道的张晋中自有经验,不想给人很铺张很有钱的感觉。

张尽孝一直默默跟着张晋中,一旦坐下来,张尽孝的话就像在电话里一样直涌出来。

他拿过菜单看一眼，摆下来说："到这家小饭店来吃饭，阿哥，对侬来说，花费就像是毛毛雨了吧。"

张晋中说："这家饭店我确实常常来吃，有几样菜是不错的。"

弟弟是如何找到他的手机号码的？还有他是如何知道他做了生意赚了钱的？他偶尔与故城有所联系的时候，从来不谈及自己的工作与生活。他并不想向别人夸耀什么。在他的意识中，他很想隔绝那个童年的记忆。虽然年龄越来越大后，他对过去也有了不同的理解，再不会感觉那是屈辱的，是不幸的。过去的感觉，只是孩子难以承受的，放到社会上还算不了什么。但有如此意识时，他更会感到他的人生是飘浮的。不管他现在赚了多少钱，有了多大一片地，有了多少机器，有了多少员工，都与他隔着一层，那些流来流去的女人，也更加增加了他的飘浮感。往往痛苦地接受，才会让他有实在感。所以他才会去练魔鬼般的健身，才会去团陶泥做陶器，才会去做很多的事，如此，才让现实感增强。

一旦桌上有了菜，张尽孝便没再说什么。他吃得很起劲，动筷子速度很快。张晋中发现弟弟尽孝握筷子的姿势有点奇怪，像是握着写字的笔。他那样捏筷子能夹得紧吗？但他伸手的频率快，筷子夹不住时，就用手来抓着酱鸭的大腿吃。张尽孝要了一瓶红酒，这是好品牌的酒，尽孝只是开吃时碰了一次杯，再不去端杯。张晋中在酒桌上是随意的，不耐烦别人劝酒，也不劝别人酒。弟弟既然不喜欢喝酒，他也就自己端着酒杯慢慢喝。他喜欢喝好的红酒，在这上面他不怕费钱。酒让他独身生活有品位。

到红烧鲫鱼端上来的时候，张尽孝基本不动筷了。也许他是怕鱼肉中的细刺，而今的年轻人都懒得吃鱼。

张尽孝开始喝酒了，他喝得猛，像喝水一样，同时他的话也就多起来。

"现在城里两极分化，有钞票的越来越有钞票，没钞票的就只有那么一点点钞票。工人阶级老大哥不时兴了。郊区农村都有劳保了，侬不会想到吧……乡下人与城里人都差不多了。郊区乡下人只要有一块地能够拆迁，分到的房子就比城里人房子还要大得多，有的能弄得几套，城里人一辈子都买不起那么多房子。

"城乡区别没有了。原来讲，只要城里一张床，不要乡下一幢房。"

张晋中只管听他说，慢慢地会有旧时弄堂的感觉，不在意说的是什么，只是听着那种乡音。

"其实阿哥侬走的路，现在倒是最正确的了。不过侬做得还是太小，要做就要做得大，我是没有资本，我有侬阿哥的资本，我就做大。做到大城市里去，乡下地方，眼界还是太小。

"做生意，就要做电脑生意。听说阿哥侬学的就是电脑，电脑生意不要太好做喔，赚钞票来得快。高精尖的人才做出来的，全世界通用。"

张晋中含着点微笑听着弟弟的说法，近年来，这种理论听得多了，快成老生常谈了。关键是道理谁都会说，特别是批判性的理论总显着力量，一旦尽孝说到具体，说到建设性的意见，就变得虚浮不实了。越是热门的越是不易进入。这些他对没搞过经营的弟弟说不清。想与做是两回事。开始张晋中觉得弟弟还是有想法的人，说到后来，这才发现弟弟的想法，还是简单的。

"阿哥，爷老头就我们两个儿子。所以我想着要来看侬。

"你别光喝酒，搭点菜慢慢吃，要不会醉的。

"饭菜天天吃，有的道理不是对谁都能说的，只有碰着阿哥侬，我才会推心置腹对你讲一讲，有的话在外头是不能讲的，要在当年搞运动的时候讲，马上就要吃棒头，日子都过不下去的。"

张晋中点点头，他毕竟酒桌经历得多，酒桌上的热乎话也听得多，他也不喜欢虚伪地呼应。

喝完了酒后，不能开车，那时酒驾没有后来控制得严，中城的马路宽敞，家中有车的不多，自然也没有后来的代驾。但张晋中在这方面是有修养的，他打了电话请朋友来帮忙开车。他与弟弟张尽孝在街边站着等人来的时候，街角卷着点风，一阵阵的清凉。张尽孝脸红红的，靠近着他。张晋中想到了血缘，血缘这个东西，是实在的，眼前的这个弟弟是他一生中最亲的人。同时他又一次感觉到人生的飘浮。

来的却是梁同德的女儿梁青枝，她走到他们面前，笑吟吟的。张尽孝看了看张晋中,张晋中有点疑惑,他没想到她会来,再有他还是头一次在街上看到她,只见她穿着一身红套装,是一个成熟妇女的模样,以前看她穿的是学生装或者家常服,也许是灯光映着的缘故,她脸红红的,也如饮了酒似的。张尽孝便说:"小姐你是勿是找错了地方了。"张晋中此时看清了是梁青枝,马上拦住了张尽孝,说:"是小梁啊。你爸爸呢?"

"他有事走不开,我就来了。"

张尽孝插口说:"你会开车?有驾照吗?"

他们虽也差了十来岁,毕竟年龄还靠近。张尽孝还是单身,见着漂亮的姑娘,还是想搭话的。

"我有驾照。"

虽然梁青枝是应张尽孝的话,但脸朝着张晋中。看来姑娘还是不愿意与陌生年轻人对话。

"我弟弟张尽孝。"

张晋中向梁青枝介绍弟弟。他看得出张尽孝有企图心,有意让年轻人认识。梁青枝脸上似乎一下子褪了色彩,显着有点苍白。她朝张尽孝点了点头。

张尽孝说:"你一点也不像乡下人。"

张晋中眉头一皱,他清楚,对大城市的张尽孝来说,故城外的地方都称为乡下,是习惯说法。不像乡下人,是看中梁青枝的气质,算是对她的赞扬褒奖。其实梁青枝也是省城的一个大学生,又与乡下人有什么关系。对梁青枝来说,是唐突了。故城对自己来说，本有一点隔膜，而张尽孝的自大式的表现，让他又一次感受到了不适。

张晋中又觉得张尽孝还是不怎么懂事的小伙子，他三十出头了，自己三十岁时候，是怎么样的呢？三十岁那年，他已经从事业单位跳槽出来，开办公司了。这种回顾的感受多少有点老化了。

"本来抓你爸爸的差就不对，还劳你前来。"张晋中对梁青枝说。

"我愿意来的啊。"梁青枝低声说。他们走到了烟酒店前，又是灯光映红了她的脸。

送弟弟尽孝到曙光饭店的房间，张晋中又陪尽孝聊了一会儿。"

张晋中觉得故城像一片土，他的根就在那一片宽厚的土里，他出故城到其他地方生活，便如从故城伸到外面的细枝，不管长着怎样的叶与花，都还显得单薄。

与同根的尽孝在一起，他嗅到了那厚土的气息。

"侬带我到侬开的厂里去看看吧。"尽孝听到他说在小城有个厂，立刻就提出这个要求。张晋中发现自己酒喝多了说漏嘴，他不想带弟弟到厂里去。那是他工作的地方。从繁华大城市来的尽孝，到小城的厂里会是什么感觉？那些工人看到从故城来的弟弟是什么感觉？还有那些为他工作的高管，听到弟弟说话自大的口气，会是什么想法？

张晋中告诉尽孝，厂里养着了几条护厂的大狼狗。他记得弟弟小时候特别怕狗。尽孝不再提去厂里了，他就狗的话题谈开去，谈到了现在世界上的政要都养狗，还有那白宫养的宠物。

"你知道吗？我是不喜欢狗的，我想搞城市管理的人肯定和我一样，讨厌狗屎，但现在要讲民主自由，世界政要又都养宠物。这么一来，有了钱的土包子都养狗了。"

尽孝说到狗，便能说出这么多话来。张晋中感觉现在年轻人见的世面宽了，自己在酒桌上，也有海阔天空的话题，避开的是政治，省得麻烦，也没有什么兴趣。但是尽孝看来，真正做大生意的是需要懂政治的，勿懂政治地经商，做也做不大。

张晋中想到，自己确实做不大，这做生意的十多年太逼仄了。他怕烦，一接触到官员他便嫌烦，就让手下的高管去，有多大花费他都愿出。他清楚，官员的一张条子，多少的绿灯就开了，多少的优惠就到了。虽然官员都说欢迎投资，都说办实体是社会的需要，但没有官员的肯定，投资就是不稳定的。

与弟弟的对话，张晋中觉得尽孝如树根旁贴着土地的草，却有着蹲在树梢上的感觉，颤悠悠晃悠悠的。也便是吃着老百姓的饭，操着中南海的心。

第二天，张晋中在厂里又接到弟弟的电话。尽孝说："这个城市说是地级市，没几处可以玩的，真不知阿哥为什么选在这里落脚。"寺庙他是不想去的,全国一个样子;园林又比苏州杭州要差多了,几个风景点,一天就跑完了。他晚上就想去阿哥的家里看看,不到阿哥的家里算不上到过这里。张尽孝提出要求的时候,都说着必须如此的大词。让人无法拒绝。

张晋中和张尽孝在外面吃了晚饭,然后带他到家中来。张晋中很少带人到家中来,除了关系不一般的女人。家里不用特地收拾,因为总不在家里开伙,不起油烟,所以干干净净的。

张尽孝一进屋子,就感叹起来。

"一直听人说阿哥侬赚了钱,侬安排的饭店一般,但侬住的房子是一等。豪华了豪华了!我看房子,勿是看里面的摆设,是看房间。有这么多房间,还是楼上楼下,要在城里厢,绝对是千万富翁才享受得起的。"

张晋中带他到家中来,原想和他拉拉家常。但张尽孝看到沙发前摆着的一套游戏机,还有旁边堆着的游戏卡,又噢地叫起来,马上就开了机,一边说:"侬有这许多的卡,通玩一遍就不少时间,侬怎么有空做生意的?"

他一张一张卡看过来,拿着了那盘《魂斗罗》,插到游戏机上,打了起来。张晋中给他倒了茶,在他身边坐下来,看着他玩。看他玩的样子,还像个孩子。三十岁的男人迷恋游戏机,倒也并不稀奇。张晋中玩游戏机是几年前的事了,在做生意之余,玩上一把消遣。这个时代的男人玩游戏机是常态，那些年，张晋中被生意搞得头脑里是七荤八素，有时想想，自己成了赚钱的机器了，很想好好享受一下。于是迷在了游戏机上，有那么些天有点沉迷，一旦谈完生意，便迫不及待地回家钻进游戏中，以致有生意场上的熟人说他，是不是心有佳人，急着要去约会？人生有时候，就那么轻轻松松地迷在一种东西里，才是纯享受。张晋中也抽过烟，也喝过酒，都没迷恋，就是女人，他有热情但也没有完全迷恋过。电子游戏却让他沉迷入心。一旦迷上，反反复复冲关，抬眼一看，墙上的挂钟显示几小时过去了。其实冷静下来审视，游戏机里也就是一个程序，他如果当年在电子上钻研下去，他也能做出若干程序让别人迷恋在里面。他有很多可以做的，都错过了。人生就是错过了许多的东西，得到了许多后悔的感受。张晋中毕竟还是有毅力的，他终于把自己从游戏机里拔出来。投资到小城开办了厂。

张尽孝很熟练地冲过了三关，到第四关总觉得缺了一口气，无法过关。他放下操纵盘，脸上还有着兴奋神色，自得地说着："我就是这一个大BOSS打不过，就差那么一步，这一步老显男人的力道的。一般人都打不到我这一关的，打不过的就是打不过。"

张晋中听他这么说，似乎是很有成就感，又次想到他毕竟还是一个孩子，有没长大的地方。是这个时代特有的年轻人，记忆中没有吃过苦的一代人。虽然他们只相差十岁左右，却是不同的一代人。

张尽孝说:"我住什么饭店,阿哥阿哥,饭店退掉,也少花侬钞票。我就住在侬家里,这里等于五星级。"

张晋中本来想让他住饭店,有服务员照顾,不用自己费神,他也不希望有人来家中参与私生活。但弟弟尽孝的口气,好像认定阿哥是要赶他出去似的。

张晋中还是第一次拗不过别人。他带张尽孝去饭店取来了行装,也就是一个简单的双肩包。张尽孝从饭店房间里拿走了一次性用的东西。

张尽孝说:"已经算了钱的东西,不拿白不拿。我一夜不住,已经给他们好多获利了。"

到第二天张晋中从厂里回到家中的时候,张尽孝还坐在沙发上打游戏机,桌上是方便面包装袋和鸡蛋壳,那些冰箱里能食用的东西,他都取出来了。尽孝兴奋地告诉阿哥,他已经打过了四关,到了第五关了。他脸红红的,眼中红红的,盯着游戏卡,有点恶狠狠的。听张晋中叫他,他才醒悟过来。

张晋中看到桌上还有一碗刚打开还未冲的方便面:"还准备出去吃饭吗?"

"当然去。我算是吃了一点中饭。本想再吃一包方便面,又想着阿哥侬会请我吃饭喝酒,我再吃方便面,实在是太亏了。"

张尽孝的精明都是说出来的,那时候张晋中的后母,精明是内在的,不说出来的。不过那时候张晋中还年少,自然与现在的他不能够相比了。是不是那时的他把她想复杂了，才会逃出故城来的？

第三天的晚上，张晋中回家的时候，发现几个柜子都打开了，有的衣服也被拿出来，大概张尽孝试穿了，里面的东西散得有点乱。放在食品柜里的东西，都消耗了大半。他本来也少吃零食，只是防着饿的。张晋中对这些并不在意，算不了钱的。不过他多少年中整洁的习惯，一下子被打乱了。那些曾在他家里生活过的女人，也只有帮他整洁，从来没有这样放肆的。他有点觉得好像一个内在的橱窗，被打开了。

在饭店吃饭的时候，张晋中问到张尽孝，他准备在这里待多长时间。张晋中原来不想问的，弟弟十多年不见，难得来一次，由着他玩几天。有工作的张尽孝，出来是休假，也歇不了几天。从三天的对话中，尽孝说到工作的经验，头头是道，显是老手了。

张尽孝说，他把工作辞了，想做一票大生意。

"休整一下，到乡下来，就想散散心。这里有得玩，有得吃，有得住，当然要好好歇歇了。我也想不到要歇几天了。"

接下去，张尽孝说到的，是不少有关大人物的小道消息。亏他记得清楚，有名有姓，有过去历史有现在背景，谁与谁是亲家，谁与谁是部下，谁与谁是同学，谁与谁曾有过节。谁与谁的儿子做什么大生意，现在就数官家子弟生意做得大，大老板都是他们，有的大企业总经理听起来没有名气,但公司后面拿干股的董事,也是他们。尽孝还讲到一个副省长的儿子靠拿地,办了一个公司。有一天来了一个谈生意的,副省长的儿子看不上人家穿得朴素,只是随随便便一件开衫嘛,一口说,这个生意你是做不来。只见对方的随从,随便亮出一个名头来,他吓得几乎要跪下来了。直说有眼不识泰山,上去抱着人家胳膊,硬要送上一份大礼,只想在对方的生意中搭一脚。

张晋中只是听张尽孝绘声绘色说得高兴。他在生意场上,大概是小城小地方小的天地,根本到不了大至亿万只笑谈的地步吧。

回到家里,张尽孝便立刻打开了游戏机,插着卡,口中说,前两天还有进展,今天怎么也过不了关,怀疑这卡的程序有问题,应该有人过得去吧。

他回头对张晋中说:"阿哥,侬就把这一套游戏机给我吧。我还没玩过这么高配置的。我来玩,就像阿哥侬来玩。"

张晋中也坐下来,从张尽孝的手里拿过操纵器。

"侬手痒了?要不要我帮你一起打?好,我看侬打一盘。"

张晋中从头打起,他似乎是随随便便,手捏捏操纵器,一下子冲过了五关。这个游戏,冲关的有三条命,连费三条命,就只有回头重来了。但过一关能长出一条命来。张晋中在第六关上,他费了一条命,接下去,他几乎没有再费命费血,就像很轻松地,一直把所有的关都冲完了。看得张尽孝目瞪口呆。

张晋中已经有好长一段时间没有打游戏机了。这种电子游戏看看无聊，但在无聊之时，也是消遣的好去处。一旦进入了，就想获胜，胜了还想再胜。特别是有下棋经历的张晋中，好胜心强，本来是放松了心玩玩的，却迷进了一段时间。到底他是学电子的，很容易找到程序的机关和缺陷，早就完全冲了关。这次除了开头时有点手生，经一关关通过，恢复了熟练，到后来十分轻松了。

"到底是侬买的机子，听侬话的。既然侬玩得这么溜，就把它淘汰给我算了。"

张尽孝回转来又说到要游戏机的事。张晋中原想着，弟弟这一趟，十多年第一次来，他要走时，就带他到店里，帮他选一些实用的东西送他。不过也不想一下子撑满他的胃口，张晋中到底是做生意的人，懂得适度。现在反复听他说到游戏机，便笑了一笑说："这个家里，你既然也都翻过了，除了那些我外出游览，从各地带回来的工艺纪念品之外，你只要两只手拎得动，都可以拎走。"

张尽孝满脸是喜，用主人君临的眼光扫过房间，也看了看玻璃柜里面的工艺品，说："那些工艺品嘛，其实要卖也卖不出钱，要丢掉的话，侬阿哥的东西，我当然不会丢掉，又没有玻璃柜盛放。我当然是不会拿的。"

第四天，张晋中回到家里，发现大门口放着两只大旅行袋，里面塞满了东西。张尽孝说："阿哥，我也就不多打扰侬了。我想侬还是蛮忙的。侬今晚和我一起吃过饭，就送我去车站吧。夜车也便宜点。"

张尽孝将旅行袋打开拉链，拿出一个镜框来说："侬这张大照片还是蛮精神的，我就带走了，给姆妈看看，也给以前的老邻居看看，替侬扬扬名，侬现在是做大生意的人了。"

进入夏天了，张晋中星期天清晨起来，沿着江道走一走。这一年张晋中内在积累的，仿佛被一层土压着，难以伸展而出。于是，他在清晨散步的时候，总会仰天长吁，想把内里之气呼出去。

在小吃铺吃了早点，他就走到了梁同德的陶坊。他喜欢到这里来，看梁同德新完成的作品，梁同德也喜欢给他看。梁同德谈起自己的作品时，津津有味，描绘生动。平时梁同德不怎么喜欢说话，对张晋中的谈话，也只是笑一笑或者是点点头。

弟弟走了，张晋中好像没有留恋的感觉。他最后的做法，便是不想再留恋，不想让血缘的感觉来影响他几十年的生活。他的记忆像一片土地，他不想让土地上生出杂草来。土地上植物色彩纯正鲜艳，土地的本色是一片陶棕色。

孤独的个体，要保持自由与独立性，是很难的。许多来自外在的如社会、国家、世界，还有家庭、血缘等等，有着一种无可奈何的，无形却巨大的沉重压力，那是一种投胎而来便遗传的共业。个体之业是个人的独特遗存，而共业是共同意识的基础，是共同生活的惯性，一个时期一个区域举的是革命旗帜，一个时期一个区域谈的是房子买卖，一个时期一个区域枪炮战火，一个时期一个区域高楼成片，一个时期一个区域树皮草根，一个时期一个区域黄沙遍地……共业的根本还是社会性的表现。赌馆里一群赌徒的赌是共业，一辈子的钱都想着花在一套水泥浇铸的鸽子笼一般的公寓楼上也是共业。他能对陶器有兴趣，是他与梁同德的共业。艺术品的喜好是小的共业。再孤独的个体都渴望有着共业，叙述这种共业的。而只有他这样站在门槛外面，朝里望的人，才会有不同的感觉吧。

陶坊的前身是一家企业的工场，梁同德对这几百平方的工场，基本没做什么调整，原来高高的工场有一个阁楼般的上层，梁同德也保留了，那上面隔着几个房间，有梁同德临时休息的地方，有梁同德摆放陶艺精品的地方。张晋中有时会上去看看新置的艺术品，从里面墙边的木楼梯上去。站在楼梯上回头朝下望的时候，偌大的一片工场中间，梁同德弯身做着一个小小的陶壶，张晋中有一种黑墨画或者梦影的感觉。这种感觉似乎不该是那时有的，合适的时候是十年以后才对，但在张晋中的回忆中，先后的感觉都是相通的，都是他张晋中的感觉，然而前后的张晋中又仿佛不是一个张晋中。

进入陶坊的张晋中没把自己当客，他有时拉着梁同德高谈阔论，有时在泥凳前坐下，捏土做器，还对走来身边看他操作的梁青枝大讲哲学见解，那合着艺术的哲学见解，融着电子科学的哲学见解，通着宗教的哲学见解。

梁青枝对张晋中制作的陶罐陶瓶的兴趣，比对她父亲所制作的陶艺品的兴趣还大。

这些天，梁青枝实习在中城，星期天也在陶坊出进。

没有业务交易的梁同德，总在泥凳前坐着，对着那一堆陶泥。张晋中也就在他对面坐下，对梁同德不用找话说，随随便便说到了思考中的共业话题，也是随随便便提到了自己的弟弟。

原以为说到弟弟，对梁同德来说，只是一个话题的符号，没想梁同德却说上了，他不是问有关他弟弟的情况，而是说："你弟弟对青枝有好感的表示……她还小呢……但你弟弟的口气上，总认为他看上的是一个乡下丫头。"

"喔喔。"张晋中有点不好意思地说。

张晋中一直以为张尽孝在中城的四天，只是看了一点名胜，更多的时间是埋在电子游戏里，没想到他曾游走到陶坊来，他只有在来的那晚，见过代驾的梁青枝，并没见他们说什么话，他又是如何知道了陶坊与所在的？

"其实，我这个丫头对你却是不同……她还真小呢。你能不能别在她面前释放你的男人魅力，好不好？"

张晋中越发窘了，"喔喔喔。"

梁青枝端茶过来，两个人就不再说话。梁同德平时不喜说话，倒也正常，只是他对着手中托盘上的泥壶看的样子，张晋中总觉得不怎么顺眼。而张晋中也心中黏着一块，本来可以当一句玩笑话来听的，却还是不太自然。

平素张晋中从梁青枝手中接过茶杯的时候，会说一句谢谢。这一次手离得有点远，目测手与手不可能碰到，却偏偏触到了，因为闪避，手指捏到了茶杯边，一晃，茶有点泼了出来。

"噢喔喔。"

张晋中接触过不少的女人，从没有过与她们的父亲有关系的，也许是第一次遇上这样的事，再说，他本来心里没对梁青枝有什么特别的感觉，这么一来，他不知道对梁青枝怎么来表现，同样不知道有青枝在时，对梁同德如何来表现。这是一种奇怪的感觉。

以后有些天，张晋中没再到陶坊去，一直到梁青枝实习结束回了学校，他才再前往。

张晋中对自己说，他去陶坊是喜欢那里的工场和艺术品制作，也喜欢与梁同德这么个朋友交往，他真的没对梁青枝有过任何一点心思。

张晋中自信对女人是有魅力，但与梁青枝相差二十岁出头，年龄上像是对着女儿一般了。梁同德这个当爸爸的也太小心太敏感了。不过张晋中也有点自得，看来他还算年轻嘛，还有人会把他与小那么多的女孩连在一起说。

他并没有故意在青枝面前释放魅力，只是身边有女性在，他自然会有那种想说话，想表现，或者想沉思的神态。平时在男人面前想说什么就说什么，粗话也说，用的都是俗语。而一旦有女性在，便习惯神采奕奕，神思敏捷，也就妙语迭出。回想起来，有几次，他的说话引得了梁青枝的笑，她笑得咯咯咯咯，很不同于一般。当时见到梁同德摇了摇头，还以为梁同德是不满意女儿的失态。现在想来，梁同德以为他是有意为之，而单纯的女儿又如何扛得住有不少女人经验的男人表现。

不过经梁同德一提醒，张晋中反而回思起梁青枝来，年轻的梁青枝确有与其他女人不同的地方，她显得沉静，往往一段时间不见，再见她的第一眼，便会感觉到她有着特殊的表情与眼光，也越发沉静了。他以往愿意相交的女人，一开始都是静态的，但接触了接吻了接体了，随后露出的都是习惯的女人唠叨、埋怨与计较。这也是他一直有女人但一直没有成婚的原因。

小城正在搞县改市，和张晋中生活的中城一样称市，那里的干部都很高兴，挂县的招牌也都在改。其实没什么可高兴的，小城十年后又改成了区，又一次改招牌。

与县改市配套，小城搞了一系列的活动，张晋中被评为创业标兵。张晋中并没高兴，他清楚厂里以后会多出一点费用支持市里的工作，也会多出一点赞助活动。前来视察的官员多了，讲话都是鼓励张晋中，要把陶厂拓展成为市的支柱企业。张晋中也清楚，他的陶厂要发展，但流动的资金不够，银行的贷款是有比例的，要去借高息的款，他不愿意。

也许这就是他的企业做不大的原因,他是有多大资金做多大的事,一直控制在一个正常的范围内。赚多了,他也不习惯乱花费。没有一个家,就是女人身上花费的,他也坚持是双方情愿,该花的花,绝不以此摆阔。也借此看看女人心怀。

只是资金不够,生意拓展不开了,需要大资金的,无法开展。

这天就又接到了张尽孝的电话:"阿哥,我要来望望侬了。"

张晋中没有应声。张尽孝走了不到三个月,又要来望望。上一次来,他安排接待他,陪他吃晚饭,让他在家中住,没有了自己个人的生活,还让他取走了那么多东西,他把他的两套西服都装走了,还有几件高级的小型电子产品。但毕竟是隔了十几年见面,那也就罢了。眼见着一件件东西添置起来,他又说要来望望了。

张晋中想着弟弟就是突然来了,他也拦不住他。这次无论如何不能让他住在家里了,给他订一间房,也许可以给他一些钱,让他自己买了吃,自己外出活动,一切只能由着他去了,找来一个女人也没有那么多的麻烦,再说实在也不想听他说那么多的话。

"阿哥阿哥,这一次,我是给侬发大财的机会的。我有一个朋友从国外银行投资来,几千万资金,还是美元喔。听说侬是我阿哥,一口答应全部可以投到侬的厂里来,助你发展。听说侬的厂里需要发展的。"

张晋中听了奇怪，张尽孝似乎知道他要发展资金的事。他了解张尽孝，觉得他有这样的路子是天方夜谭，不过他所说那些银行的术语倒是准的，他所说市里要求发展也是对的，很像是雪中送炭。但张晋中本能是不相信任何天上落馅饼的事，要是那样，他早冒险赚大钱了。他还是相信着早先有人给他的判词：他能赚钱，赚不了大钱。不想冒险，这是他性格所规定也是所局限的。

张晋中一口就回绝了。他似乎嗅到了那里面的味道异样，按说这样的优质贷款是难得的，他也无法完全不相信，因为现在的怪事特别多，只要有关系就会有机遇。

拒绝了张尽孝，张晋中舒了一口气。他心里总有着隐隐的忧虑，觉得这个弟弟，是个不好相与的。上一次对他的相待，是因为多年不见的唯一血缘关系的弟弟，他无法丢开。后母给他童年的记忆，与弟弟没有什么关系。从弟弟迷恋游戏看上去，他仿佛还是一个孩子。然而，他开口说出那么大的巨款投资来，让张晋中的心悬空地晃荡起来。如果只是来玩玩，拿点东西走，也许都是小事了。

张晋中拿定主意，下一次张尽孝出现的时候，能避开尽量避开。没想到一个弟弟，却让他有这种想法，有时他也觉得人生有着某种悲哀。

这个阶段，张晋中接触了一个女人。那天，一位将要进军小城做铜材生意的黄老板，一定要请张晋中吃饭。张晋中虽然不喜欢这位黄老板，但做生意的一般不会拒绝生意场上朋友的交往。那家饭店是张晋中常去的，与饭店老板熟悉。张晋中早到了一刻，饭店经理开了房间，让张晋中在沙发上休息。很快，黄老板来了，身边还跟着一位漂亮的女伴。张晋中不知那是黄老板的女人还是他的秘书，迎他们的时候，用手边的茶壶倒水，也给她倒了一杯。她立刻起身接过了。

"张老板是儒商。我就喜欢与有文化的老板打交道。"黄老板说。

"有风度，也儒雅。"女人跟着说。

坐到饭桌上，两杯酒下去，黄老板问到张晋中，在小城是否有家？张晋中回答，说那里只是他工作的所在，而他的家一直在中城。

"夫人也在中城？"

"我一个人生活。"

"不会吧。张老板还是钻石王老五呢。"

黄老板笑着，看看身边的女伴。年轻的女人只作没看到，端庄地坐着笑看张晋中。

张晋中感觉到黄老板的意思，那就是他身边的女人不是他的女人，有要介绍给自己似的，是不是这次吃饭就是为这件事来的，那就早已打听到他是独身。

"已到不惑，难以为家了。"

"你正当年哪，我五十多了，遇上这样的好时光，只能后悔成家早了。"

黄老板感叹起来，说他年轻的时候，没钱，而在社会上有点色彩，便会被人骂流氓。他有一次坐车，碰了一下前面的一个四十多岁的老女人，那女人的相貌要多平常就多平常，居然那女人骂他耍流氓，骂了他一路。最后他下车的时候，回头冲了她一句："对你耍流氓，你家大概也没镜子可以照照自己的一副模样。"

黄老板想到最后一句的回复，不由得哈哈笑着。张晋中在生意场上，常会遇着这样的老板，粗俗的形态，一旦喝了酒就会表现出来。不过张晋中也想到，是不是大多数粗俗的商人具有着不管不顾的精神，才在那个时代冲出来，而有所退路有所顾忌的文化人，也就只会做点正常工作，自己也许是个异数。而他也清楚，自己这样的经商并不顺当，反而被人家提防，或者容易被人轻侮，知道不会被反击。那些粗俗表现的人，往往没人敢轻视，倒要照顾他们的情绪和面子，怕他们突然不管不顾地发作。

他看了一眼女人。女人正襟危坐，低下了眼光。张晋中心里明白女人的感觉，毕竟他们是同来的。他还是猜不透她如何与他一起来的，他们到底是什么关系。他不想让她不自在，就说起了小城的风土人情。他说得很实在，也很有用，不是漫无边际的风景介绍，有当地的生活习惯，语言特色，还有与商业有关的官员情况。张晋中毕竟是有文化的，再加上在小城办厂几年，与当地的官员也有接触。小城市的官员退得早，科局级五十就退居二线了，如今换上来的官员，大多有着大学文凭，虽然学校出来的未必都懂仕途，但毕竟文化底子厚了，有些从政规矩还是容易接受的。

黄老板说他这一次去小城探路，城东郊好多种花种草的，靠城边有一片水，在水边围了一个院子，里面种了一些竹子，几幢建筑像电影中的古代房子，很别致的。

张晋中说："喔，新翻建的。叫潇湘馆。"

黄老板就问："那竹子是从湖南弄来的？"他还知道湖南的潇湘竹。

女人说了一句．"黛玉住的潇湘馆。"

黄老板就哈哈笑起来："你们都是看书的。你们应该好好认识认识。"

张晋中也就起身给女人递了一张自己的名片。女人也递过名片来：云燕燕，策划人。策划什么呢？也许是与影视有关，也许与投资有关，总与商业有关吧，要不怎么与黄老板走在了一起。云燕燕这个名字，看上去有点像笔名。

张晋中从不怠慢女人。再说云燕燕看过《红楼梦》的，人还算是漂亮，细细看，有点风尘的味道，不是纯色的姑娘了，这也让他感觉轻松，与这种女人交往，不累，也还悦然。于是，在席上和她聊上几句。

隔了几天，云燕燕就给张晋中来了电话，她不来电话，张晋中几乎忘了这回事。云燕燕说想与他单独聊聊。她说聊聊的时候，便笑，也许是想着了黄老板的什么话了。这倒也在张晋中理解的范围中，他喜欢和这样爽快的女人打交道，一起吃饭，一起聊天，凭张晋中的经验，是得心应手的。当然她另有什么想法，应与不应，他自能掌握，一旦策划落实到钱上面，在一定的度上可以接受。不过关系涉及钱之后，他与女人也就断了那可能发生的人生故事。

与云燕燕的交往，倒没有让张晋中不痛快的事发生。毕竟她知书达礼，也懂事。关系还没有进行到下一步，他们只是吃吃饭，由张晋中带她在周边城市转转，说些书本上的故事。她喜欢看书，《聊斋志异》也看了，还能谈起狐女鬼魅的情节。她说话的时候细声细气的，就是嗓音有些粗，唱歌会是中音。她谈不上内心细腻，却也能照顾到张晋中的情绪，每逢手机响时，她移一边应了，很快地回来，继续与张晋中谈笑风生。慢慢地他们变熟悉了，张晋中依然不着急，每一次都是她打电话约他。一切由着她做主，张晋中知道这是她做主的阶段。他等着她提出来到他家中去看看。按照进度，他完全可以提出来的，但他还是要由着她"做主"。

他从来不问她的私生活，他不想闯进她的内心中去。他知道她是愿意他问及的，她似乎也等着他问及。她显得有点神秘，她到底在中城里策划什么？要在中城生活多长时间？但他还是不问，觉得她保持一点神秘很好。他放出的态度便是：既然一切她做主，就由她主动下去。她愿意说的时候自然会说，他知道他是等得到的。他已经到了不惑之年，对女人已经没有那种求全的想法，因为世上就没有全的事物。说真的，他对她感觉不错，就待一切都明了，也许这一个会成为和他一起生活的女人。他多少也有着这样的期待，不过往往有了期待,就成了负担,最终离他远去。他有过了,已经不着急了,也许对所有过的和所要来的,还有着某种畏惧。这让他有了耐心。

张晋中接到一个手机电话,是一家原有联系的单位,邀他到江北的县里去。那个县,就在斜对面的长江边上,虽只隔着一道江,但当时还没有后来起的那一条条过江大桥,到对岸要绕路长江大桥,需要两三个小时的路程。

每次张晋中到江北来,就会感觉交通是大问题。这里的发展比江南要差许多,只是隔着一道江,两边宛如两个天地。一边高楼林立,一边还是旧的楼房与旧的生活方式。江北县城街边的一个个商店,还是低矮的门面房,门口挂一个店铺牌子,搁门前的黑板上用白粉笔写着商品价格表。

车穿过铺面较多的市区,往城西去,开着开着,张晋中弄不清路了。他以前来过一次,但记不清路,此时车上还没有后来的GPS,他把车停到路边,拿出手机来通话。他告诉对方,他已到了县里,找不到路了。对方问了他所在的马路,还有周围较大的商店,说是走错了,要返回头到城东南去。正说着,张晋中突然看到他的车玻璃前飞停下了一只七彩鸟。那只鸟就在车头上,不怕生,也不忕人,还歪头朝他望着,圆圆的眼睛忽闪闪的。张晋中只顾看着这只鸟,没听清对方在手机中说的什么。它应该是七彩的,他数不过来它的色彩,只觉得它裹着一团彩光。也许它在鸣叫着,张晋中听不到它的声音,又怕开车窗吓飞了它。它仿佛是人用彩笔涂成的,他从来没见过如此色彩斑斓的飞禽。一时忘情,只顾朝它望着。

它飞起来的时候,张晋中感觉到路边有人。它往下转圈似的,旋即飞到车后不见了。张晋中才发现手机中已无声息,对方已挂机了。他开了车门,出去看时,早无它的踪影。有个路边饭店的女服务员,邀他进饭店吃饭。张晋中问她,看到一只七彩的鸟没有?那姑娘笑着说:"我们店里当然有七菜。"

张晋中听她说得有趣,倒是个聪明的女孩,能接得自然。看店门面也干净整洁,想七彩鸟落在此处,或许是一个好兆头。他该在这里吃上一顿饭。再说,与这里的单位只有以往的一次陶器生意,并没有很深的私交,到了吃饭的时间,再去打扰也是不便。向对方问个路,他只是因七彩鸟停顿了一下,对方就挂了,也没再打来。

张晋中进饭店,在靠窗的位置坐下,拿过菜谱看了,都是平常菜。相对江南的饭店,并不怎么便宜。就要了一个蚂蚁上树,一个青菜,还有一个鲫鱼汤。

姑娘没有立刻去下单,说:"你还没点七菜呢。"

张晋中发现姑娘身子都贴到了自己的胳膊上,心想,做生意都靠这样的话,怕也没好的。他就说:"我在这里住几天呢,只要好,常来吃,还怕没有七菜吗?"

姑娘这就下单去了。张晋中感觉自己是生意上的老油条，撒谎也不用打草稿，他何尝会在这个小县待几天呢？有点对不住这个女孩。

菜端上来了。说菜不便宜，量却不少，都是大盘子大碗，鲫鱼也有两整条。想江北做生意还是实在。

正吃着，突然路边停下来一辆警车，随即进门来几个警察。警察来吃饭也正常。张晋中本来没当回事，那警察四处望望，看到张晋中，又低头看看手里的材料，过来说："你叫张晋中？"

张晋中自是为人不做亏心事，半夜敲门不心惊，随口便应："我是张晋中。"

警察说了一句："你跟我们走一趟。"

张晋中毕竟看过电视剧中与警察打交道的情节，问："你叫我去做什么？你们有传唤证吗？"

一个在旁边站着的警察个子不高，像是头儿，就近低低地说："什么传唤？到局里给你看拘留证。现在这样来传你是客气的，不想铐了你让你难看。"他递过一张材料纸，张晋中看了一会儿，只能看清上面的三个字，确实是"张晋中"，没有错。

张晋中便有点迷糊。人凡有倒霉事一下子落到头上，都会有点发蒙。他从来没有过这方面的经验。对方的气势与执法的威严，让他稀里糊涂的，只有跟着走。后来想起来，他忘了给饭钱结账。饭店的人大概也是第一次看到抓人，也忘了收钱了。那位饭店姑娘也许会想，这就是罪犯吗？看起来很像个老板的呢。

张晋中被警车带到了局里。他算是第二次被带进警察局，第一次是十年前，他为了一个路边表演的姑娘，说了几句"公道"话，被称作妨碍执法，也是被警车带进了警察局。那一次他没慌，那个姑娘也一起被带着，在她面前容不得他慌，再说，他清楚自己所做的，没什么可慌的。

而这一次，他最大的迷糊是，他不知道如何会被关进来。他被关在一个单人的牢房里，牢房窄小，房内有一张低如榻榻米般的小木床，另有一个洗手池，一个插于墙上的便器。他坐下来，想了一会儿，想让自己明白，但还是糊涂着。脑里仿佛有加热器，热得自己想不清事情。

他想到自己看到了七彩鸟，现在想来那不是个吉兆，而是个凶兆。奇怪的是，什么书上都没说到有鲜艳彩鸟是凶兆的。就近往远推，他一路根本没有犯什么交通规则，也不可能撞轧过什么人。他一直很清醒，且从来遵守交通规则，他把这当作是人的素质修养。再往前推，这两天没和任何人斗过嘴，更没和任何人结过怨。他立刻想到的是：他们肯定是弄错了人。也许犯事的是同名同姓的人。

有一个巡监的警察走过他的窗口，例行地朝里看一眼。张晋中站起来，叫了一声："你们是弄错了吧？"

"来这里的都叫嚷我们弄错了，我们有弄错了的吗？"

张晋中立刻小下声来，对着有生杀大权的人，承受屈辱不算什么。人只要进到狱中，什么尊严都不存在了，历史上有名的司马迁，都是见狱吏则头抢地，见狱卒便战战兢兢。张晋中赔着小心说："我是来贵县做生意的，准备来投资的，对，是投资的，有单位联系我的，对，他们正等我去呢。"

那警察微微点一下头，没回答张晋中，又似乎回答了。张晋中发现这个警察态度还不错，没有像抓他来的警察一样发威，那些警察抓他的手，力道很大，让他的手还有点红痛。

"我真不知道我有什么事情会犯法的。"

"那你就好好想想。想到了，自然就来审你了。"

张晋中只有重新坐下来想。他能想到，那个不需要通知的单位，其实和他也没什么关系，也许他们的联系，就是为引他而来。那么事情就发生在这里，但他和这里实在没有什么关系。他本来想，如能告知这一家单位，也许自己的厂里能知道了，会来救他。现在意识到他的消息无可能外传，他仿佛一下子落进了一个黑洞里，就算彻底消失，都不会有人知道，也无可问及。

他埋头思索着祸因。一时有许多的念头蜂拥而至，首先想到的是女人，为什么先想到的是女人呢？万恶淫为先吧，最有可能的是女人，最弄不清楚的也是女人。女人，他一时想不起女人与他进这里有什么关系，最近接触的女人是云燕燕，想到他对云燕燕，应该是无愧的，最多就是搭搭手，拍拍脸，连乳房都没有抚摸过。他在等着她的主动，而她还没有"主动"。如果是云燕燕告他，会告他什么罪呢，性骚扰？这是国外流行的罪名，国内好像还没有，特别是这些年中，男女之间开放成那个样子，与云燕燕的那点接触，根本提不上口。要在十多年前，云燕燕有心告他，再发动群众举报，他有过那么多的女人，最终都揭发他，他肯定会被定为流氓罪。不过，那个时候，他对女人都是规规矩矩的，有一个女人结婚就是心愿了。还是想这些年的女人吧，这几年接触过并有过关系的女人，她们都与他还有着联系，他和她们都是好合好散，他也没亏待过她们任何一个，不至于有什么怨恨。也许有，因为女人有时候会生出说不清的情绪，也许哪一个情绪上来的她，突然对他生出了愤怒，越来越愤怒，愤怒到要把他弄进监狱中来，但以什么罪名呢？罪名或许在旁枝末节上，会不会她与另外的男人发生了矛盾，突然遭遇了不测，于是怀疑到了与她有过关系的他的身上来？不会不会，但愿不会，他虽然与她们断了，但总还念着，偶尔想起来都是温暖的。这是他交女友的原则。他自信没有什么对不起她们的地方，更不希望她们不测。

那么是因为做生意的问题。他是一个做生意的人，生意场上有陷阱，最大的坑便是贿赂。这样想来，他就有着莫名的恐惧，在这个年头，一个企业要与众多部门打交道，一个小科员就有可能让生产停转。联系官门，打点机关，都由李经理去进行的。他讨厌行贿，但账上少不了有着这么一笔称之为宣传费的，各部门私下里称之为润滑剂的费用。至于做到了哪一步，有没有达到违法，他并不清楚，但他是法人，是要顶罪的。茫茫中，那是一个黑洞，他无法预测与无法理清楚的。这一刻，他想到了他本来就应该离开这一个片区，安安稳稳地做自己的一点事。如果是这方面的问题，虽然无法预测，但他最多是负法人的责任，经济发展到这年代，谁都能理解有不得不做的苦衷，他没有得罪过具体的强力人员，就算最后有处罚，也是无话可说的。倒也不怕。

那么还有什么呢？可怕的是一张嘴，嘴一张防不胜防。他自信从来不说过头话，也许某一天说出的话，被谁举报了呢？他想来想去，想到有一天，有个生意人的交往，都称是私交很好的朋友年节中聚会，轮个谈自己得意事，有谈某个生意做得好的，有谈某个环节把握得好的，这时就有个大老板自诩拿下了哪一位官员。酒席上，到了酒酣之时总会有吹嘘的。官员这个话题，是生意人最热衷的，也是酒席上的一种佐料。倒也不恨官员，因为能拿下官员，特别是大的官员，也是发财的一种保障，本是社会常态嘛。痛恨的就是那种不满足的官员。于是大家都说开了，说到眼下民间传说：处级以上官员都抓起来的话，也许有被冤枉的，而隔一个抓一个的话，就会遗漏许多了。也有说到其实科级有权的官，也许更可恶，贪得更可恨。

人人都在说，不由张晋中不跟着说。谁也不管，无人来管。想想何其讽刺。因为酒，也因为场合，张晋中当时的话可能说得更强烈些。他后来想想也有点后悔。原来他不是个强烈表现社会性的人。他心里是有自己立的禁区的，守着自己的嘴巴长长的时间，却往往一时忍不住，比别人更犯忌。不过，想来这么一句话，不会定为反革命吧，毕竟时代不同了，眼下好像已没有这个罪名了。

想来想去，像走棋一样，算无遗漏。最可能的是他弄不清的贿赂，与官员有关，才是大事，才会隔县隔城来抓，易地受审。张晋中想到他应该争一个人大代表做的，以前有这个机会的，只需要他对县里政绩性的事，多表示一点热情。有了一个身份，多少有了一顶缓冲伞，就不会莫名其妙地被抓了。当然，要抓他，总有方法的，是逃不了的。这么一想，从白天一直想到了深夜，越来越头昏，也越来越清醒，毫无睡意。他这才觉得身下的板有点硬。他睁开着眼，看着矮矮一层的天花，上面一条条暗色的污痕，如莫名的图画，恍如曾经存在于哪个早已遗忘的梦中的。

这种等待的时间是最长最磨人的，他恨不得放声叫：审我吧！你们说什么我都认了。

他觉得自己还是没有耐心，还是脆弱的。

他已经觉得精疲力尽了。来江北县，出门的时候就觉得牙龈疼，在痛苦和内心的折磨中，他并没有觉得，此时却一下子半边脸都肿了起来，里面跳跳地疼。是不是那个七菜的小饭店的菜上火？疼得他难以张嘴发声。这也好，让他对牢中的饭，没有任何胃口，一口也不想吃。只觉得从厚厚的土里生出火来，这种火是在身体里埋着的，慢慢地发出来的，有着一种厚积的能量。

这另一个好处，是他的极端思量已经积成一片混沌的头脑，不再有思想，只剩一些念头在跳闪着。

偶尔在念头中跳出了雪球，那条萨摩耶狗的形象出现在他脑中，贴靠在脚边抬头睁眼看着他，白白的那么可爱。一时解了内心的苦楚，却又在念头中，意识着一个灵魂囿于一条畜生的小身体里，说不出，知觉不了，是何等痛苦的一生？真是莫名的联想。

不记得是不是又熬了一个白天，临晚了，他才被带了出去。坐在被审讯椅上，他一副无精打采的样子，把半边肿着的脸抬得很高，痛苦表现在别人面前。本来他是很爱面子的，这时已一点没有体面的想法。

问了姓名与职业这些例行问话，他咬牙含混答了。他想积起精力来，奇怪的是这一刻他的牙不疼了，他能听得清对面警官的问话。问他是不是有什么可以坦白的，他装是牙疼，只是摇头。这让许多程序过滤掉了。他已经想清楚了，要让越发混乱的脑子清醒起来。

"你们到底诈骗了多少钱?!"

这一下戳进了他的思维中，却又一下离得很远。他似乎没有听清。

"什么？"他的发音很清楚。

不是你……是你们……诈骗。几个念头连着罪名落下来，张晋中反而轻松了，他似乎想笑一笑，嘴角抽动了一下。于是对方再问什么，他都只管莫名摇头。原来对警官神情的观察也停止了，他记得两个审讯者中一位宽脸一位窄脸。最后他听他们说到张尽孝的名字。

张晋中这才想到他是因为弟弟的缘故，才进这里的。如说张尽孝诈骗，但这一条罪名，是不应该株连的，那么，只能是张尽孝顶着他的名字去诈骗，他想喊冤，他确实是冤，但知道也没用。他不知张尽孝是怎么诈骗的。

于是，张晋中交代了他与弟弟的关系，与后母的关系，从他逃离故城，到十几年以后张尽孝到中城来见了这么一回。张尽孝确实在他家里住过几天。张晋中把张尽孝拿走他的东西都说了一遍。似乎只想要割断与张尽孝的关系，什么话他都会说出来。他的牙越发肿痛起来，痛得一时停了下来，他自己都觉得是话说得太多了的原因。而对面的警察只是冷冷地听着他说，似乎他们认定，所有进来的罪犯都会如此推托。

后来的事情，对于张晋中来说，是简单了。他已经能如看棋局一样，猜到了大致的情况。既然宣布了他为诈骗罪，他就被关进了拘留所的一般监所，与几个不知罪名的犯人关在了一起。进入监所后，那里也有一系列程序，第一个程序是向同监所的各位坦白自己的罪名。张晋中自然是老老实实地说了自己进来的经过。狱友见他整个脸肿着了，再加上他的谈吐文气，倒也没有为难他，还向他伸出了同情之手，帮他分析起案情。

监所的老大问:"你弟弟到底得罪了此地的哪一位老板?"

"他得罪谁,我如何知道?"

"嗨,亏你还做了十多年生意,什么脑子!就是你那个倒霉的弟弟,会因你的关系认识这里的哪一位老板!"

是啊,就算是张尽孝用他的名义行骗,也得要人相信。张晋中把张尽孝到中城后,那几天中,与他一起见过面的人,在头脑中滤了一遍,他想到了在这个县里与他有过生意来往的赵立功。

想到赵立功,张晋中就想到了他宽脸的形象,难怪他看到审讯宽脸警察,有点脸熟的感觉,不过,不少男人都是这种形象。

想到赵立功,张晋中就想到他在生意交往中,口气太大,做事也张狂,不过钱款上很爽快的。

想到赵立功,张晋中也就想到有一天晚上,他与张尽孝在饭店吃饭,赵立功也在另一个包间吃饭,上厕所时,从门口走过,就进来寒暄了一下。张尽孝起身来自我介绍,说是张晋中的亲弟弟,还和赵立功交换了名片。两个张老板,好像赵立功看着张尽孝的名片,还念叨了一句。当时张晋中心里还想,弟弟什么时候也成了老板了。那个念头只是忽闪了一下,却不知就那时伏下了恶因。

听到赵立功的名字,监所老大就笑了:"赵大胆啊,生意做得大……"他放低声音,说到赵立功的姐夫是县公安的副局长。

他大概不会相信有人能骗到他的头上。

张晋中同时想到张尽孝曾经打过的一个电话，说国外银行投资的事，当时他心里嘀咕，还是出于本能警觉的。他已经基本能想到是怎么回事了。

接下去也简单，张晋中向审讯警察提出与赵立功见一面，宽脸警察会意地看他一眼，后来赵立功就来了。张晋中把他与弟弟的关系说了一遍，赵立功脸色越来越难看，张晋中最后说，他根本不知道怎么一回事，抓进来后也不明白张尽孝做了什么。弟弟一是十几年没见，二是后来有过这么一个电话。

"赵老板，我跟你讲的都是实话。"

赵立功说："你是实话又如何，我五十万就丢你弟弟一个坑里了？"

赵立功说出这么个钱数来，张晋中完全松下了一口气，他紧接着便说："虽然我与这件事根本没有关系，但弟弟是你从我那里认识的，也毕竟是我弟弟做的事。诈骗的事我不能认，这是事实，而钱我来还你。毕竟我们是朋友，也没仇没怨。如果他还有其他人的事，我也就不管了。"

张晋中想得很清楚，做生意有讨价还价，这件事上他没有二话。

听他这么一说，赵立功立刻脸色开朗起来："当然当然，我们是什么关系。"他凑近了说，"我猜猜你这样的人，也不会合着他犯事。你是多聪明的人。说实在话，我也是太相信你，我们打过交道，知道你是有实体厂子的人，才会相信了你这个宝贝弟弟。我居然相信了他，我还没有想到有人会骗到我的头上。不过也只有请你来一次了。我不能就这样丢掉这么大一笔钱。"

赵立功似乎说得轻松，他的事也就是这么一笔钱，张晋中却怕张尽孝还诈骗了其他的人，一旦被弄到这里关起来，少不了一笔笔交代出来。后来张晋中才知道，张尽孝也是被传销的引入了彀，南方派的传销，骗的是做生意人的大钱。张尽孝没有自己的关系，别的生意人也不会相信他。传销搞到的也就赵立功这一笔。

五十万，对四十岁时的张晋中，也是一笔大的数款。但张晋中想着的就是要赶快从这里出去，这一次，他才真正感觉到，自由是多么重要。

他居然没有总结，也没有去想张尽孝是怎么进的传销。反正一切都是合理的。合该他有事，才会有赵立功与张尽孝见面的这回事，要不是赵立功有这么个背景，也搞不到他的头上。他只想着要赶快出去。

张晋中从拘留所出来的时候，他看到了对面的街边，停着一辆看上去很熟悉的奥迪深蓝色车，在阳光下车身发亮。再看，车旁站着一个姑娘，那是梁青枝。张晋中这才确定，此奥迪正是自己的车。张晋中放过一把备用车钥匙在梁同德那里，梁青枝找到了车，并洗净了，开来接他。

张晋中从牢中出来，看到了熟人，如从深深的黑暗处归来尘世，一时有点晕眩，看着梁青枝微微的笑脸，他的心中暖乎乎的。拘留所外人烟稀少，卷过了深秋的风。张晋中立刻又想到，自己是胡子拉碴，牙疼虽然好多了，但半边脸还是肿着，这个形象实在不愿让一个女人看到。他第一次把梁青枝当作是一个女人，他这些天受尽屈辱，内在还是畏畏缩缩的，蓦见女人，努力挺着胸，朝她走去。

梁青枝笑吟吟的，像迎着一个英雄似的，她的手上还握着一束白色的百合花。

"你来了。"

"你来了。"

两人上了车。她只是眼看着车前方开车，她车开得熟练，路似乎也熟。她把车开回到中城，没有送他回家，把他带到了曙光饭店。一离开江北的县，张晋中心放开了，和她说简单的话。她也简单地回答。

她在曙光饭店已经开了房，把他送进了房间。房间的床上放着了他的换洗衣服。他回身看时，她已经往门口走，临出门，她握着门把手，转头对他说，她在下面三楼的用餐层临江仙厅等他。

"你好好洗一洗。"

似乎是有出狱要洗洗秽气的说法。她事先安排了这一切。他本来不知道所有的事外面能否了解？如今看来，梁同德还是知道了,他们是如何知道的?知道了多少?是不是还做了救援活动?虽然只有几天的时间,他仿佛是从另一个时空返转,一切都变化了。这家曙光饭店的房间,居然装修得这般漂亮,墙上还挂起了类西方印象派的画。而捧在手里的内衣,似乎还有着一点微微的香气,那是经过她的手拆了包装的新衣。

他在淋浴蓬头下冲了好长时间,想到了几天在拘留所的情景,他仰起头来,从上喷下来的热水,冲刷着从头到脚的积污。

张晋中到三楼临江仙厅的时候,梁青枝在饭桌前撑着腮帮,不知在想什么。见到了他,她眼中带亮地望着他。灯光下她的脸总会显红。他觉得自己身上这套咖啡色新西装,很挺括,很衬。

桌上已经摆下了几个清凉的冷菜。

张晋中坐下来,她为他倒了冷饮。是她外出买来的清火饮料。张晋中发现,也就一个学期没见,她变化了以前清纯的学生模样,显得有点成熟的小女人相。

她不会是在大学里与哪个小男生恋爱了吧。张晋中也为自己才出了狱就有这样的念头而奇怪。

也许是她也穿着了西式的套装,显得成熟。也许是来接人的她,这一程都表现着照顾入微的女性韵味,一举一动,一语一笑,都是自然体贴,自然之美是美,经过关怀之心透显出来的美,是更一层的美。细细看,灯光下她依然是红红的脸，耳后颈下的肤色，依然是清秀白净的。

他在人世间没多少亲人，也没多少牵挂，当然也没有多少的关心与被关心。眼前却有了一个她，一般女孩都会有好奇心，但她不问他牢中的事，也不问他如何进的牢，与牢有关的话，绝口不提，连擦边的都没有。仿佛他们约会了，约会来饭店，还有了点男女相处很久了的默契。

他突然生了胃口，就想朵颐大嚼一顿，本来头昏牙肿胸满气滞的感觉，都消失了。毕竟有几天的牢饭填底，让他觉得这家熟悉的曙光饭店的饭菜，如同美肴。

他本来很想与人诉一诉说一说，一下子都释然了。只顾享受眼前的美味佳肴。一切都算不了什么，一切都是必然到来的，一切也都是必然过去的。来了就来了，过去了也就过去了。

牙不疼了，穿回了原来的衣，住回了原来的家，早晨起来，在江边路上走一走，再提包开车去小城厂里，恢复了往昔的生活。那些知道与不知道他情况的厂里人都来问候，表述着对他冤屈的不平。他只是静静地坐着，露着一种不在意的神情。大家知道他莫名失去了几十万，这故事传到了许多的饭桌上，并从小城传开去。没多少人知道他与弟弟与赵立功的关系，但都知道社会的不公。公安是不会随便抓人的，但维护地方的经济利益，异地抓人逼债也是一时存在的经济手段，个别存在便成新闻的流行。

张晋中也不知道他被关的消息，在小城是如何传出去的。当然，从厂里流动资金中划出去几十万，是堵不住人嘴的，也挡不住传言之快速。他用不着解释，一切回头再想，很正常也很合理。他与他弟弟的关系出现这样的后果，也正常也合理。

这一年的冬天很冷，往年不穿棉衣的张晋中，也添了一件羽绒服。他到小城厂里办公室的时候，李经理正准备填捐助希望小学的钱款数字，张晋中问："报多少？"李经理说："报五千。"张晋中接了一句："十万。"

李经理说："是捐款，自愿。"

张晋中说："是捐的，自愿。"

李经理暗自嘀咕了一句："是不是想人大代表呢，还是政协委员？"

这一年岁末，小城县里开人大和政协会议，张晋中的事情在会上传开了，有提案要保护当地的工商经营者。本来张晋中懒得关心这类社会活动，他的家也不在小城。现在他也感觉地方一层的保护是少不了的，根本的还是公安，凡企业在这方面的花费他都一律开绿灯。

忙忙碌碌的，一天回到中城的家里，他打开阳台的门，看着玻璃墙外的夜景，开始下雪了，有片片雪花飘到玻璃上，又滑落下去。他突然有着一种疲惫的感觉，这个不惑之年的冬天，他正当壮年，却有一点灰心。也许还是前段时间的那件事，对他内心有着影响。他已尽量化解了，但总有隐隐的压力，如在上空盖着罩着，像是宿命，福祸相依。

　　搁在茶几上的手机响了，是一个陌生的号码，他让那铃声响停了两次，确定要是不接会无限期响下去，他打开了盖板，就听到里面弟弟张尽孝的声音："阿哥阿哥，我要来望望侬……"

第十章　青　枝

　　夏过秋来，秋过冬来，接着又是隔年的春天了，这一年早春时节倒春寒，天冷得让人内里发寒。张晋中跟随着李寻常，穿着连靴的橡胶裤下莲池去取莲种。盆栽的还简单，只需把盆挖翻过来，种藕就在盆底下。直接生在池里的，须小心地挖动，还要在泥里准确定位种藕的位置。踩着黑色的泥，把种藕从泥里挖出来，李寻常知道从什么地方一锹下去不会损到种藕的一丝一毫，特别要保护藕尖上的藕芽，要是那个断了，就无法长出茎秆无法长出莲花了，那是莲生命的根本，而藕段只是提供养料的。

　　张晋中使劲将锹铲下去，晃动一下，似乎李寻常听到了有细微的脆声息，他的眉头就皱起来了。张晋中赔着笑，他知道种藕挖断，会让李寻常很心疼。李寻常送人花不心疼，只要来人说喜欢花，他都会送上一盆。现在他多的就是莲花。但莲种在深泥里，还没有出来就被挖断了，太让他疼惜了。莲其实就是"连"，根是连着的，观赏莲的莲藕是一个个小小的微型的藕，连着一串好几个，每个种藕长出了泥，便是一株莲。

出泥出水的小小的藕段洗净了，显出白玉般的身子，嫩生生的藕段怎么会在那般泥污里生活下来的？

脚在上层还结着冰的黑泥中，隔着胶靴感有寒意。张晋中做得起劲，他对李寻常说，他和他一样，是干劳力的命，做陶艺泥坯的时候，心就安静了，而做这体力活的时候，心里欢喜。

"你偶尔干干，还可以这么说，要让你天天做……往右点往右点，又碰上了。"

"看你，种莲一门心思，培育莲，研究莲，多少年，不是心安得很吗？"

"我心安？我也烦啊。是人都烦吧。"

李寻常说他不喜欢冷，喜欢热。莲花都在大热天里开，他顶着烈日光着脚，光着上身，晒得黑黑的，看着满园的莲花，心里是快乐的。眼下抬起头来，看着满园的枯色，他有着莫名的复杂感觉。这是他生活的地方，他在这里工作与歇息，让他觉得实在。但有时走在莲园，他有点恍惚。这里是属于他的，但是，这里只是暂时属于他的。莲园的地是他租的，三十年，当时付钱十万，已经把他所有的积蓄都花完了，后来扩大莲种的规模还是借钱来进行的。三十年似乎很长，但一年接着一年，十多年的时间过去了。现在他的莲园发展了，人家认为租金太便宜他了，有人看着眼红，会选个由头来借一些，他还时不时地会给村上一些好处，用于修路修桥。他本来是农村的人，很清楚这里面的出进，将来莲园还会不会在此处生存下去？会不会改个地方？反正，他脚下也是虚的，有时为建一处房一处亭，那虚的临时感就明显了。再有十多年，他是不是有精力再来搞这个？而他的儿子在国内本来学园艺的，但出国后自己改了一个专业，似乎回国也不会再干这个了。

人生都是如此，一般不会想到别的，只顾着眼前的生活，有时静下来想一想，就会生出来很多的念头。这些念头有意思么？

接下去的工作，就是把收上来的种藕一个个分割，分割开来的种藕像断了似的，分割处有着褐色的小孔显露着。在水里泥里，小孔连通着营养。把一个个小种藕放进瓦楞纸盒中，准备寄往国外。寄莲的盒不用木质的，怕木料里含有病虫的虫卵。

张晋中往瓦楞纸盒里摆着小种藕，小小的种藕像小小娃躺在窄窄的格子床上，张晋中一时津津有味。瓦楞纸盒上印着绽放的莲花，张晋中突然想到了祁永初。为什么呢？是莲盒与莲坛的联系吗？人的念头真是奇怪。

确实，要做到吃饭的时候就是吃饭，干活的时候就是干活，没有杂乱的念头，心就真正安静了。

张晋中跟着李寻常做事，他几乎熟悉了所有的种莲的活儿。李寻常提到他的陶艺制作，张晋中说，天太冷，坐下来伸手碰陶泥更冷。其实，练手斋里有空调，哪就会冷了，张晋中只是想做些种莲的事罢了。

寒潮一退，莲园的春天色彩便丰富起来，各种花从埂上、园角、池边开出来，空气中都溢着淡淡混合的春气，张晋中走在莲园中，不时会长长地吸一口气，多少年中，他生活在城里，就是车往小城，看到春天的田野，依然是城市的心，没有春天的感受。

再坐到泥凳前，张晋中的心特别安静，他随手做起陶器，并没有因为一冬天没有练手而手生，似乎一直与莲相交，那莲叶、莲花、莲藕都在感觉中，他做了一个个莲形的陶艺作品，自己觉得这些作品都像那么回事了。

李寻常在莲园搞了一次有关莲花的书画活动，邀请了一些书画家来，张晋中对人多的活动都没兴趣，他前些日刚烧制了几个新陶艺品，把它们放到橱格中，进一步退一步，独自欣赏着。

门口走进一个人来，他的个头高，几乎遮了整片门外的光亮。仔细看，原来是陈济清。张晋中想到他去年摔折了腿骨，想是已好了。

他腿那么长，是不是容易撞到呢？

"李寻常依然是个文青，还成了艺青，邀来了一批不入流的书画作者，在大谈书画界的混乱，这批人本是混乱的基础。听不下去，四处走走，就看到这儿多了一处练手斋，想难得有搞艺术的这么谦虚，进来看看，原来是你……"

张晋中知道陈济清是艺术批评家，他也看过自己的镜花陶瓶，就请他看看新作。

陈济清一声不响地将橱格里的陶器看了。张晋中倒了两杯小城出品的青锋春茶，陈济清在案桌边坐下，先嗅了嗅茶香，再细细地品着茶，微微点头，像是称赞着好茶。

随后，陈济清便谈到了房子的装修，还有靠墙橱格的布置，说虽然简单，还算雅致，只是这种乡下房子，宽大却还是采光不足。

张晋中等着陈济清对他的陶艺品做点评价，眼见着他动身要走了，忍不住开口请他指导指导。

陈济清再把房间扫了一眼，说："你这练手斋，不合适了。可以改名为'无心斋'。"

张晋中听他说练手斋不合适了，意思当然是他的陶器不是练手阶段了，但如何是无心？"无"的境界是不是太高了？他只带笑地看着陈济清。

"你不明白？"

"是不是……玄了？"

"无心玄吗？玄什么？很简单的意思。你原来的练手斋，我倒希望你在练手。我会赞赏你几句。可你既已手熟了，做出这一件件熟能生巧的东西来，我有什么好说的？直说无心……你如是脑伤后，借此休息，解解闷，我也没什么好说的，无心便是。但要从艺术上来谈，艺术是必须有追求的，追求自然有目标，自然有心。如果借此修炼的话，修炼亦须从有心到无心，那个无心你现在根本谈不上。地藏说：地狱不空，誓不成佛。释迦在菩提树下，发誓悟道。发愿本是有心，大愿便是大心。你心还没大，便无心了，我还有什么可说的呢？"

陈济清走了，张晋中在泥凳前坐下来，如说他被兜头泼了一盆冷水，倒也没此感觉，上次聚会时，他就感受过陈济清犀利的言论，只是上次他不是被评的对象。这一次是直接针对者，不可能没一点感触，心里凉凉的。人总是爱听好话的，不过，既是他请陈济清指导，张晋中把挂的"练手斋"的牌子换了，就换成了"无心斋"。不是张晋中听不懂陈济清的话意，他也没觉得陈济清提的"无心"是嘲讽，既然艺术是要有追求的，就把无心当追求吧。

这天晚上，张晋中做了一个梦，他看到一张笑脸，那笑脸似人非具体人，似机器人又非机器人。那张笑脸是有身子的，因为它并不显得突兀，只是身子与四周的情景都是虚浮的，视而不见。他迎着那张笑脸前面，笑脸越显越大，他就走进笑脸之中了，于是，他的感觉在一片空空之中，要说完全是空，却是有声色味的，要说有色，却看不清是哪一种色；要说有声，又听不清哪一种声；要说有味，却嗅不清哪一种味。他回观自身，也看不到形体，但"他"在那里，他就在那里流连，没有紧迫感，没有沉重感，没有得失感，没有求取感，更没有时间感，仿佛只是一刻间，也仿佛过去了几辈子。

他睁开眼来，发现自己就靠在新居的沙发上，刚才那番情景，弄不清是浅睡的一恍惚，还是又生出的幻象，他有好大一段时间不生幻觉了。

那就是"无心"么？一切无，便有意义么？他觉得在沙发上一寐，有点冷感，起身披了一件外衣，一个时时有着冷热感的人，又如何谈空无境地的意义？

夏天到了，莲花开时，李寻常整天在莲池边，测量花苞大小高低。

阿莲到无心斋来告诉张晋中，有一个女的来找他，李寻常正在向她介绍莲花品种。

张晋中想不到女人会是谁，自他到莲园后，只有一个女人来找过他，那是给他推销房子的冯经理。他在故城没有交往过女人，应该说，自医院出来后，他几乎忘了与女人交往了。

此时张晋中并不希望与女人交往，也不喜欢不速之客，但听到有女人来，张晋中还是去洗净了手，并对着卫生间的镜子，修整了一下自己，一切源于以前的习惯。

张晋中在河边看到了来客，是一位姑娘，她站在一棵柳树下，双手剥着一朵千瓣莲，她剥落花瓣时手指会轻轻地一弹，粉红的花瓣从她的手中落下来，一瓣一瓣落到了河里，水面上漂着一片落红。

见张晋中过来，姑娘抬起头来，是梁青枝。她握着那根大瓣莲花已剥去的莲秆，迎着他晃了晃。

"李寻常说一千瓣花，只多不少。我剥到五百三十了，里面越来越小，这么一团，还会有五百多吗？生命真是奇特。"

"这里的千瓣莲本是千岁莲，在土深处埋了上千年，李寻常引来种开了花。一朵花开尽了，也只九十度，九十度如何尽开千瓣？最里面的花瓣能有打开的空间吗？无法打开，存在千瓣有何意义，也只是让人剥来数数么？万物起源总有因，千年前的千瓣莲，又缘何进化而来，一个进化真能说尽么？因缘和合，又起的是什么因，行的是什么缘？"

"你怎么来了？"

"来看你。"

青枝撩衣一抖，把落在身上的花瓣抖下河去，并随手把剩下的花朵也丢下了河，花朵在水里沉了一沉，又在水里半浮着，花瓣朝上，慢慢地洇着水，似乎都微微地张开着。

她的说话与动作都与往昔不同了，不是那么柔婉了。她的容貌也有变化，显得轮廓分明了些，也许是北美的风吹成的，走近了，能嗅到她身上有着西方国家街道与商店溢着的气息，是他旅游去国外常闻到的气息。那是残留的香水味，西方人，特别是西方的女人习惯外出时往身上喷香水。张晋中想青枝是不可能喷香水的，她崇尚自然，不过也难说，毕竟她去美国有几年了。

上一次见面是在北京，她在那里读研究生，她大学上的是艺术系，是梁同德帮她选的专业。而研究生她自己考的是哲学系，选的是宗教学的专业。张晋中那次见她穿的是一件对襟扣的中装，比大学时越发低眉顺眼了，她在校园的湖边看到张晋中，第一句话便是："你怎么来了？"

"来看你。"张晋中笑应，把手中买给她的礼品递给她。

她看了看东西，犹疑了一下，似乎那些东西是她并不合用的，但还是收下了。

他们说了一会儿话，低头的梁青枝嘴微微嚅动着，仿佛在念着什么。张晋中想请她到外面饭店里去吃顿饭，一起聊聊天。青枝说她不想出去吃外面的饭菜，太油腻了。她告诉张晋中，她过些天实习，就去佛寺修行。

"真的要吃素念经吗？"

"想让自己的心空掉……"

她似乎生怕张晋中又会笑着问空掉什么，便有点匆匆地告辞走了。

梁青枝去美国读博士，选的是电子学专业。大学本科学艺术，研究生学宗教，都属文科，而博士学电子，属理工科，这一步跳得很开。所谓复合人才，从理工往文科跳容易，文科往理工跳，实在有难度。张晋中后来才知道，青枝在读研究生时，宗教一门本专业，花不了她多少工夫，那时她就另修了电子学。就算她有了准备，她在美国读博，是在名牌大学，学的最新最高端电子学，还是花了四年多的时间，这次是交完了论文回来，并在考虑正式工作所在。

自她去京读研以来，这七八年的时间，他们基本上没有什么交集，这期间张晋中当然有过女人，也从没把她的名字放在心上，但见到了她，虽她有着明显的变化，他却并不觉得陌生，像是没几天前她出现在他的幻觉中，似乎就是她现在的样子。

出现在莲园的青枝，神情开朗，也显得自信。

张晋中领着青枝在莲园转悠，像李寻常一样向她介绍莲池里的各种莲花，介绍佛经中对莲的描述。他还带她去看阿莲的葡萄架和枣树。这枣树结出来的枣特大，他特地找阿莲要了几颗给青枝带着。莲园很独特的，小莲花长在碗里，称之碗莲；大枣子形如鸡蛋，称之蛋枣。张晋中并不在意李寻常与阿莲注视他们的眼光。道德有着流行性。这个时代，年长的男人与年轻的女人在一起，已属正常。

她随着他走，听着他讲，她的脸上被乡野的阳光照得明亮。也许出国久了，她对眼前的一切都感兴趣。

来到无心斋，梁青枝看惯了她家的陶坊，对房里的摆设没大注意，对着匾牌上无心斋三个字看了一会儿，口中念着："无心，无心。"转脸笑微微地朝着张晋中。

张晋中便把原来是练手斋，后来陈济清来，说的那些话，都对梁青枝说了。

梁青枝接下来把橱中陶器看了，张晋中跟着她的脚步，此时发现梁青枝看陶器时的动作与神情，有着鉴赏行家的气度。她毕竟出身陶艺世家，且她又是科班学艺术的。

"要说无心也有心啊，以莲为心。"

"以莲为心，是实心，还是虚心？"

"见实为实，见虚为虚。从来实中有虚，虚中有实。"

梁青枝正容对张晋中："又何必计较于是实是虚呢。"

自进无心斋后，张晋中感觉他与青枝间的气场有了相反的变化，过去，她是一个小姑娘，甚至还是一个初开情窦的小女孩，就是此次刚见面和在莲园转悠之时，依然是她少说话，听着他的介绍，虽然她并没有发问，似乎是他在应答着她。现在他意识到，那是她一直在观望着他，观望着他的模样，观望着他的神态，观望着他的说话，观望着他的表现。现在她已经观望够了，她开始应答他，到底所涉及的话题，都是她的专业。且她对这些专业都有思考与研究。

现在他能对她说什么？就是他原先学的电子，她已修到了博士，都说电子这一门，发展到计算机，三年就换了一个时代。她所学的已含有量子学了。

听她谈量子学，张晋中觉得她就像一个科学的布道者，恍惚他在北京的大学校园的湖边，看她穿着对襟扣的中装，扬起了双手。

她说到意识在测量过程中的参与效应："比如一束光波，你观察它的时候就是一束直线的激光，不观察的时候就成一大片散开光波，而且它可以知道你是否观察它，只要你一观察，它即可变成一束直线激光，一不观察立刻变成散开的光波。

"后来的延迟实验发现，假如一束激光已经传播了很长一段距离，你在终点处看到激光传过来了，但是如果你在终点忽然不观察了，那么这束激光从光源起点处，就会以散开的光波传播。"

看它来处，它来了。没看它来，它没来。

看它来了，是一个念头，没看到它来，也是一个念头吧。

那么，她来了，是他看她了。而此前，他没看她？

他又一恍惚，仿佛她的形象晃晃闪闪地，与他第一次从莲园开车出去在店里遇到的那个年轻人形象重合了，那个夜晚的加油站边的小店，门口跳转着红绿的彩灯，那个年轻人的模样已记不清了，显现出来的是达西的轮廓。

张晋中摇了摇头，他怕自己又陷进了幻象中去，感觉已有念头触着了那幻象跳闪的边缘。他要赶快移开观察。

"先去吃饭呢？还是先去订下旅店？"

"先去家中。"青枝说。张晋中感觉还是问道与解答，接着自然顺从着她。

进入张晋中在江边高楼房间的梁青枝，似乎就像回到了家，能随便地找到她需要的物件。她先给张晋中倒了茶水，又去厨房冰箱里拿出了鸡蛋与生菜，炒菜的同时，煮了面条，她做这一切的时候，有条不紊，自然熟练，想她在国外几年，已是做惯了的吧。她端菜上桌时，用笑微微的眼神招呼着他。现在她快到三十了吧，大大方方之中，有着别样的韵味，已经不像过去如青的枝了。

坐下来吃饭。两人吃着，不时抬眼互看一眼，眼光拉近着几年不见的距离。

从冰箱里拿出来的备菜,青枝也做得入口入味,张晋中想到十多岁的她在中城的家中,就下厨房做菜了。

"谁告诉你我在这儿的?"

明显梁同德是不会告诉她的。她还在国内的时候,有很长时间,张晋中不去梁同德的陶坊,更不去梁同德的家,便是因为梁同德的一句提醒。

"想你了。"

她偏脸看着窗那边,窗台上搁着一盆碗莲,正开着小小的如婴儿脸的白莲花。碗莲那边窗外,是江对岸的点点灯火,灯光摇曳在下面沉沉的江水上。

她说得直白、自然。张晋中经历过不少女人,这类话语当然听过,但都是在有了肉体的关系之后。从一个姑娘嘴里说出来,说得如同她谈科学与佛学一般庄重,说得张晋中有点猝不及防。以往张晋中与女人交往,也极少说出让人措手不及的话,总是徐徐用情。偏偏他对青枝从没语言挑之,有的可以让人浮想的话语,他都到嘴边便咬住了。

是不是她出国时间长了,用国外的话说,是个成年女人了,西方国家是开放的地方。不,张晋中确认青枝还是个姑娘,这方面他是有经验的。

她对他说,她的人生第一次对异性有感觉,那就是他。他的形象种在她心里,就一天天长大了,这十多年来,她知道因为父亲的关系,他一直疏远着她,一直躲避着她,就因为这疏，这躲，她能感觉到，他不讨厌她。有意为之，正是有意。她出国了，国外有优秀男人，特别出了国的人，多的是孤独，两个孤独的人很容易抱团取暖，国外自由的氛围也适合男女交往，她并非是一个保守的女人，不认为女人守身如玉是美好的，男人和女人在一起是自然的天性。她也并不认为与其他男人有关系，会影响她心中的情感。但她就是走不出去，也不想勉强走出去。现在，她最好的年龄快要过去了，多少年中，她眼睁睁地看着它流啊流。她就来找他了，回到国内，她更发现，一个女博士，竟是适龄男子最为恐惧的对象。

他站起身来，绕过桌子走向她。情爱的话，她居然说得理性，他却再也抑制不住，而报以感性。

人生的不可抑性，经历多了，更真切地感受着。青春的回顾，湮没在一片迷茫之中，似乎还没有开始的时候，在一瞬间已经不知丢失在哪里了。西方说人生一次性，终点是上帝那里，东方有轮回的说法，自己报应自己。张晋中心里流动着一串很不连贯的念头，对着她，心中忍不住地有着微微的颤痛。那里有阳光映照下的阴影。她便是阳光，他心底的阴影不可抑制地吞吸着阳光，他有无可避免的下坠感，下坠连着下坠的快感，都无可抑制。

精神与思维中的空间是无尽的，上升与下坠具有同一性，都踩不到实地。精神与思维的空间中，也有阴阳四季之分么？也有天堂地狱之分么？

确实，一切都是他心里有的，他看着的，他触着的，他嗅着的，他含着的，他听着的，那一刻，都只是从他的心中走到眼前来，都是饱满的，都是充盈的，那夜莲池边的舞动，只是心中预习般地幻化了眼前的一切，相融无分。现实感与虚幻感在极处是一体的，虚幻的现实感，现实的虚幻感，不管是现实还是虚幻，都在他的欲望深处，渴求着喷涌似的表现。他感觉一下子把内在的杂乱与幻象的源头都打成了包，裹成了团，都喷泻到一个色彩斑斓的渠中去了。

交融之后，会有超脱的感觉，仿佛是身体内部都轻了，清了，腾起便会上升似的，从内在阴影中，从习惯之染中，生出美好的形态，美好的色彩，如花如莲。

"好吗？"

"我父亲说你有过许多女人。我就想，你会有那么多女人，你能有那么多女人，你肯定有经验，你肯定做得好。这关乎我的幸福，要就要接受最好的，这也是我独自多少年的一个信念。"

"这一刻，你还这么理性。"

"那一刻，我都对自己的放纵感到羞耻了。心里一个念头：反正就对着你一个人吧，你惊讶也罢，你耻笑也罢，我都顾不得了，我也不想控制了，也没办法控制了。"

青枝伸着一根手指，食指尖尖的，就伸在他眼前，下面拇指捏着中指，宛如禅语般的手印。她的手指修长而白皙，是那般刺心的洁白。那白皙弄疼着他的心。让他忘怀了年龄,生着一般年轻人的激情。

"你闻没闻到这里有一股香,从没闻到过的,像是禅香。"

她刚才说到他会笑她,他并没有觉得有任何可笑处,女人在那一刻所有的与平常不同的表现,实质却是类同的,而她现在这一句话,是冷静中的发现,却让他忍不住想要大笑起来。她真是个女博士啊。

"好好好……这不是禅香,是爱香。"

"你终于也感觉到了?那次父亲同意我去拘留所接你,我猜他想我亲眼看见你坐牢出来的狼狈样子,好让我对你失望。我看到你从大铁门中出来,抬着高耸的半边脸,我就……"

"你就怎么?是不是生出怜悯的母性了?"

"你就像打完一仗归来的战士。我就想,天哪,这才是一个真正的男人。不是说真男人要离过一次婚,坐过一次牢嘛。"

张晋中心里显现出梁同德的形象来,他一脸无奈地睁大着眼,他睁眼的模样与青枝是相同的。自在河边见到青枝以来,张晋中一直在念头中屏蔽着梁同德,现在他因青枝的再次提及,不可遏止地跳出来。朋友妻,不可欺;朋友女,自然不可沾。然而眼下,青枝就躺在了他的怀中。听她的话,似乎是父亲一步步促进了她对他的感觉,不是说知女莫若父么？而他本来对青枝并无意念的，也是由于梁同德的提醒，才引动了他的关注。仿佛眼下的状况是梁同德促动的。那是源于父亲的关心，还是源于父亲的愚蠢？不，不能这么想，这么想也太阴暗了。张晋中不由叹了一口气。

青枝抬起眼来看他，她的眼光如同憨憨的梁同德。

"我怎么向你父亲交代？"

"你是不是怕我父亲？"

"我不怕。但因为你，我有点怕。"

他怕她会说，什么时代了，男女的事，还用别人管？

但青枝却低头向他怀里偎了偎："我心甘情愿。"

她又说："我快乐无边。"

女人有过了肉体关系以后，就什么都说了，放下了矜持了。但青枝依然本来面目，她对他从未有过故作矜持。

房间里一下子敞亮了，仿佛他的四周都被打开。他心中某一部分原是隐着的，但现已显于旷野之中，洋溢着某种暧昧的气息，避无可避而豁然开阔。

"谢谢。"

"你为什么要谢我？你让我感到快乐，还要谢我。让我想到国内流行的一句话：做女人真好。"

他不可抑制地再次抱住了她。

青枝走了，她回美国了，她到底是八零后年轻人，说走就走。

张晋中有几天没去莲园,李寻常给他打电话,说阿莲担心他,会不会身体上有什么问题。张晋中领会到,他们的担心中,有让他悠着点的意思。

"我好着呢,她很快就走了。"

"那就好……最热的天就要过了,莲花也开到尾声了。"

张晋中感觉身子轻松,已恢复到伤前的状态,只是不想做任何事,有时恍恍惚惚的,静不下心来。这情景,曾有一位与他刚分手的女友,在电话中对他诉说过。他以前对女友的分手,离开了就离开,什么后遗症都不会有,现在轮到他了,真是报应不爽,人生什么滋味都会尝的。不过,她只是走了,他们并没有分手啊。他的感觉如何便是她永远离开了呢?

但她也没有给他任何的应承,就像他以前没有应承那些女友一般。她来过了,她得到了多年心中形象的情爱,尝到了性爱,她做到了,她满足了,她完成了,按她的年龄,她的性格,又有什么可留恋的理由呢?

再说,她把自己给过了一个父辈的男人,她没有什么对不起他的,她挥挥手,告别过去,走向未来,有什么错吗?

张晋中在恍惚中,一遍遍回忆他们所做的,他们所说的。虽然没隔多长时间,但因他们所说的话都是随嘴而出,没有节制,没有斟酌,没有思考,也没有逻辑,在记忆中也恍惚了。有的话也记不得是谁说的了。

那一刻,千瓣莲飞扬开来,化成了千朵莲,一朵叠着一朵，叠上去，层层叠叠，花色在闪动，倏然叠花从上向下消融，冲击般的融化，溅起千重色彩，融出一朵巨大的莲，莲花无穷尽地开放起来，仿佛伸展到整个宇宙去……

虚幻的……

真实的……

虚幻倒比真实还要真实……

是的是的，没有你，就没有这种真实的存在。

没有你，我真的不想存在。

你想到幸运，就会有幸运，想到恐惧，便会有恐惧。想无尽的痛苦，痛苦就伴随着你。你怕什么就有什么来，你要什么来就有什么来。你的心大了，就有高层在接纳你，你的心小了，就只有麻烦事在麻烦你。

让心空了，容更大的天地。习惯让我们的心的硬盘，装存了一些积习的东西，念头就在有限的硬盘中运转，心越变越小，所谓放下也就是把心的硬盘空出来。

心能存多大硬盘？

心有多大，心的硬盘便有多大。

心无限大，硬盘装了积习的程序，便绕在旧程序中了。再大程序也是小。

看它大了，它便大了。没看它大，它还没大。

张晋中有时觉得可笑，他有过女人也不少了，也有年轻的女人，从来没有这般回味不止的，是不是伤后这段时间，一直清心寡欲，再获性爱胜如新婚了。

当然不是。青枝对他来说,自是不同,似乎很早很早就种于他的内心;似乎所有的女人加起来都不及她一个。这样想来,张晋中隐隐感觉不对,还是源于内心中的阴影。

人生与岁月相处久了,积淀物在心间一层一层地深厚了。而她宛如一朵莲,升出污浊,开出花来。张晋中有时候又会感觉这一切都不真实,整个青枝出现的情景,只是他的幻觉,是一个最大的幻觉。

有青莲在眼前绽开,映着红色的背景越发的洁白。瞬间白皙化作透明的白,清雅的白,如瓷的白,如雪的白。花上奔跑起无数的马,无数岁月的马在红色的背景里飞奔,有着一种自然的天地之色,仿佛融着宇宙的大奥秘在内中。他需要思索一下那真实的意义,但他的心不让他有思维。盛满着大欢喜只管向前去,残剩的一片感觉,是无数舞动的马鬃在飘拂,马与红色背景融作一体,无数飞奔的红马在一朵莲花之上,莲花依然是光光亮亮的白,香香滑滑的白,满嘴噙甜,满耳含乐,他舞动得太过了吧,他整个的身子宛如化作了莲,身下如在千年的积淀物内,而身子直往上升,从水中升到空中去,在空中绽放开来,完完全全地绽放开来。水与空,内与外,都在清凉之间,圆融成一体了……他醒了,他正躺在席梦思大床上,窗外是灯火与黑暗相伴的城市夜景。那不是幻觉,是一个梦,到了一定的年龄,梦有时会被意识导入。以前的幻觉似乎在那一刻都喷传到她的体内,张晋中意识到青枝后来的说话之中带着了幻象,而他在那以后,便再无幻觉，就是他独自冥想久了，念头流动也是正常的，他应算是痊愈了。

然而，他还会忍不住地去回顾人生，人生之行的无常变化，总让他有着一种悲哀。

第十一章　岁月烁金

张晋中打开手机，看到了手机上祝贺生日的图案，还有彩花一串串从上往下滑落。这并非是人情，乃是系统设置所发的信息。这个时代手机已经成为人的必需品，张晋中毕竟大学是学电子的，对手机程序操作熟练，他下载过一个软件，设置生日提醒，原是准备记载朋友与重要生意伙伴的生日，第一个先记下了自己的生日，想再去了解别人的生日，却又懒得费神了，眼下也没有什么人需要一起过生日。这样，此软件也就做一件事，忠实地向他祝贺生日快乐。

其实不单是手机软件，此时只要张晋中打开电脑，好些电脑程序的登录，注册时都需要填写身份证号码，那上面便有生日的记载，一旦输入，今天都会送上生日祝福。这是一个电子时代，人工智能深蓝早些年就打败了国际象棋的世界冠军，张晋中与网上的电脑程序下过一盘象棋，走和了。那是一个低级的简单程序。还有，因为围棋的复杂性，围棋的电脑程序一直寻找突破，在上一年已经打败了围棋的欧洲冠军，还是全胜纪录。人工智能会不断学习进步，只在近年之间。那么大的围棋盘面，人类棋手一步步下来，总有计算不够总有错算漏算的,一旦复杂的围棋运算,被计算机突破,也许后来的围棋手,与人工智能对弈,便再无一点获胜的可能。

张晋中生日,除了电子产品的提醒,无人向他祝福。他的微信圈中,多是生意人的来往。连他自己也记不得的生日,还有别的什么人会记着呢?再说,就是那些肉体曾接近过的人,接近时不会问到生日,现今也离人生的路远着了。社会发展到眼前,一切变化了,变化得让他感觉到异形。人生如梦的一个念头飘来的时候,他有点无由的惶恐,有点莫名的悲哀。惶恐也淡淡,悲哀也淡淡,都如飘忽的念头。

而他心里也没有记着谁的生日。如果他需要记着并非难事,他的记性很好,不必借助电子程序,银行里的大额流动资金,数目与日期,他都记得清楚。可惜,他没有需要记着生日的对象。他已经走进知天命的年岁了,活得很深了,却又活得很浅。进入五十的这一年,张晋中总有一种悬在空间的金光闪闪的力量,一方面他的收入越来越高,他觉得这一切都是注定要流入的,一切如归。另一方面,他又有一种烦恼的疲累感,一种虚浮的不安感。这个社会,曾经那么穷,布需要布票,米需要粮票,荤菜需要肉票,还有糖票,肥皂票,连豆腐也需要豆制品票,那时的故城属大城市,也没有多少繁华可言。而今,中城算是不大的城市,夜晚也处处跳闪着霓虹灯,白天道路上是车流如注。他不知道一个生日,如何生出那么多的感叹。本来生活已成习惯,他在寻找复杂的快乐，但所有获得的一切，他却觉得浅；他经历多少的世事沧桑，但这一天起来，在他的念头中，恍惚没有真正生活过。

张晋中在院子里启动了车，他坚持自己开车，不想把生命交在别人的手里。一片阳光映在前面的江面上，闪着金色的光。这城市中带院子的房子，又是江景房，他买得早，当时没花多少钱。他的生活质量，比起绝大多数的人来说，是很好的。他什么也不缺，家中没女人，但他并不缺女人。他有钱，在这个经济发展以金钱来衡量一切的社会，他是走在前面的，他应该满足。

初春，中城蒙着淡淡的雾，早些年，张晋中喜欢雾气朦胧的早晨，总会早早出门来活动一下，让肺深呼吸一下清爽的雾气。现在雾与霾连着，出门来恨不能憋着一口气。

张晋中决定给自己放一天假。这一天，他不与人谈生意，他给厂里打一个电话，也不说任何理由，让他们不用来烦他。他起身去健身中心。这些年他讲究休闲，除了看书以外，还有一个项目便是健身。几天去一次，让自己放松。他找的这家健身中心是个高档的会所，只有赚钱的资本家享受得起。社会越来越变得不可思议，食不厌精，脍不厌细，已是简单的要求。只要有钱，就能得到任何享受。他不是个喜欢奢侈的人，但他还是可以让自己想着要享受的时候，不缺享受。他不奢侈，是想到他一生中的享受只有一百分，不想一下子用得太多。

去健身中心前，他要先满足一下肚子。健身的同时，他有意识地加强了养生，不像年轻时候随便地挥霍自己的精力。社会上也流行着养生，手机或电脑打开，网上随时会跳出各种养生之法。谈得多的是：早餐要吃好，中午要吃饱，晚上要吃少。

张晋中来到中城那家有名的面条店。面条店有名，当然不仅仅是卖面条。下层铺面，是以普通百姓可以接受的价格卖面条。早点时间，桌桌爆满，还有排队等候的人。面条店的面条做法独特，大锅的开水丢下面条去，而餐盆漂浮在水上，倒进听说是独特的老作料撒下葱花后，熟面条跟着就从锅中进入盆中。面条店的楼上二层，是一个个雅间。下层的铺面是招人气的，上层不但供应面条，还供应点心，各色的点心做得雅致。面条还是基本价格，点心便是高档高价了。这是一个商品的社会，只要能赚钱的活儿，都做得朝气蓬勃，应有尽有。

社会就在各色做生意人的创业中，变化越来越快越来越大，都快越过欧美等老牌的资本主义国家了。

张晋中还是喜欢吃店里的面条，他多点了一个蛋包心，是那煎蛋裹着了里面的菜肉馅。既是生日，又点了一个奶油蛋糕。西点也杂在这家面条店里，只要有顾客需要也就有服务存在。

吃多了一点，张晋中揉揉肚子，他正需要去健身中心加强消化。下楼的时候，突然发现有一双眼睛盯着了他，随后是一声叫："张晋中……"声音中似乎带着一点犹疑。

张晋中定神去看，蓦一见时，觉得陌生之中有一点熟悉，看一会儿，熟悉的感觉浓起来，因为这张脸有点特别。

"我，叶玲。"

张晋中想起她来了。她不说，他记不得她叫叶玲了，但他记得她是大铃铛。那时大家都叫她大铃铛。因为她的脸圆圆如铃，而鼻子是长长的，如铃中的铃铛。现在的脸瘦了点还显圆，而那长鼻便显得更长了。

她身边还有一位女士，细看也有一点熟悉，实在是记不得名字了。她轻轻地自报了，张晋中还是没记得那名字，只是点点头。

她们是他大学的同学。说同学不准确，他们不是一个班的，是一个系的，都是电子系。一个班偏重学硬件，一个班偏重学软件。有时候系里的活动，两个班的学生会聚在一起。她们那个偏重学硬件班，招生时分低，张晋中是高分班的。张晋中上的大学在前妻生活的城市。学院中的大学生多是当地的人，毕业后也都分在了那座城市里。他们已有多少年没见了，学院搞校庆，张晋中也从来不回校的，因为前妻的缘故，怕人家提起来。这有二十多年了吧。

"你们是来……"

"我们是来看舒玉凤的。"

舒玉凤，张晋中却没有忘记这个名字。他能记得大铃铛，这个隔壁班的同学，也是因为有着这个舒玉凤。张晋中几十年中结识过多少女人,有着肉体关系的女人也不少了,大多不记得名字了。但舒玉凤这个名字说出来,他却还记得。因为在他还没有正式与女人有关系时,舒玉凤几乎是他唯一的梦中之花。当时不单是他,舒玉凤也是多少男生的梦中之人。她是系花,还是校花,整个学院没有不知道她的。在毕业的那一个夜晚,整个系毕业的男生都站在她的宿舍楼下,高喊着舒玉凤的名字。而大铃铛她们则似乎一直是她的保镖,四年中一直围着她,生怕她被人侵犯了。

舒玉凤生病了,大铃铛告诉张晋中。张晋中没想到舒玉凤一直与他生活在同一座城市。她是出嫁到中城来了,丈夫几年前与她离了婚。离了婚,她依然在中城,她在这里有房有工作。这些年,离婚已成常事,不像张晋中当初离婚还是个稀奇事。当初张晋中的离婚被多少人议论,也被多少人指责。大铃铛她们都是站在他前妻一边的。而舒玉凤的离婚,他在同一座城市却还未知,这么漂亮的女人被人吸去了青春而抛弃,却无人知晓。

舒玉凤生病本也无人理会,因为有了微信朋友圈,大铃铛她们在微信朋友圈的同学群里,知道她生了病。同学一场,她们过来看看,顺便到中城有名的面条店来吃一碗面条,也是很正常的。张晋中与她们没太多关系,还有他不想表现得太积极,显得他原来就对舒玉凤有什么想法似的。所以他听着舒玉凤生病的消息,只是点头,并没有提出要和她们同去医院看病人。大铃铛她们早听说张晋中是当了老板的，见他从面条店楼上下来，穿着一身休闲服，一点也没有过分的看相。也就一个老板吧，现在好多个老板走在一条街上，也正常。

张晋中对大铃铛说，医院离面条店有一段路，他正好路过那里，可以带她们一段路。大铃铛她们就跟着张晋中上了他的车。看他的车也不是她们认识的宝马、法拉利等名牌，也就说话自然了。在车上她们说到学院的校庆，一次没见到他，是不是看不起学院同学了？张晋中似乎看着路专心开车，并不接口，只是笑笑。到医院门口，把她们放下了，就自开车走了。

其实，张晋中与舒玉凤是有过一点交往的，他不想让她们发现。

那时候，他是一个穷学生，他的前妻也是同学院的学生，当时两人还没确定恋爱关系，他立志要赚大钱，便由前妻带他走出校园，认识了几个生意人。他做的第一单生意，对象是人称堂叔的。堂叔是四十多岁的中年人，听说是从山上下来的，那时称关过监狱的人为山上下来的。堂叔看张晋中一副不晓事的学生模样，根本不想理睬他。张晋中见堂叔不搭话也不回绝，就愣在那里。这时来了舒玉凤，不知道她与堂叔有什么样的关系。堂叔一见舒玉凤就站起来，满脸堆着笑，让着她坐，并问着她的学院的生活。舒玉凤与张晋中对望了一眼。张晋中没想到在这里会看到她，在学院里她是万众瞩目，别人认识她是正常的，而他只是一个不合群的男生,她就是见过他,也许也没入眼过。此时他站在那里,装着若无其事的样子,但愿她不认识自己。舒玉凤大致知道了他的窘境,抬手与他招呼一下,并对堂叔说:"我同学等你呢。"堂叔在舒玉凤面前,显着对任何人都是和颜悦色的,随便地答应张晋中的要求,让他做成了第一单生意。

舒玉凤一直静静地等张晋中完成了这单生意。中间堂叔去取纸笔的时候,张晋中压低声音说了一声:"谢谢你!"舒玉凤微微一笑。在张晋中眼里,真的是一笑百媚生,说不尽的无限美丽。

舒玉凤也轻轻地说:"我们见过的。在学院。"

张晋中当然能想到他们见过的。那是在校园冲开水处,张晋中提着水瓶拐过总务楼的墙角,发现尽头一排开水龙头前没有人续水,而走在他前面的只有一位女生,他从背影上便认出,那位女生竟是舒玉凤。他难得有一次接近舒玉凤的机会,赶着一步过去。也许他的脚步声影响了她,舒玉凤正搁下水瓶放水,水瓶口与开水龙头没有对得很准,从水龙头冲下来的开水,有一小股在水瓶口上溅了开来。她赶忙地往边上闪跳去,在张晋中眼中,她跳着的动作也雅致如舞。他为她着急关心,不免叫了一声:"呀!"于是她扭转身来,两人深深对了一眼。张晋中突然发现,她的眼中黑眸深深,深如无际的湖水,那眼神之美,他以为只有他一个人看到了。那一眼,他也以为只有他深怀在心,她不会记得叫了一声的一般同学。没想到她居然是记得的,还帮他完成了第一单生意。后来张晋中还一直在想,究竟她记着了他的是什么呢?是粗鲁的叫声还是色心显露的眼光?是不是好印象与坏印象都一样让人不忘?放到多少年后,他有了与女人交往的经历,也有了对女人的自信,知道自己有吸引女人的能量,这自信是不是源于舒玉凤那一句:"我们见过的。"这确定不了。但他做成的第一单生意是舒玉凤促成的,这是确定的。为此他一直记着她的美,那种更甚于外表之内在美。

张晋中扎进健身中心游泳池的绿水中,水温正好,刚入水时浑身皮肤因凉有点收缩,很快就与水交融了。他喜欢游在水中的感觉,从泳镜看出去,水色温绿带蓝。

念头也在水中流动,清晰而缓慢。生日与舒玉凤。舒玉凤与疾病。美与病。那样美丽的形体与病连着了,融化成一体,病也有美的色彩。一时他想不起来什么,只有茫然的感觉与知天命生日的感觉融在一起,一切都那么不实在,一切都无法确定,空空落落的,仿佛前两天听着一个歌手用苍凉的嗓音,唱着的一首人世沧桑的乐曲。

感谢上苍,除了偶有鼻塞牙疼,他还从来没有病的感觉。

从水中探出头时,他看到了池边上朝着他的一张脸,是他在这健身中心认识的一个生意人,叫朱汉家。朱汉家的脸如水般漾开来。

"我看你在水中埋这么长时间……就见你从那头直直地

浮过来，对，就是浮过来，一动不动地，也不划也不游，有几分钟那么长吧。我都有点汗毛蠹蠹了。生怕你……"

朱汉家习惯的强烈语言风格，于他初认识时就熟悉了。

来健身中心活动的，多数是生意人。早先几年，这里不像现在这么冷清。对官员立下严格规定几年来，官员在这里不再出现了，带着一些生意人也少见了。当初此处热闹时，往往一个官员会有几个生意人围着，仿佛官员是来做生意赚钱的，而生意人是来做官分利的，人家都在讲经济发展需要润滑剂，润滑剂的费用越大越来得快，生产经营规模越大。

眼下，一个偌大的游泳池也就他们两个人，十分冷清。

池边有躺椅，他们身上围了一条浴巾，靠下来随便交谈着。往昔谈生意的所在，恢复了健身功能。而朱汉家本来就很少在这里谈生意，倒是一个真正来健身的人。

"你闷在水里，是学潜泳吗？"

"我是在想……"

"我知道你在想。女人？"

张晋中没有说话。而他的神态让朱汉家认为他猜得不错。

"我们这个年龄只有要女人，不该再是想女人。什么女人没有？"

朱汉家喜欢谈女人，他不是光谈谈的，他一生有过的女人，他大概都记不清数目了，他曾说他天天做新郎，而他只要有钱，新娘招手就来。他有钱，他确实开着一个公司，张晋中知道，那个公司并没有太多的生意，只为钱来钱去周转方便。他的钱来自炒房，总有若干的房子在手上，某处一套房因政府的规划利好而房价大涨了，他把那套房卖了，便有了若干套的首付，去新的房价洼地买上三四套房。他吹嘘过，他是小生意大赚头，一套房子的买卖足够一个企业一年的利润。他的赚头甚至优于房地产商，房产商还需要有购地成本与开工成本，有经营就有风险。而他是借银行的钱发自己的财。他不但有钱，还有闲。

朱汉家喜欢找张晋中聊天，他说他们能谈得拢，他们都是有头脑的生意人，不单纯会赚钱，还有思想。朱汉家说他佩服开办工厂的人，一个厂就养活了几十几百工人，让他们有工资拿，有事做，有饭吃，还给国家交税。他说把他的房子卖光了，可以开若干的厂，但他缺乏这样吃苦耐劳的精神。有时他说到炒房的作用，国家发展这么快，快过西方的最主要标志便是一幢幢楼房矗了起来，只有炒房让房价涨起来，新地的开发才吸引更多的资金，如此滚筒式的发展，才能进行。房子多了，配套的商业与道路交通都会跟上来。不断炒高的房价，让人们自觉自愿拿出钱来买房子，地方政府就有钱投到城市发展中。想让百姓把钱拿出来支援城市发展，会有多少人愿意？但用房子来吸钱，根本用不着做宣传，买到房子明天就涨价，谁都争先恐后，不顾是否成了房奴，不管要花费几辈子的努力所获，一门心思把钱投到房子上去。其实说到底，房子就是一些水泥砖块堆积之物，确实值不了什么钱,但它成了钱的符号,且是钱能变大变多的符号,买这个符号就需要高价。于是,一座座城市就在这符号的吸引下,魔幻般地发展了。发展是硬道理,谁还管是不是带着血腥,是不是带着欺骗,是不是带着忽悠。从社会发展的根本上来说,买房子的人是做了最大贡献的,既扩大了国家建设,也给自己增加了财产,这是一条康庄大道。

朱汉家喜欢找张晋中聊天,他说他们有共同的语言,他们都喜欢女人。朱汉家特别喜欢谈女人,他对张晋中说,要在二十多年以前,他们都是大流氓。张晋中并不认为他与朱汉家是一路人。朱汉家喜欢年轻的美女,是随时可以用钱所得的美女,而他是以感情结交女友。可朱汉家对他说:"你在那些女人身上花的钱并不少,她与你一起的时候,是在说感情,断了以后,她还对你有感情吗?还对你谈感情吗?回头再说你,你又记住了多少女人的感情?你还和她们谈感情吗?你的那个感情假得很,也累得很。也许有不谈钱的女人,那就更累,更烦神,更讨厌,说有感情的时候,缠住了黏住了,不想有感情了,转眼断得干净。还不如花钱的女人来得实在,你实在,她也实在。你得到了色,她得到了钱。而我们有的就是钱,她缺的就是钱。她有的就是色,你需要的就是色。多好多实在。"

张晋中虽不认可朱汉家的说法,但也无可辩驳。他所交往的女人,都说被他的气质所迷惑,而他的气质中,多少也带有钱人派头。他自身也有一个矛盾,他怕女人只是看中他有钱才跟了他,但他有钱又想花到女人身上去。他无法看清她们的内心。女人即便不缺钱,也有一个试金石,就是看他愿意为她花多少,他不愿意为她花费,便是看轻了她,不是真正爱着她。这也就成一个悖论,无可逆转的悖论。虽然他不在乎为她们花钱,但看到女人对他花钱的渴望,他又觉得无聊。他应该是没有解决这个悖论,要不,他也不可能二三十年中,没有真正的愿望,和一个女人成一个家。他并非是一个搜罗女人的珍藏家。

几年前的一个晚上,他们一起喝了酒,乘着酒兴,朱汉家说要带张晋中去看女人。朱汉家把他带到了一个卡拉OK包厢,才坐下来,领班一下子带来了一群年轻姑娘。朱汉家让张晋中选,张晋中想她们是陪舞,就挑了个眼睛较大皮肤较白个头并不高的姑娘,朱汉家见他不再选了,笑了笑,手指朝姑娘点点点,点了好几个,再挥一下手,领班就带着没点上的姑娘走了。张晋中原来结识的都是有文化皮肤白皙的女人,而朱汉家看来,只要脸蛋长得漂亮,或者另有特点的各式女人都喜欢。朱汉家说他才是女人艺术品的欣赏者,你张晋中的女友我也见过,你的标准总是那么统一,所以就是有女人也不可能太多,太挑太拣,其实是鉴赏力不高的表现。

留下的姑娘一眼就能看出,哪一位是出钱的主。她们不与张晋中交谈,只是听着朱汉家给她们的指令。张晋中不知道朱汉家留下这么多的姑娘有什么意思,陪他们跳舞只需要两个就行。张晋中不是年轻男人了，当然不会对众多女人有恐惧症。既然朱汉家喜欢，他是出资者，就由着他去。

音乐声起，张晋中与自己选的姑娘跳舞，轻声说她跳得好。朱汉家轮流与年轻女孩跳舞，似乎不偏哪一个，一曲中，换了几个姑娘。他有时搂着一个，还拉着一个，跳到张晋中面前的时候，还故意把手伸到姑娘的衣服里去，分明是去抚摸乳房，或许手上还用了一点劲，让姑娘突然尖叫起来，按着轻嗔地打着他。张晋中觉得那只是一种年轻男人才有的恶作剧，他看到了朱汉家不上层次的这一面，朱汉家却认为是入乡随俗，对这一类的姑娘，只有这样才会让她们感到轻松舒坦。

张晋中的心中把姑娘当女人的，他很难当着别人的面，做那些让自己降低身份的动作。张晋中还信着一个传说，一个人一生只有一百分的享受，他不想花在这样的享受中。便借口方便出了门。

这以后，张晋中有些日子没再约女人，那个时期他交往的女友都是成熟的女人，过了四十以后，再接触相差二十的正常女孩，不易也不适合了。他喜欢成熟女人的交往，无论是言谈上生活上乃至身体上，都会有自然的默契和细微的体贴。但不得不说，那些年轻女孩不加掩饰的肉体，让人有岁月回归的感觉。

这天，张晋中和朱汉家在游泳池边的躺椅上聊了几句女人的话题，朱汉家突然坐起身来说："出大事了，你知道吗？"

出大事了。这也是网上的流行语。不过朱汉家难得这么说。接着朱汉家就手指上空说道:"房子放开限购去库存,已成提倡。"张晋中就笑了,觉得他的话题除了女子便是房子。朱汉家见张晋中的神情,不由拍着他的肩:"这是大事啊,你是做生意的,难道没嗅到大钱涌动的味道?"

张晋中看到微信朋友圈上传递的消息,还提倡开发商降价呢。

"降价?你看着吧,我的财富又要翻跟头了。"

朱汉家就对张晋中分析起来,朱汉家谈房子理论的妙处,是从不谈房子与土地的数字,也不谈经济发展的规律,他只谈根本处,便是人的欲望本能。

"从上往下,影响到中城会有多长时间?"

"不会到一年。"

"那今天我就不管了,今天是我的生日……"

"是你的生日吗?"

张晋中也奇怪,自己怎么突然就对朱汉家说到了生日。朱汉家说:"生日啊!祝贺祝贺,我请你撮一顿,看来你也没约女人过生日。这个日子少了女人是不行的。"

他又回到女人上了。张晋中奇怪这两年已经很紧了,他还能花钱找女人么?朱汉家说,当然现在社会上抓得紧了,但网上公开可以约炮,老板约炮,应约的女人不会少,冲着的也是钱,没人查,你一个没结婚的男人与一个没结婚的女孩约炮,查到了也没有什么关系。又不是当官的,没党籍处分,没公职开除,尽管放心。

张晋中想,其实世界上的人,除了男性就是女性,不管男性女性,自然生成的是裸体,却如何偏偏有人以脱女人的衣服为乐,且乐此不疲?如果没有情感,女性的身体看多了,这一个与那一个又有多少不一样?说到底,都是一般的器官与一般的凹凸。如何心跳颤抖?如何热血沸腾?如何不管死活,冒天下之大不韪?

开车回家的路上,市中心的红绿灯候车时间长,张晋中脑中一个念头闪过:他一生追逐,所得也只是钱与女人。虽说女人连着情感,但他有过真正情感么?他突然想去看一看舒玉凤。

张晋中基本不上医院,也从不做体检。在他的印象中,进了医院只能听由医生做任何事,不管是男人和女人,在这里一样没有了自我。他很讨厌这种失去性别和耻辱感的地方,讨厌这种失去自由感的地方。他待过拘留所,医院和监狱给他同样的感觉。

躺在病床上的舒玉凤,仿佛身在一团污秽中。一个铁架床,白漆旧了,床上白色发暗的一团被子。四周是一张张同样的铁架床,白墙上一点一点灰黄的斑点,地上一片一片刚拖完地的水痕,空气里弥散着医院特有的带点硼酸的气息。舒玉凤的一张脸,带着暗黄色,像是被那一片环境染成的。张晋中看见她时,很想就此退出去。他心里有着准备,多少年他从来不去看早年有过关系的女人,他清楚一个接近五十的女人会是什么样子。他一直为男人而自悖,因为男人容貌的变化没有女人大。他到了病室才发现,他更不应该看一个没关系并是病老的女人,特别是这个女人曾经是那么美地存在他的心里。他感觉自己对自己是那么地残酷。他经历了长长的人世沧桑,已到知天命之际,还会出这样的错。他无法想象那一位曾经迷倒整个大学的校花,与眼前躺在病床上的女人有什么关系。他就此走了,不做一点介绍,她与她周围的人会认为他是走错病房了吧。然而,她似乎认出了他,她的眼光落到了他的身上,让他只能站着,无法退回。两人的眼神对望,仿佛是回到了过去开水房前,但她美丽的形象与气韵都不在了。

舒玉凤正在听一位去看望她的亲戚说话。那个亲戚了解那么多有关病的信息,还扯到了一些熟人的病。张晋中觉得话中染着病的色彩。

张晋中走近舒玉凤时,她轻声说:"大铃铛说到你了……"张晋中又庆幸他来对了,他应该来告别一段过去。他靠着舒玉凤的床站着,感觉到铁架上有一种阴阴的凉气,从裤外传到腿上来。

那位亲戚继续说着有关病的话,偶尔张晋中也插上一两句:"是啊,是啊,现在得各种怪病的人很多。"

张晋中走在大街上,看到的都是健康人。可是,一进病房,看到的便全是病人。这一个是什么病,那一个是什么病，一个个的内里，都开着菜花般的恶疾。舒玉凤说前一天，旁边那张床上，刚抬出去一个死去的人。张晋中觉得这是一片污染的所在，被染久了的舒玉凤，眼中失去了原有如兰如玉的光彩。

一个脸宽宽的女护士端着方盘过来，盘里放着针管和药水，嘴里叫着："七号，打针了。"

舒玉凤身子动了一动，朝张晋中这边扭过身来，被子掀开了，被套一角搭到一边。舒玉凤窸窸窣窣地在被子里褪裤子，护士有点不耐烦地等着她。后来，护士弯腰时，声音刻板而干枯地叫了一声："撅起点！"

舒玉凤身子又动了动，便如蜷着的猫伸懒腰，脸上显着一点笑，那是对护士讨好的笑。那笑在她的脸上，显得哆哆嗦嗦，贴着一层纸似的。

她的撅起之处，露出一小片臀部肤色，也是一种被染了污色的灰黄。张晋中只想偏开眼光去。舒玉凤的脸正对着他，全无记忆中的情态，只是本能的反应。

人到了这一步，实在没有意思的。一种灰暗的浮云般的感觉一下子进入张晋中的心田，一种没有生气的色彩，如毛刷子卷过来卷过去，无声地流动着……天花上一片一片的印痕，如印象派画似的凝定着，有一种熟悉的陌生感。舒玉凤舒玉凤，张晋中心里念着这个名字，想唤起一点色彩的感觉。旧时的记忆浮着一种伤痛，伤痛也是麻木的，不像是他的。她重翻过身去，还是原来那般躺着，恢复了一点人的模样。他想记忆一下她过去的形象，但他的思绪在一片混沌中，陷在污泥里似的，很缓很慢地流动不起来。

舒玉凤的亲戚走了，张晋中一时想不出什么话来说。他低头看着床架顶头挂的一张纸卡，上面印着病人的名字，床号。卡片上也带着一点污染的暗黄，舒玉凤的字样写在那儿，似乎也有陌生的熟悉感。根本不是她，她换了一个人了，像是换了另一个人生的一辈子，她是不是提前集两世于一世了？

他抬起眼来，又与舒玉凤的眼光碰上了。这一次，他定了神，好像很长很长，其实只一瞬间。她开刀了，化疗了，种种残酷的力在她的身上用过，而生命的力正从她的身上离开。眼前是一个眼光无力没有精神的病人。

时间到了黄昏，病室里来的人多了，张晋中还是没有想出对舒玉凤说一点什么。他想走，但他提不出口，只是移动位置让着人。他一直让到了里面，靠着了舒玉凤的头。身边一个白色的小床头柜，也带着污污的灰黄色。床头柜上，放着装有物品的塑料袋。张晋中带来的一束鲜活的花，斜靠在塑料袋上面，花的多种色彩配着那些物品，显着多余而杂乱。

"你不要来的。"舒玉凤轻声说。声音有点干枯。

"我……要来……"

张晋中含糊地应。他觉得怎么说也不对，他怕自己的话有某种意味，像那束花一样，在这里显得杂乱而不实在。无色彩无意义无情调，才合着这里的一切。此刻，他觉得自己声音有些不自然。病态的舒玉凤的脸看多了，却显得自然了。

张晋中凝神对着舒玉凤。他发现她脸上添出了几点雀斑，显得很明显，点点都染着暗色。额头眉角上有一细凹点。她的眼无力地垂着，这一刻，他真正地感觉她靠得很近。

张晋中有点恍惚，舒玉凤的形象在他的眼中，有着一种不真实感。一时想来，他又似乎从没有机会很清楚地看过她。曾使他内心疼痛过思念过的，也就是眼前这张脸。那么他对她的感觉都到哪儿去了？失落在哪里了？一时他只想离开这个靠他近又觉得远的女人。有好多年，在他心情不愉快的时候和心情最愉快的时候，他的心中便浮起她的形象来，给他的人生添出一点怅然若失的美感。现在，一切都飘失了。

张晋中给舒玉凤留下了一包钱，足够她一次住院花费的，现在治疗的费用很贵。舒玉凤带点女人味地点点头，她知道他是老板，没有推辞，张晋中感觉到舒玉凤还是舒玉凤，也许她美丽的时候，习惯了有男人表达好意。

张晋中回到家中，再没出去走动。他突然拿出了近十年没有再打过的电子游戏机，他给自己说，要给生日放假，恢复一点童心。他知道这是自欺的念头。念头之后还有一点隐蔽的感觉,就是让未来的人生提早浮现,如天命显现。他根本上是个文青,其实一直在放任自己,在做生意之余,追逐女人与金钱,正合着这个商品社会的基本形态。他本就是一个随波逐流之徒。

屏幕上出现了他看熟的游戏菜单,他下意识地开了游戏机。很快,屏幕上跳闪着一架飞机,从飞机上跳下来一个背枪的小人。随着音乐的变换,张晋中对着按钮,意识集中起来,他知道针对这个小人,马上会有上面或者下面飞出的子弹,他控制的这个小人只有三条命,却要面对各种险要关隘。张晋中双手并用,飞快地按着按钮,按得那么有力,如抽搐般。这个小人在一个关隘前倒了下去,虚化成一个人影。人影又变实了,还是原来那般模样,却已是第二条命了。接着到来的是不停地死,不停地从头轮回。到底冲进了第二关。小人的三条命怎么都无法进入那古怪龙头喷着火焰的关隘。原来他打得那么熟练的,现在已经陌生了,因为他的心并不在这里。人们已经开始玩电脑的网上游戏,他没有时间去开启,他怕陷进那更丰富激烈的网游中去。他曾入网吧看过一次,那电脑中的游戏仿佛是真切的人生表现,图像华丽繁复,内容庞大气派,仿佛生成着一股诱惑的旋涡,卷入人的精神,他赶忙退了出来。现在他只是习惯地打着旧时的游戏。仿佛过的是与现代相隔的另一重人生。

张晋中不停地按着按钮,他的内心生出一种疲惫感。在一次又一次的性命轮回中,坚定不移地冲关。他的念头在一种偶尔的期望中，想要看到新的生命之关。关会越来越难过，张晋中知道那只是一种定型的编程，一切都是规定了的。在这规定了的程序控制下，他的触觉视觉听觉都凝定在一个立体画面上。

响起"重新开始"的音乐，他想着该结束了，但他的手却不由自主地选了游戏菜单上的一个节目，接着又换了一个，就这么换了十来个，他便进入一种新的屏幕色彩。一只小猫歪着身了甩出一个炸弹，前面一片墙被炸塌，许多的狗、猪、人都被炸中。张晋中用按钮指挥小猫作战，一路炸过去，一直到小猫被自己的炸弹炸倒。接着开始新一轮的小猫行动。小猫不停地丢着炸弹，它的作战能力越来越强，近乎无坚不摧。张晋中看着被炸的一片废墟，在小猫得意的形象前，他也感到了一点得意，同时心中浮起一点念头：这有什么意思呢？张晋中没有继续这个念头。现实生活中，又有多少可以得意的时候？他又按动按钮，一只新兵小猫投入战斗，迎战第一关。指挥过具有超强作战能力的小猫以后，再来运用单纯力量战斗，张晋中觉得无趣。一瞬间，小猫便被猪轻易地撞死了。

重新开始的音乐又响起，他见墙上的时钟两针重叠在2点上，他有点木然地看着钟，秒针在无声地滑动。他不想站起来，一点感触浮了上来：生又如何死又如何？我该停下了，该结束了。窗帘挂着一片暗色，厅里静极了，但他仿佛还是听到一种跃动。于是，他重又启动开始键，一个新的画面展开，许多鬼怪蹦跳着，舞动着，打斗出一连串的动作。张晋中的意识中已觉十分无趣，只是手还顺着惯性指挥鬼怪们打下去。

她留给他的印象是清爽与鲜亮。只要面对着她，他的感觉中是一片透亮。

曾经有多少日子，他就是以她来抗阻平庸的生活。她的眼大大的，他们对视一眼，眼光交流融合，如同在一片绿水之上，漂游载着他与她的一条船，他与她都只想这么漂下去。能想到要吃饭，很难想到要方便；能想到有细雨，很难想到有狂风；能想到雪，很难想到冰。那条船永远地漂下去，只有他与她。

他的人生中接触过好些女人，男女之间没有肌肤相亲而刻骨铭心，那只是年轻时才会有的浪漫，不应该是张晋中这个年龄有的了。张晋中有时会意识到，记忆中的那点感觉，只是人生某一处刻舟求剑般的自欺。人生梦一般，"我"只存在于一个个瞬间的组合中，而一些所谓感伤的深刻记忆，也只是努力对"我"的一种确定，岁月愈流去，愈想把握住一点东西，给自己做一点标记罢了。

张晋中听说舒玉凤后来的情况，大概是一个月后的事。他从国外旅行回来，他听人提到她的时候，感觉隔了一层。她没有做完化疗，医院对她说可以出院了。因为药物无法再进行下去了。她从医院回到家中，药也停止了。她逢人便说自己是一个等死的人。看到她的人说她已不像人样，头发几乎是银白的，稀疏并且不加梳理，人瘦得如同婴儿般干枯，脸上的皮皱成一团。很难有人相信她还是一个四十来岁接近五十的女人。张晋中听着的时候，心里流动着的感觉，并非是同情、慈悲和怜悯，而是医院里那种污污的暗白色。他想着她就要死了。但他没想再去看她一下。人生都将过去，那种污秽感潜在心间。他想她应该是死了，活着的那个她已不再是她，是变化出来的另外一个人。她如果不是久病而是一下子死了，他会把她埋在心中的一个地方。他会经常在那个地方流连，祭奠她的。

厂里来电话说，有一笔钱进账了，这笔钱拖了好长时间，现在实体生意不大好做，钱都流到房地产去了。

第十二章 舟 如

天气渐渐凉了,张晋中在莲园依然坚持游泳,下水前,低头看了一眼自己半裸的身子,白净的肤色,光滑柔软,微微有着一点肚腩,看不出年龄的变化。他颇为满意地按了按胳膊,向上伸展了一下。

他喜欢水。智者爱水,他曾经以此来肯定自己。这一片水很好,属二类水。上层水清,下层污泥是自然肥,很适宜长莲。李寻常选择这一片土地种莲,有他独特的种植眼光。

岁月不止,天地不仁,人生皆是苦痛。自然本是自然的天,本是自然的地。就是人类变化了这个地方,但还是这自然。组成的新的自然,依然有着自然内在的法则。

水色清清,水意清凉,刚下水时,皮肤有着一点细微的刺痛感,一直透进身体内部去。如果这也算是人生的痛苦,自然的肌体调节反应,无可避免。张晋中很讨厌这种生理知识,有些知识若不进入内心,内心便会多一点欣喜,多一点慈悲。

他手向前伸直,往后一划动,像一条鱼一般游行在水间。他看到了一条红鲫鱼,艳红的红鲫鱼,似乎在追逐着水中的一个气泡,或者是阳光在水中变幻了的浮尘。他追逐着红鲫鱼在水中潜游着,只有憋不住时才浮上水面吸一口气。

在水里,他的思维过滤了,清清净净的,便是有思想流动,也变得很宽,跳出社会于天地中。人类是天地运行间的一个过程。

红鲫鱼向前一蹿动,钻进一片莲秆之间了。这是河里自然生成的莲,在水中看,莲秆显得粗壮,秆上附着细细的水泡,那是莲在水中的呼吸吧。莲花已不开,莲叶依然在。张晋中扭转一下身子,想绕开莲区,前面一片斑斑驳驳,明明暗暗,那是荷叶遮着了光。张晋中看到好多条微小的鱼,还有细小的虫绕着莲秆游动。

手机铃声在岸边的衣服里响起。以前张晋中的手机铃声常会响起,他烦这声音,但他还是一听到铃声立刻接着,怕错过了新的业务。现在手机铃难得响了,接通了,听到的多是房地产广告语,所以不忙着接,但也没有厌烦的感觉。

他伸手去掏出裤袋里的手机,发现屏幕上显示的是美国号码,是青枝的手机。铃声响的时间长了,她已挂了。

国内是白天,美国是晚上,青枝打电话来是想到他了吗?她走后,打来过一次电话,是告诉张晋中她到美国了,她想到了他,也想到了她的未来,他让她的未来一片光明。张晋中也给她打过一次电话,他也说想到了她,他也告诉她,她来过以后,他不再有幻觉,心是真正的安静。两次电话,他们都有实实在在的话要说。

两人在微信中的留言不多，也都是说着实在的事。

张晋中毕竟经历过不少女人，他清楚，男人一旦去缠女人，就把自己从女人身边推开了。再说，以前他也从不在电话及微信里说情话。

张晋中接通了青枝的电话，青枝告诉张晋中，她是双喜临门，只想对他一个人说。

一件是她的博士论文已经通过了，就等着拿证书毕业了。

还有一件是她"有了"。她一下子获得了人生的两大成果，前一成果费了很大的劲，而后一个成果更重要，却来得那么容易。

张晋中一时有点蒙圈，过了一会儿，他说："我去你那里？"

"不。"她回答得干脆。她后来说，她要好好规划一下未来。

张晋中接完电话，才感觉到他裸露在水外的皮肤，已是冰凉，毕竟已近深秋。他身子一反转，潜入水中，此时他才清楚一件事：他有孩子了。以前他与不少女人有过不少次，从来没有动静，但他和青枝只有一次，一次他就有了孩子。

他有孩子了……

有那么些天，他又有些恍恍惚惚的。李寻常见时问他身体可好？他笑答："好得很呢。"他想告诉李寻常，他有孩子了。他很想见着一个人就告诉这一句话，但他还是没说出来。他有点怕一说出来就变成了虚的。他内心多少还有着不真实感。虽然他相信青枝，但他感觉那一次他所有的幻觉都泄出去了，会不会传导给她了……不不不，他不应该有这样残酷的念头。

红鲤鱼仿佛就是个兆头。然而，张晋中不再联想，儿子这个词，竟是那么沉重，似乎和以往的青枝一样，他还是不去想为好，因为想到了，他不知如何对付那个念头，他意念的触觉伸过去时，总有不真实感。

张晋中每星期给梁青枝打一次电话问候她的身体，青枝回答依然是考虑着未来。他们都没提孩子，但感觉中心还是孩子。有一次，青枝说到她已拿到了博士证书，她认定人工智能便是未来发展的方向，要进行创新的事业，先在美国办研究性的公司，然后回国办实体的生产企业，现在缺的是启动资金。

"需要多少？"

"几百万美元吧。一旦启动，自然会吸引到新的资金。"

"好吧，启动资金我来筹措。"张晋中一口答应了，随即行动起来，他把小城陶厂的剩余股份、中城的房产都转成了钱，他还将故城的新房作抵押，贷了款，加上原先躺在银行里的数字，一起划拨给了青枝。

元旦之前，梁同德到故城来参加一个陶器创作的年会，还没去报到，先进莲园，来无心斋看张晋中。

"师父，请指点。"

梁同德只比张晋中大几岁，他们是同辈人，且是朋友。早先他们的交往是随便的，因为梁同德有点木讷，张晋中有时会和他开一点玩笑，以活跃气氛。自从十年前，梁同德对张晋中有关青枝的一点提醒，以后一涉及青枝，不管是人还是话题，张晋中就不知道怎么对待梁同德了。这次张晋中与青枝发生了关系，前面也曾想到梁同德的，但后来冲动时就把梁同德忘了。他似乎破坏了某种交友的道德，面对梁同德时，不由得怀着一点歉意和不安，他对自己说，现代社会，他这样做没有违反道德，再说，似乎传统中也没有这样的道德。

他没有过这方面的经验，原来交往的女人，从没有过先认识她们的父亲的。

所以，张晋中与梁同德说话时，赔着了一点小心。他学做陶器，本来是做着玩的，脑伤后籍此静下心来休养，梁同德给了一些指导，称梁同德为师父，也多少带点轻松心态。眼下，张晋中称梁同德为师父，是认真的口吻。

梁同德没有在意这个，他一件件看了张晋中前段时间做的陶器，缓缓点头。

"现在做艺术评价，还不好说，但每一件都显示基本功是扎实了，细微处见功夫啊。"

"是，是。"

大概梁同德觉察到张晋中语调的异样，转过头看他。张晋中带笑迎着他的眼光。

"听说，你最近把小城、中城的资产都卖了？是不是不想再与那边有联系了？"

张晋中清楚谈话已到关键点，他与梁同德相交几十年，以诚相待，再说有了青枝的关系，更不想有所欺瞒。他告诉梁同德，他不但卖了那边的资产，连他在故城的新房也抵押了。

"你给了……"

"青枝。是青枝。"

梁同德睁圆了眼，他似乎一开始就意识到青枝，做父亲的不可能一点都不清楚女儿回国后的动向。梁同德并不傻，他一下子确认了张晋中与女儿青枝的关系，这并不令他吃惊，似乎他早就有心理准备。毕竟青枝不再是当年十八九的女孩，她都三十岁了，找什么样的男人，他也管不着，他要着急的也许还是怕她成了老姑娘。在国内，海归女博士，找对象难。对女方来说，高不成低不就；对男方来说，层次高的喜欢年轻姑娘，层次低的不喜欢需要仰着头看的女人。

"多少？几百万，还是美元？"

张晋中没有说话。他一时想着的，还是梁同德会如何恼怒他与青枝的关系。

"你也是开过厂，做过大生意的，怎么可以把鸡蛋放进一个篮子里？"

"赤条条来去无牵挂。"

张晋中习惯地想让话题轻松，说出口时，感觉实在说得不对。

梁同德狠狠地瞪了他一眼，这一眼有点岳父大人的味道了。他突然就发作了。

"你也不做考察！你也不做估算！你也不与人商量商量！你就把那么多的钱交到她手里！你这算做投资吗！你是……你一生也是女人不断的，欠了多少桃花债，居然最后被一个女孩迷得神魂颠倒，一点头脑都没有了，报应，这就是报应！对了，你脑子有病，你根本就是脑伤没好！已经没有思考能力了！"

张晋中自投身商海，这是几十年中第一次倾家荡产式的投资。以前，每一笔较大的投资都会进行论证与推演，而这一次，他连公司的规划都没有看到，他似乎只有一个信条，便是相信青枝。

"以前我累就累在格局太小……"

"格局大，并不是盲目。你脑子真是有问题。"

"青枝不是女孩了，她是美国名牌大学的博士，人工智能正是她研究的方向……她确实不是个女孩了，她已怀着了孩子。"

"你的？"

"我的。"

梁同德一下子安静下来了，只顾盯着张晋中。

"你为什么还不去？"

"她要是说需要我去,我当然会去。"

梁同德一时不知说什么了,起身就往外走,他对跟着送出去的张晋中说,他不去参加陶艺年会了,他这就回中城,做一点准备,随后去美国。他说青枝小的时候就有想找爱的男人,做大的事情。别看她外表柔婉,她认准了,谁也拦不住她。梁同德说他经营陶坊多少有一点办企业经验,能在商业上做做参谋。他要去看顾女儿,就算青枝不想要他看顾,他也要去看顾好她腹中的外孙。

天气冷了,李寻常闲下来,张晋中帮他策划第二年的莲花销售。一些网上的业务,张晋中做些联络的事,有到莲园来的供销员,张晋中也出面接待,几天中,张晋中就把李寻常多年积累有关联系的事都做了。再接触钱与钱打交道,张晋中似乎比以前更得心应手,一点不觉烦心了。

李寻常有点不好意思,张晋中说:"我不是你的股东吗?"

"你是做过董事长的,管过几百人的,根本看不上这点钱的。我看到,你的无心斋半夜还亮灯,还在上网帮我做业务吧?"

"我在看书。"

"看到那么晚,会不会太伤脑子?"

"我脑伤全好了,怎么用都没问题了。"

张晋中感觉李寻常心很细,饲弄莲花与待人接物都精到。

李寻常说:"还是少用心的好。"

张晋中脑伤后,一直怕用心。他怕用心引动念头的紊乱,引动幻影幻象,那时他确实想无心。现在他感觉一下子好了,继续用心,加速用心,似乎在考验自己脑伤的愈合程度。他看的是最新的电子学书籍。不是学深学透,只要了解就好。以他现在的人生阅历,有些公式的内在逻辑,简单看一看,就懂了。原来读书时比较难需要人讲解的地方,自己琢磨一番,也就理解了。因为这些年对旧的学业他没放下,更主要的是眼界,多少年的人世沧桑,提高了他的理性思考能力。

心大了,格局大了,也许一切都大了。

梁同德来了一个电话,张晋中张口就问:"你到了美国了?怎么样,一切都好吧?"

梁同德却说,他还在陶坊呢。他说青枝问他:"你这个时候来做什么?我正忙着呢。"他听得清楚,她是不想他去打扰她,帮不上忙,也许还会给她找麻烦。

张晋中感觉到,自己是有点怕梁同德,而梁同德却有点怕这个女儿。一开始就是如此。别看梁青枝从小跟着梁同德,但她一直自有主张。要不,当初梁同德没去提醒女儿却来对他说。而青枝多少年心怀张晋中。这是一个圈,一物降一物。

梁同德说,他决定不管她怎么样,他总要去看看。他想让张晋中管一管他的陶坊，到年底了，会有一些账要结，一些业务要维系。

"你来一下吧，就住在家里。你这里也没房子了。"

梁同德口气中，已经把他当作女婿了，有了一点客气，有了一点关照。

临行前的那个晚上，张晋中站在他居住的高楼房间的窗前，他打开了一角往下倒的玻璃窗，深深地吸着窗外的空气。他的心也打开了，他的人生似乎开始一个新的圈，他再到中城去，也许还会连着小城的业务。

高楼之上，开一点窗缝，便有风灌进来，连着呜呜的气流声。他听凭念头流动，人生也就是一串串念头的流动吧。过去的一切，连着留有印痕的念头，在记忆中是虚浮的。他身处高楼，朝下望时，总觉有点不实，看久了，身下摇摇晃晃的。而楼房本体的基础已经抵押，仿佛底部牵于另一个巨大的手中，也是飘浮的。

他放松念头的缰绳，只顾想下去。现在他有的是时间与精力，人生的变化让他对肉体所存的社会感慨繁复，那些贫困山区里的肉体生存，与这叠叠累累的楼层里的肉体生存，到底哪一种是更适宜的？也许有人回头往生态自然中走，但不言而喻，顺流而往的是卷入城市来的。欲望是念头的主体，存于肉体又役使肉体。越来越丰富的欲望，变幻出尘世的无限色彩。而念头的载体也随着时间老化，变得不可思议。有时莫名其妙的念头便浮起来：一切是真实存在吗？感受着存在的念头,是虚浮的,流动的,不断变化的,根本是孤独的。如说有所依托,是他人也有念头的存在,而他人的念头,也是"我"意识到的念头。这样想,也太疯狂了。有这样的念头,或许只是那一块碎砖形成的裂变。那么,既然一块碎砖便能改变了一切,那么这一切显得多么不实在。人生真的只是一些堆积起来的飘浮的念头吗?那种苍茫人世的感受,肯定有着一种意义。可以总结出来的道理,都是外在的,总是在破灭。堂而皇之的大词,已经被人们认作忽悠。他从无心中走出来,面前还是那个繁杂的世界。山还是山,水还是水。

过了河,不用再把舟扛在了肩上。

有的可以舍弃,有的是无法舍弃的。

我需要的是我眼下过河的那条舟。

只要你想有,你会有的。

你能给我怎样的舟?

我能给你的,是你本来就有的;你如没有,我也无法给你。

他弄不清,什么时候与谁说过的话了。像是与和尚的对话。他疑惑那些话并非出自和尚的口,本就在他的心里。他也弄不清,他是否去见过和尚。怎么想起来去的?是谁伴他去的?路上有什么见闻?庙是怎样的建筑?和尚是什么模样?

疑惑的同时,他给自己解惑:他是一直想去的,几次都打定了主意。是李寻常伴他去的。一路上有山有水，有路边庙，有烧香的人。大雄宝殿的正面是释迦牟尼的像，佛像庄严，背面是观音像，菩萨像慈悲。和尚在后面方丈室里，光头穿着僧袍，伸手请他喝茶。

便又有新的疑惑：他去过一次，半路回了，回了如何又去？那一路似乎还是上一次留在意念中的情景。他曾去过不少寺庙，大雄宝殿的佛像都是前如来后观音。大和尚也都在方丈室里招待大香客，光着头穿着僧袍请人喝茶。

也许是与青枝的对话。其实青枝还年轻，快到三十，又能有多少人生感受，体悟到语言后面的经验，除非她是一个化身。在他的意识中，可以说她就是他过河的舟。

她说的都如幻觉。她似乎也进入了幻觉。于是还有新的解惑，是他意识中自己与自己的对话，后遗症式的念头流动。念头居然也有意识化了，逻辑化了？

他的心一直混混沌沌。他习惯地陷入在自疑自省的思维中，生出如真如幻的情景，真也如幻般地虚妄，幻也如真般地确切。他分不清是真是幻，真幻都在他的意识中存在。连同那些曾经现实的，也变得虚幻，失去了真切感。有时他沉陷在一时欢愉的感觉中，哪怕永恒地往下沉去，而不再管那是真是幻。

那一次，在庙殿里，和尚让人起捐便是五十元。五十元根本算不了什么。他想捐他的整个心。把心中杂乱的一切捐出去。舍得舍得，这些根本，和尚又如何能懂得？

一切空了，从最底层起始，又能寻找到一条什么样的路走？人生起始，从牙牙学语，走的是一条无法回头的路。宿命般的基因，性格上的缺陷，思维上的弱点，重新来过，能有多大改变？社会上的优质资源已被占据，就算有五十岁的经验二十岁的年龄，一个山区里的孩子，一穷二白，又能如何？

　　他在这个浊世太久了，那些在偏远山里缺衣少食的，在繁闹城市求取低保的，会和他一种感觉吗？他或是最尖端的，他或是最低俗的，他或是最富有的，他或是最穷困的。也许梦中一切转换，人生是最不确定的。

　　已无人可问，已无人可答。他已经到了这样的年龄，有过这样的人生经历。他已经无法相信外在的一切，而内心里积淀得很厚很厚，有一层相信便有一层疑惑，相信与疑惑都裹成了一片污浊的泥浆，使一切都混混沌沌的。他渴望让内心的一个芽能生出来，能呼吸到一点新的气息，如莲一般地绽开。那将是他的新时代。他与社会一起进入不确定的前路。

　　他开车从莲园往中城去，高速公路，只需要两个小时。但两个小时后，他还在上城的高速路口，入高速的路，排着了长长的车队，隐到三米之后便看不清了。起了雾霾，似乎早上出来的时候，显是薄雾，可以走的，一旦停下，雾却越来越重了。进也进不去，却因中间隔着围栏，无法调头。幸好路边还有一家方便餐店，有几张桌子专门供应点了餐品的。张晋中要了一杯咖啡，眼看着外面，白雾茫茫，已经不起车动的念头了。

正无聊时,见旁边一桌坐着的中年男子,聚精会神地看着手机。现在手机已成为人的生活必需品,单单把朋友圈上转的文章看一遍,都可以是一整天。张晋中基本没有什么朋友圈,过去的生意人不再联系,形同于无。消磨时间最好的是手机版的网络游戏,看此人肯定是在玩游戏。张晋中不由偏头看了一眼,发现手机上是一盘围棋,此人是在手机上下围棋。

张晋中便伸头去看仔细。喜欢下棋的,对有着爱好共同点的,很容易亲近。此人也就向张晋中伸过了手。张晋中看了几手,发现此人的对手并非是上网的人,而是一个围棋软件。想手机容量有限,能下载的围棋软件又能强到哪儿去。再看这位老兄懂得棋的,但水平不高,往往长考出臭棋,盘面上亏了不少。如果此人的对手是现实中的人,他也许不想开口,虽看不到对手的人,但还是要做观棋不语的真君子,但对付一个软件,也就不用顾及人的规则,便指了棋路下下去,慢慢把局面扳回来了。

此人放下手机时说:"你是高手。"

"我哪是高手?多少年没下了。"

张晋中自三十年前下过一盘赌棋后,很少与人下棋了,直到网上有对弈室,他会上网下一盘,下得也随便,关键是没那个时间与精力。

"这手机上的软件能有多大容量?程序太低了。"

"看来你懂软件。我是搞IT的。"

此人递过一张名片来：徐兴泰，南城设计公司的程序部主任。张晋中已经没有名片的需要了，就给他留了手机号，留了陶坊的地址。

"曾经在大学里学过电子学。"

"那是前辈了。现在的围棋程序高了，不说杀败世界冠军的阿尔法狗，中国的电脑程序都能完胜职业棋手。人类棋手对人工智能已是毫无胜机了。手机上的围棋软件虽然一般，但刚才我选的只是低级的，最高级的也厉害，不信你试试。也让我观摩一盘。"

于是徐兴泰帮张晋中选了程序最高级一阶做对手，张晋中开始下起来，一下子就沉进去了。多年不在棋上用心，他连常用的定式都记不全，只按简单的走法，开局便亏了，走到深里，搏杀互有转换，他做了几个劫，但对方还是轻易化解了，到后来眼看就不行了。张晋中还从来没遇到过这样的强手，关键那程序似乎不需要时间思考，反应特快。张晋中想，如果他能熟悉一下棋盘，恢复到原来的水平，是可以与它一战的。但在这人多心思不宁的场合下，他根本不是它的对手。

"你是个高手，水平还是接近的。换了我，这么高的层阶，要让我三四子呢。"

"这样下去，围棋比赛就没什么意义，所谓提高只需接受人工智能的指点。围棋恢复到纯粹的玩，古代贤达都是讲究对弈心境的。"

他们从围棋国手与电脑软件对弈的几局棋，谈到了人工智能的发展，和未来将有可能替代人类的方面，不由心生感叹。

还是下棋的时间过得快，就有人吆喝车动了。两人起身握握手，赶快往车上去。车一旦上了高速公路，感觉如飞了起来。

回到中城，离开一段时间再来看，这座城市的生活，不温不火，容易满足。张晋中住进了梁同德的梅巷小楼上，倚窗依然看到的是寺庙的殿顶，不变的旧时梦境。他依然去面条店吃早点，依然去健身中心游泳。他接手了陶坊，看梁同德制作的陶器，发现是规范化的，变化也在规范之内，脱不了市场的影响。他自作主张做了一点生意上的开发，陶坊的业务面就拓宽了，在业务往来中，他也帮小城的陶厂，接一些单子，厂里说要按高规格给他业务费，他其实并不在意。他心境变了，从高处看，仿佛过去一直缩手缩脚的，而现在什么也不计较了，却一切做得游刃有余。他偶尔在网上的市长热线栏，提出城建的新思路，管城建的市长很赞赏，留言让他去市府见面谈谈，他在网上本是匿名，此后便匿迹了。

梁同德打电话来说，青枝看上去身体不错，她似乎很忙的。她弄了个旅行计划给他，说他是第一次到美国，让他好好玩玩。她也不和他谈什么，他们父女本来就没有太多话说。

张晋中问到孩子。梁同德说，外孙还在肚子里呢，他什么也看不出来，也帮不到。接下去，梁同德就抱怨起西方的伙食，提倡健康不让起油锅，西餐根本不好吃，一天到晚是面包蛋糕还有牛排，他现在想着的就是泡饭腌菜搭油条。

张晋中向他汇报陶坊的经营。梁同德说，生意上的事他本来就不行，现在请到了一个大师料理，他就不管了。接着他讲到了旅行线路，东线西线一条一条，参观一个一个的国家公园，说得津津有味，还从大自然的艺术说到生活的艺术，似乎完全忘记了陶器艺术了。

张晋中发现，青枝有了梁同德做中介，不怎么与他留言对话了，微信上发来的是一个个莲花造型系列的表情包，有喜有悲有哭有笑，有惊讶有摇头有合掌有安慰，各式表情，都由一朵朵莲花造型展现，这特有的表情包像是她自己画就，一个个生动活泼，纤细柔和，很有艺术感觉，她毕竟在大学里学的是艺术，加上构思精巧，更如禅语。

张晋中的手机中，联系人慢慢又多起来。徐兴泰加了他的微信，并附一条消息：邀他去参加新年前的联欢会，也是人工智能的演示会。张晋中想，这个新朋友比老朋友还要热情，到底棋友不一样。张晋中闭眼心里默想一下，徐兴泰穿着一件红色薄款羽绒衣，额头宽宽，很精神的样子。

南城距离中城，高速公路上也就一个多小时。元旦前一天，张晋中开车去了。元旦是周末，连着两天是星期六星期天，陶坊不用开张。张晋中难得到南城来度假。听说徐兴泰要给他介绍几个人工智能方面的高工，进入这个行业，张晋中还是要做一点准备。

他只有一个念头，不做落伍者。

徐兴泰陪着这个新朋友看人工智能的表演，有一些产品还是他公司制造的。张晋中虽是第一次看这样的展示，但他感觉看眼前的一切，都不是完全陌生的。他对徐兴泰说，他似乎到这里来参观过。徐兴泰说这样的展示在南城还是第一次，除非他在故城看过。张晋中摇摇头，说他这些日子根本不可能去参观展示会，但似乎这些机器人的动作他看过的。徐兴泰说这是最新的产品，兴许是他这位老科班，一直没放松关注，生出来科技想象的既视感。

徐兴泰一拍手说："我知道了，是电影。"他一口气说了好几部有关人工智能与未来的科幻电影。张晋中依然摇头，这段时间他怕幻象生起，不可能去看奇幻的电影。

"你说，人类会不会完全被人工智能掌控？我们正在创造人工智能的原始能力，而人工智能从这种能力发展下去，到最后统治世界毁灭人类。"

徐兴泰说，或许他研究的一条人工智能胳膊，最后成了毁灭人类的最基本的力量。

张晋中发现他比自己更有幻想力。

徐兴泰说他有时会想象出新鲜的图像，比真实的还要逼真。一个小小的机器人，用小小的手指，像指挥一场交响乐般，指挥着战争武器，扫平一个个的城市，城市的建筑都还在，只是里面的生命都不存在了。那小小的机器人讨厌的只是有生命的东西，起因就在于它没有生命。而它没有的，它就不容许存在。

展示馆里就有着这么个小小的机器人在做讲解，外形如穿着蓝白相间的宇航衣。

张晋中感觉徐兴泰是不是也有着脑伤，也许伤得比自己还要重。整个社会中也许更有着类似自己的得病者，只是得病的原因各有不同。

病人与病人容易交往，也容易产生信任，是不是也容易产生情感？那么青枝会不会也是这种病人？大家也许都被来自未来的高级智能人植入了芯片，生出类似想象与幻象来。

张晋中觉得自己的念头很可笑，身在人工智能表演的环境中，看到的都是机器人做着的动作，不由幻想联翩了。

"你可以去写小说了。"

徐兴泰悄悄地告诉张晋中，他真的写过几部科幻小说，在网上发表了。谁也不知道是他写的。他立刻就在手机上打开了一个网站，找到他的小说，网名奇特，叫什么君临天下。他说老有欲望促使自己写东西，写出来后再来看，自己也奇怪如何就能写出这样的作品来，怀疑是不是自己动手写出来的。

张晋中想到了自己制作的陶艺品。有时站在自己创作的东西面前，也会有怀疑的念头产生。

晚饭就餐于展示馆外老门东旧式传统的饭馆，老门东修复了整片整片的仿古建筑，飞檐处处挂着红灯笼，饭馆内，是一排排的八仙桌，前面有花旦小生唱着折子戏。张晋中拿出从中城带去的封缸酒，与徐兴泰喝着酒，谈着人工智能的话题。晚餐以后，两人有点脸红红地出门，发现外面所有的人都几乎喝多了酒，脸红红的。那是被红灯笼的灯光映红了的脸。

老门东修复的小街道，恍如张晋中童年生活的弄堂，旧砖墙连着的是他几十年的记忆，与物资匮乏只有收音机播音的当时相比，眼前的霓彩灯光繁华情景如梦如幻，感受仿佛是两个世界，变化之大，便若未来。

几条弄堂的顶头，是一面伸展着飞檐的旧砖墙，眼下化成了屏幕，正是那个讲解的小机器人，从它的眼睛里射出来的光，投影在砖墙上，整面墙上还原了千年前人们的生活，显现着古旧时代如《清明上河图》活动起来的情景。连接了几千年的人类历史的，却是高科技的奇幻灯光，而小机器人的讲解带着梦幻的声音，更让人有幻象之感，让人有虚浮之感，让人有今夕何年之感，让人有不知不觉的代入感，仿佛穿越进千年前的图景中，眼前的一切都真实地活动着，活动的场面很大，有农业的各种劳作，有市井的各种工艺，有街道的各种店铺，有挑担的，有推车的，有茶馆喝茶的，端着的正是艺品陶壶，茶馆那边是小桥河水，水上正行着一叶扁舟，舟行到一片莲叶边，竟有莲花徐徐开了。

我是实的……还是虚的？